GRAND ALBUM JULES VERNE

Les Intégrales Jules Verne

Grandes Œuvres
Hachette

Photo Carjat.

Cet ouvrage vous est offert gracieusement par votre libraire.

HACHETTE, 79, BOULEVARD SAINT-GERMAIN, PARIS VIe

AVERTISSEMENT

Durant très longtemps, en France, Jules Verne a été considéré comme un auteur pour la jeunesse. Rares étaient les éditions destinées aux adultes, ce qui n'empêchait pas notre romancier de devenir l'auteur français le plus traduit dans le monde. (On ne dénombre pas moins de soixante-dix traductions de *Vingt mille lieues sous les mers.)*

Peu à peu, cependant, les admirateurs de Jules Verne ont fait comprendre qu'il méritait un autre sort et ses lecteurs se sont multipliés grâce, en particulier, au « Livre de Poche », qui a publié, dans leur texte intégral, ses romans les plus populaires.

En 1978, pour célébrer le cent cinquantième anniversaire de sa naissance, Hachette a entrepris de rééditer *Les Voyages extraordinaires* dans une collection de grande diffusion conforme à la célèbre Collection Hetzel.

L'accueil du public a été enthousiaste. La série, intitulée les *Intégrales Jules Verne,* compte, à ce jour, quarante-quatre romans répartis en trente et un volumes. Depuis leur parution, certains titres sont régulièrement réimprimés.

Maintenant que Jules Verne occupe la place qui lui est due dans les bibliothèques familiales, il nous paraît utile de publier un ouvrage dans lequel ses lecteurs trouveront des informations peu connues qui éclaireront d'un jour nouveau l'œuvre et la personnalité du romancier.

Dans ce Grand Album Jules Verne, nous avons réuni des textes et reproduit des documents qui font comprendre l'immense succès des *Voyages extraordinaires.*

Après une brève biographie de l'auteur, nous développons des thèmes aussi variés que *Jules Verne et le chemin de fer, Les chiens dans l'œuvre de Jules Verne, Le tabac et Jules Verne, Le musée Jules Verne de Nantes, Jules Verne et la misogynie, La philatélie de Jules Verne, Jules Verne en bandes dessinées, Jules Verne et l'Académie française, Théâtre et musique chez Jules Verne,* etc.

Pour terminer, nous reproduisons le texte intégral d'une pièce à grand spectacle, *Le Tour du Monde en 80 jours,* qui a été représentée plus de *4 000* fois au théâtre du Châtelet !

Jules Verne a écrit :

« Un Anglais ne plaisante jamais quant il s'agit d'une chose aussi importante qu'un pari. »

Il nous inspire notre conclusion :

« Jules Verne ne plaisante jamais quand il s'agit d'établir un record. »

L'éditeur

Nous remercions vivement les auteurs, éditeurs et organismes qui nous ont autorisés à reproduire librement l'ensemble des textes et documents figurant dans cet ouvrage.
Ces remerciements s'adressent plus particulièrement à la Société Jules Verne, son président O. Dumas et ses membres, tous soucieux d'entretenir la mémoire du grand romancier.

Daniel COMPÈRE.

LA VIE DE JULES VERNE

Jules Verne est né à Nantes le 8 février 1828, dans l'île Feydeau au 4, rue Olivier-de-Clisson. Son père, Pierre Verne, est avoué. « Dans ma famille, on ne trouve que des armateurs ou des hommes de loi », dira Jules Verne.

En 1834, Jules Verne suit les cours de Mme Sambain, puis en 1838, il entre au collège Saint-Stanislas, et à partir de 1841, au petit séminaire.

Attiré par la mer, Jules Verne rêve de voyage et de naufrage sur une île déserte.

En 1844, Jules Verne entre au lycée royal de Nantes. Après la classe de rhétorique et suivant la volonté de son père, il entreprend des études de droit. En revanche son frère Paul, né en 1829, va devenir capitaine au long cours.

Ne pouvant épouser sa cousine Caroline, Jules Verne s'enflamme pour Herminie Grossetière à qui il dédie de nombreux poèmes.

Le 12 novembre 1848, Jules Verne arrive à Paris pour y continuer ses études et loue un appartement au 24, rue de l'Ancienne-Comédie. Son oncle Châteaubourg l'introduit dans les salons parisiens. Jules Verne y rencontre Alexandre Dumas dont il va devenir l'un des familiers. Jules Verne écrit des pièces de théâtre : *Les Savants, Monna Lisa, Les Châteaux en Californie.* Dumas qui est alors propriétaire du Théâtre-Historique, accepte l'une d'elles, *Les Pailles rompues,* dont la première a lieu le 12 juin 1850.

Sa thèse de droit passée, il refuse de revenir à Nantes et décide de suivre une carrière littéraire à Paris. Une revue, *Le Musée des Familles,* lui ouvre ses colonnes. Jules Verne y publie des petits textes scientifiques ou historiques : *Un Voyage en ballon, Martin Paz.* Il fait la connaissance de Jacques Arago, grand voyageur et frère de l'astronome.

Un court séjour à Dunkerque lui donne l'idée d'une nouvelle intitulée *Un Hivernage dans les glaces.*

En 1852, Jules Verne devient secrétaire du Théâtre-Lyrique. Avec son ami Aristide Hignard, il écrit des opérettes : *Le Colin-Maillard, La Mille et deuxième nuit,* et des chansons.

Plusieurs amours contrariées lui inspirent des poèmes.

Puis Verne découvre la littérature fantastique. Sous l'influence d'Hoffmann il écrit *Maître Zacharius* (1854).

Le 20 mai 1856, Jules Verne se rend à Amiens au mariage de son ami Auguste Lelarge. Il fait la connaissance de la sœur aînée de la mariée, une jeune veuve, Honorine de Viane.

Avec l'aide financière de son père, Jules Verne achète une part d'agent de change chez Eggly à Paris. Et il épouse Honorine le 10 janvier 1857.

En 1859, Jules Verne visite l'Ecosse avec son ami Hignard. Il prend des notes et rédige un *Voyage en Angleterre et en Ecosse* qui lui servira plus tard pour *Les Indes noires* (1877).

En plus de son travail d'agent de change, Jules Verne continue à écrire pour le théâtre : *L'Auberge des Ardennes,* joué au Théâtre-Lyrique (1860), *Monsieur de Chimpanzé,* aux Bouffes (1858) et *Onze jours de siège* au Vaudeville (1861).

Jules Verne commence aussi à écrire des romans : *Le Pays des Fourrures* sous l'influence de F. Cooper, *L'Oncle Robinson* en hommage à Daniel de Foe et *Un Billet de loterie* inspiré par un voyage en Norvège en 1861. Ces manuscrits ne seront publiés, grandement remaniés, que beaucoup plus tard.

Son fils, Michel, naît le 3 août 1861.

Jules Verne rencontre le photographe Nadar qui se passionne pour les ballons. Il commence à écrire *Un Voyage en l'air* et va proposer celui-ci à Jules Hetzel en septembre 1862. Fin et cultivé, ancien homme politique, Hetzel qui est déjà l'éditeur de Balzac,

Pierre Verne, père de Jules Verne, âgé de soixante-dix ans. Peinture de son beau-frère, M. de la Celle de Châteaubourg.

Hugo et George Sand, sait voir en Jules Verne le romancier d'un genre nouveau. C'est de cette rencontre avec Hetzel que jaillit dans l'esprit de Jules Verne l'idée de ce que serait son œuvre : « Continuer la tradition de Robinson Crusoe. C'est moderne, c'est nouveau, c'est de la féerie scientifique. »

Le premier roman paraît en janvier 1863 : c'est *Cinq Semaines en ballon.* Jules Verne en commence aussitôt un deuxième, *Voyages et Aventures du capitaine Hatteras,* qui paraît en feuilleton dans le « Magasin d'Education et de Récréation » que lance Hetzel en 1864. Puis c'est *Voyage au centre de la Terre* (1864) et *De la Terre à la Lune* (1865). Jules Verne consacre également une étude à *Edgar Poe et ses œuvres.*

En 1865, il loue une villa au Crotoy à l'embouchure de la Somme. Le matin il travaille dans la petite tonnelle située à droite de la maison. Cet endroit s'appelle « La Solitude », ce qui permet à cet amateur de bons mots de déclarer : « Je travaille dans la solitude ! » C'est pour être encore plus près de cette mer qu'il aime qu'il se fait aménager une chaloupe de pêche de 8 tonneaux par le charpentier du Crotoy. Le patron de ce *Saint-Michel* est Alexandre Delong, vieux quartier-maître, le second Alfred Berlot qui a beaucoup navigué (on le soupçonne même d'avoir mangé un cannibale). Le parrain du bateau est Michel Verne. Grâce à quelques rectifications dans la voilure qui en font l'un des meilleurs marcheurs du Crotoy, le *Saint-Michel* emporte Jules Verne au Havre, à Dieppe, au Tréport, à Boulogne, à Calais. Il va aussi en Bretagne et même jusqu'à Bordeaux et en Angleterre.

Au Tréport, Jules Verne rencontre J.F. Conseil, inventeur d'un navire sous-marin qui l'aide pour la partie technique de *Vingt mille lieues sous les mers.* En retour, l'auteur donne le nom de Conseil à l'un des personnages de son roman.

Cependant son bateau est trop petit pour le conduire en Amérique. Pour cela Jules Verne embarque, avec son frère Paul, pour Liverpool le 16 mars 1867 et là, prend place à bord du *Great Eastern.* Le 20 mars a lieu le départ et après une vingtaine de jours en Amérique du Nord les deux frères reviennent avec d'inoubliables souvenirs de cette croisière. Et Jules rapporte assez de détails et d'anecdotes pour écrire *Une Ville flottante* dont le *Great Eastern* est le « personnage » central.

En 1868, Jules Verne commence à écrire *Autour de la Lune.* A la fin de l'année 1869, il loue une maison à Amiens au 3, boulevard Saint-Charles.

Pendant la guerre de 1870, Jules Verne est mobilisé comme garde-côte au Crotoy. Croisant dans la mer du Nord il écrit *Aventures de trois Russes et de trois Anglais* et *Le Chancellor.* Après la fin des hostilités, Jules Verne séjourne tantôt à Amiens, tantôt à Paris. Il écrit *Le Pays des Fourrures.*

C'est en juillet 1871 qu'il décide de se fixer à Amiens au 23, boulevard Guyencourt. Le 3 novembre, son père, Pierre Verne, meurt.

Le 28 juin 1872, Jules Verne entre à l'Académie d'Amiens. A défaut du discours réglementaire, il lit quelques chapitres d'un ouvrage encore inédit et intitulé *Le Tour du Monde en quatre-*

Jules Verne et son frère Paul dans le parc du Plessis-Cellier à Chantenay. Peinture de leur oncle Francisque de la Celle de Châteaubourg.

vingts jours. Trois mois après, l'auteur de *Cinq Semaines en ballon* fait une brève excursion à bord du *Météore* avec l'aéronaute Eugène Godard. Il en fait le récit dans le *Journal d'Amiens* : « Vingt-quatre minutes en ballon. »

Il emménage dans une maison sise au 44, boulevard Longueville (aujourd'hui boulevard Jules-Verne). Bien que la maison soit spacieuse, Jules Verne installe sa table de bois brut dans une petite pièce donnant sur l'escalier. C'est là qu'il écrit, entre autres romans célèbres, *Michel Strogoff.*

Se souvenant de ses débuts, il envisage de porter à la scène certains de ses romans. Pour ce faire, il collabore avec Adolphe d'Ennery, auteur de mélodrames parmi lesquels *Les Deux Orphelines.* Ce sont encore des succès : *Le Tour du Monde en quatre-vingts jours* au théâtre de la Porte-Saint-Martin en 1874 ; *Les Enfants du capitaine Grant* quatre ans plus tard, et *Michel Strogoff* au Châtelet en 1880.

Son bateau grandit avec sa renommée : au rudimentaire *Saint-Michel* succède le *Saint-Michel II,* un fin voilier dont le port d'attache est Le Tréport. A son bord il rend visite à sa famille restée à Nantes : sa mère, Sophie Verne, née Allotte de la Fuÿe, ainsi que ses trois sœurs, Anna, Mathilde et Marie, toutes trois mariées. Paul Verne, son frère, après avoir été capitaine au long cours, est maintenant agent de change à Paris.

Afin de prouver qu'il ne se désintéresse pas de sa ville d'adoption, Jules Verne lit *Une Ville idéale* au cours de la séance publique de l'Académie d'Amiens le 12 décembre 1875. Jules Verne y montre un Amiens idéal, mais plus qu'une vision de l'avenir, c'est une critique de la ville telle qu'elle se présente alors. Parallèlement, il évoque dans un nouveau roman une île idéale : *L'Ile mystérieuse* que certains considèrent comme son chef-d'œuvre et qui constitue le centre du monde vernien.

En 1877, Jules Verne veut s'amuser : il va donner un bal et lance 800 invitations. Pour recevoir tout ce monde, il loue les Salons Saint-Denis et prend pour thème « De la terre à la lune ». La même année, l'auteur achète le *Saint-Michel III,* yacht de 33 mètres et jaugeant 38 tonneaux. A son bord, il peut partir pour de longues croisières : de juin à août 1878, nous trouvons Jules Verne en Méditerranée ; en mai 1880, il visite la Norvège, l'Irlande et l'Ecosse, et il commence à écrire *Le Rayon vert* qui se

Honorine de Viane.

déroule au pays de Walter Scott. L'année 1881 voit une nouvelle croisière de Rotterdam à Copenhague. Enfin de mai à juillet 1884, le *Saint-Michel III* retourne en Méditerranée. Jules Verne visite alors Gibraltar, Oran, Alger, Tunis, Carthage, subit une tempête au large de Malte, revient par Catane et Naples, est reçu à Rome par le pape Léon XIII et ramène à Hetzel un gigantesque roman, *Mathias Sandorf,* élargi et peuplé, au cours de la croisière, de paysages, figures et péripéties rencontrés.

A l'Académie d'Amiens, il offre la primeur de ses nouveaux romans dont il lit des extraits : *Les Cinq Cents Millions de la Bégum, Les Tribulations d'un Chinois en Chine, Robur-le-Conquérant,* etc. Il y reçoit aussi de nouveaux membres : l'avocat Gustave Dubois, son ami le dessinateur Gédéon Baril, l'architecte Emile Ricquier.

Déménageant encore, en octobre 1882, Verne s'établit au 2, rue Charles-Dubois. Entrons dans cette immense maison. Donnant sur la véranda et le petit jardin, on trouve le salon et la salle à manger ; à droite un petit salon et un fumoir ; à gauche la tour-cage d'escalier. Au premier étage, les chambres. Au second le cabinet de travail de l'auteur, attenant à la bibliothèque aux murs recouverts de rayonnages. Par le grenier, un petit escalier et une « écoutille » permettent d'accéder au sommet de la tour. Là se trouve une pièce ronde d'où une échelle de meunier permet encore de monter sur la terrasse. D'ici enfin on domine toute la ville et, lorsque le vent souffle, on a l'impression du roulis.

Mme Jules Verne veut organiser des soirées. Pendant l'hiver, tous les mercredis, chacun vient montrer ses talents : monologues, romances, morceaux de piano ou de violon. M. Verne, dos tourné à la cheminée, écoute, mais à 22 heures il disparaît. Parfois, lorsque l'atmosphère est bonne, il accepte de jouer au piano et compose sur ses proches des petits couplets fantaisistes. Le 8 mars 1885, il organise un second bal costumé qui a lieu cette fois dans sa propre demeure. Une affiche invite les passants :

Grrrrande auberge du Tour du monde
On y boit gratuitement
Pour aujourd'hui seulement
Tenue par M. et Mme Jules Verne

Mais, dès la fin de l'année 1885, l'auteur s'assombrit. A la suite d'un chagrin intime, il vend son *Saint-Michel III.* Son neveu,

Maison de Jules Verne à Amiens.

malade mental, veut se sauver en Angleterre. Verne lui refuse l'argent nécessaire au voyage et le jeune homme le blesse d'une balle de revolver. Alors qu'il est encore cloué au lit, un autre coup le frappe : Hetzel, son éditeur et ami, meurt. Lorsque Verne peut se lever, il est condamné à boiter pour le reste de sa vie. L'année suivante sa mère meurt à son tour.

A la suite de cette succession de coups du destin, Jules Verne semble remettre son œuvre en question. Il écrit deux romans historiques : *Nord contre Sud* qui se déroule pendant la guerre de Sécession aux États-Unis et *Le Chemin de France* dont le héros est un officier picard né à Grattepanche. Sur un souvenir d'enfance, il bâtit un conte de fées, *La Famille Raton,* qu'il lit en public à Amiens et aussi en Belgique.

C'est alors qu'il décide de devenir conseiller municipal et, malgré ses opinions conservatrices, il s'inscrit sur la liste républicaine de Frédéric Petit. Mais il s'agit pour lui d'un « mandat purement administratif ». Effectivement au cours des seize années qu'il passe au conseil municipal d'Amiens, il ne s'intéresse qu'à l'urbanisme et cherche avant tout à préserver l'esthétique de la cité. Son attitude au cours des délibérations le montre toujours soucieux de clarifier les questions. A partir de cette époque, alors âgé de soixante ans, Jules Verne va se dépenser en activités diverses. Chargé du contrôle financier du théâtre, il s'efforce d'assister à chacune des représentations. Il est aussi préposé aux foires et c'est lui qui inaugure le cirque municipal le 23 juin 1889. Il devient membre de la Société d'Horticulture, de la Société Industrielle, du Comité de l'Alliance française, du Conseil des Directeurs de la Caisse d'Epargne. Il donne des conférences et préside des distributions des prix.

Son emploi du temps est chargé :
de 5 à 11 heures, il travaille à ses romans ; il réunit des éléments épars mis en fiches. Ses plans sont faits d'avance sous forme de têtes de chapitre. Il écrit d'abord au crayon puis, plus tard, repasse à l'encre pour vérifier ainsi chaque mot. Il veut, en effet, posséder la terminologie exacte et « n'user que de mots techniques, afin d'éviter les périphrases encombrantes ». Il lui arrive d'écrire plusieurs œuvres à la fois. Son contrat l'oblige à produire deux volumes par an, mais à cette époque il prend de l'avance. C'est ainsi qu'en 1899 il écrit les volumes à paraître en 1906. Cette avance explique qu'après sa mort ses romans ont continué d'être publiés.

A 12 heures, après avoir déjeuné, il se rend à la salle de lecture de la Société Industrielle. Seul lecteur à cette heure, il recueille tous les journaux ou revues susceptibles de l'intéresser. Il les place dans un certain ordre et s'assied dessus pour que cette ordonnance ne soit pas dérangée. Les autres lecteurs arrivés vers 14 heures doivent attendre qu'il ait terminé.

Bibliothèque de Jules Verne dans sa maison d'Amiens.

Salon de Jules Verne dans sa maison d'Amiens.

A 16 heures 30, il se rend à l'hôtel de ville lorsque siège le conseil municipal. Parfois il fait une pause sur un des bancs du square Saint-Denis. Au cours de l'une de ses promenades le dessinateur Henri Delarozière fixe sa silhouette.

Certains jours, vers 17 heures, il arrive au Cercle de l'Union, et plus tard au Cercle Universitaire où aucun jeu ne l'attire, mais où il aime, attablé devant une tasse de café, s'entretenir avec des amis.

Vers 19 heures, Jules Verne rentre chez lui, dîne et se couche tôt, sauf les soirs où il va au théâtre. Ces soirs-là il ne dîne pas chez lui : il veut être le premier dans la salle pour encourager la troupe. On le voit alors grignoter des sandwiches pendant les entractes. Parfois, lorsque sa femme l'accompagne, ils entrent tous deux au Café du Théâtre pour souper.

Il reçoit aussi des voyageurs du monde entier ; Nellie Bly, jeune Américaine qui effectue le tour du monde en 73 jours ; une autre, Marie Belloc, vient l'interviewer pour le *Strand Magazine ;* puis c'est l'Italien De Amicis qui veut vérifier que Jules Verne existe réellement et que ce nom ne cache pas un groupe de savants et d'écrivains ! De nombreux journalistes français viennent aussi lui demander interviews et conseils. L'explorateur Chaffanjon lui apporte ses notes de l'expédition à la recherche des sources de l'Orénoque. Verne les utilisera pour écrire *Le Superbe Orénoque.* De jeunes auteurs tiennent à le rencontrer : Roland Dorgelès, Pierre Giffard, Raymond Roussel, etc. On vient même lui demander ce qu'il pense de la création d'une course cycliste entre Paris et Roubaix !

Son œuvre semble prendre un nouveau tournant avec *Sans dessus dessous* (1889). Le roman présente en effet une équipe d'artilleurs qui veut modifier l'axe de la terre par la force d'un coup de canon géant. L'ingénieur Badoureau qui a fait tous les calculs va même défendre ce projet au Cercle des Officiers de la Territoriale. Mais surtout *Sans dessus dessous* marque le début d'une veine satirique de Jules Verne. Aux États-Unis, une revue publie *La Journée d'un journaliste américain en 2889* dans lequel il évoque un monde capitaliste et industriel en contradiction avec ses rêves de fraternité universelle. Puis viendront d'autres romans dans lesquels on décèle une critique sociale et même des thèmes nihilistes : *L'Ile à hélice, P'tit Bonhomme, Face au drapeau, La Chasse au météore, Les Naufragés du Jonathan,* etc. L'aspect politique de ces œuvres est visiblement plus hardi que l'extrapolation technique. Il utilise des personnages réels. C'est ainsi que Eugène Turpin, inventeur de la mélinite, se reconnaissant dans le Thomas Roch de *Face au drapeau,* poursuit l'auteur en justice. Celui-ci, défendu par maître Raymond Poincaré, gagne le procès.

Un dernier coup l'atteint, la mort de son frère Paul, le 27 août 1897. « Je n'aurais jamais cru pouvoir survivre à mon frère ! » s'écria-t-il.

L'un de ses derniers déplacements sera pour aller en vacances aux Petites-Dalles (en Normandie) en 1899. Atteint par la cataracte, il y voit de moins en moins ; de plus, il éprouve des difficultés à se déplacer dans sa grande demeure. En 1900, il retourne donc dans son ancienne maison au 44, boulevard Longueville. Mais son activité intellectuelle ne se ralentit pas. Il écrit *Le Secret de Wilhelm Storitz.*

Au Cercle de l'Union, le jeune René Ranson l'initie à l'aviation naissante. Son fils Michel Verne, véritable personnage vernien, vient le voir en automobile. Jules Verne rêve encore au capitaine Nemo et il joint ces trois idées dans *Maître du monde* où l'ingénieur Robur invente un engin tour à tour avion, auto et sous-marin.

Il ne va plus à l'Académie d'Amiens. En août 1903, il se rend pour la dernière fois au conseil municipal.

En 1904, il a une forte crise de diabète mais refuse que l'on en parle et continue à travailler à la correction des épreuves de *L'Invasion de la mer.* Il se rend encore à la Société Industrielle en décembre. Le Groupe espérantiste d'Amiens le nomme président d'honneur ; il avoue s'intéresser à l'espéranto au point d'y consacrer un prochain roman intitulé *Voyage d'étude* qui, corrigé par Michel Verne, deviendra *L'Étonnante Aventure de la mission Barsac.*

Mais le 16 mars 1905, une nouvelle crise de diabète le terrasse et Jules Verne meurt le 24. Il est enterré au cimetière de la Madeleine à Amiens.

LES VOYAGES EXTRAORDINAIRES

dans la Collection Hetzel

1867	Voyages et Aventures du capitaine Hatteras
1867	Cinq Semaines en ballon — Voyage au centre de la Terre
1868	Les Enfants du capitaine Grant
1870	Vingt mille lieues sous les mers
1872	De la Terre à la Lune — Autour de la Lune
1872	Une ville flottante — Aventures de trois Russes et de trois Anglais
1873	Le Pays des Fourrures
1874	Le Tour du Monde en quatre-vingts jours — Le Docteur Ox
1875	L'Ile mystérieuse
1876	Michel Strogoff
1877	Les Indes noires — Le Chancellor
1877	Hector Servadac
1878	Un Capitaine de quinze ans
1879	Les Tribulations d'un Chinois en Chine — Les Cinq cents millions de la Bégum
1880	La Maison à vapeur
1881	La Jangada
1882	L'Ecole des Robinsons — Le Rayon vert
1883	Kéraban-le-Têtu
1884	L'Etoile du Sud — L'Archipel en feu
1885	Mathias Sandorf
1886	Robur-le-Conquérant — Un Billet de loterie
1887	Nord contre Sud
1888	Deux ans de vacances
1889	Sans dessus dessous — Le Chemin de France
1889	Famille sans nom
1890	César Cascabel
1891	Mistress Branican
1892	Claudius Bombarnac — Le Château des Carpathes
1893	P'tit Bonhomme
1894	Les Mirifiques Aventures de la mission Barsac
1895	L'Ile à hélice
1896	Face au drapeau — Clovis Dardentor
1897	Le Sphinx des glaces
1898	Le Superbe Orénoque
1899	Le Testament d'un excentrique
1900	Seconde patrie
1901	Le Village aérien — Les Histoires de Jean-Marie Cabidoulin
1902	Les Frères Kip
1903	Bourses de voyage
1904	Maître du monde — Un drame en Livonie
1905	L'Invasion de la mer — Le Phare du bout du monde
1906	Le Volcan d'or
1907	L'Agence Thompson and Co.
1908	La Chasse au météore — Le pilote du Danube
1909	Les Naufragés du « Jonathan »
1910	Le Secret de Wilhelm Storitz — Hier et demain
1919	L'Etonnante aventure de la Mission Barsac

JULES VERNE
SECONDE PATRIE
VOYAGES
EXTRAORDINAIRES
COLLECTION HETZEL

A. PAVOLINI.

LES CHIENS DANS L'ŒUVRE DE JULES VERNE

On a souvent parlé des nationalités, des types, des femmes, des serviteurs, des acrobates et d'autres personnages dans l'œuvre de Jules Verne ; mais personne n'a parlé, que je sache, des chiens qui peuplent quatre de ses meilleurs romans, qui suivent de près le protagoniste, qui s'agitent au milieu des scènes et du paysage, qui forment, pour ainsi dire, la mascotte des coureurs d'aventure.

Puisque le chien est, sans doute, le meilleur ami de l'homme et, j'ajouterai, plus que l'homme lui-même, peut-être jugera-t-on convenable cette brève esquisse sur ces êtres qui, comme dit Victor Hugo, sont « la vertu qui, ne pouvant se faire homme, s'est fait bête ».

Je m'en tiendrai aux figures plus en relief, négligeant les chiens qui n'ajoutent presque rien à l'action du roman, comme par exemple Wagram et Marengo de *César Cascabel,* et Diane et Satellite dans *Autour de la Lune ;* quoique l'épisode du cadavre de Satellite jeté hors du projectile, qui le suit fidèlement à cause de l'attraction de la gravité, tout comme s'il était un bon chien vivant, ne soit point négligeable ; voyez donc comme lui sied le nom de Satellite !

A tout seigneur, tout honneur : dans le plus beau roman de la trilogie, on dit que les personnages sont cinq ; non pas, ils sont six, parce que Top fait partie de la famille ; la bonne et brave bête suit toujours son maître et ses amis, du moment où ils sont jetés par le ballon sur l'île, jusqu'à l'explosion de l'île même.

Top (L'Ile mystérieuse).

Mais je ne veux pas parler des services précieux qu'il rend aux naufragés, avant de présenter ce chien aux lecteurs : Top, dit son créateur, « était un magnifique anglo-normand, qui tenait de ces races croisées, la vitesse des jambes et la finesse de l'odorat, les deux qualités par excellence du chien courant » ; nous dirons donc qu'il était un limier rappelant peut-être cette race du saintonge qui adjoint aux caractères physiques susmentionnés, les qualités morales de la gaieté, du dévouement au maître et de la bonté pour les amis du maître.

Il devient tout de suite sympathique à tous ceux qui le regardent, et en effet c'est bien Pencroff qui insiste auprès de Cyrus Smith pour qu'il soit admis dans le ballon, en délestant la nacelle de deux sacs de sable ; acte de bonté aussitôt suivi d'une action pareille du chien, qui se précipite au secours de son maître, tombé dans la mer. Et c'est toujours Top qui parvient aux Cheminées et conduit les naufragés près de Cyrus évanoui, qui porte son aide très efficace aux chasses des colons, comme celles au cabiai, à l'agouti, et plus tard, aux mouflons. C'est Top qui est toujours présent et prend une part active aux mystères de l'île : il est rejeté des eaux du lac où il s'était lancé pour combattre le dugong qui sera tué par une incompréhensible blessure ; il est le protagoniste de tous les appels faits sur le bord du puits cachant un autre étrange mystère. Il montre son habileté dans la découverte de la précieuse étoffe du ballon accroché aux arbres, dans la garde aux pirates et dans le transport du message de Nab, du palais de granit au Corral ; sa bonté, dans l'amitié pour Jup, quand le singe est blessé dans la lutte avec les renards ; son courage dans le même assaut.

En un mot, il sait se rendre toujours indispensable, sans le faire jamais paraître; il montre les plus belles qualités de la race canine à un tel degré, que l'auteur au dénouement ne peut pas se résoudre à sa mort, et tout en faisant disparaître le bon Jup, rapporte à la vie et à la société, en sus d'Ayrton, les mêmes personnages qui ont été jetés sur l'île ; les six amis ; parce que Top est l'« ami » dans le plus beau sens du mot.

Nous présentons maintenant un autre chien : il se nomme Duk, est un chien danois ou dog allemand, fier, intelligent, énergique ; c'est un chien aristocratique.

Duck se présente d'étrange façon ; il appartient à un capitaine de navire que personne ne connaît et les matelots en font l'objet

Duk (Voyages et Aventures du Capitaine Hatteras).

des suppositions les plus extraordinaires ; sans doute il est le vrai capitaine du navire, et quand Duk porte entre les dents une lettre au second avec les instructions pour la route, le « dog-captain » est reconnu par tous les matelots comme le maître à bord. Cependant une terreur superstitieuse s'allie au respect qu'on doit au commandant, et un jour les mauvaises passions éclatent ; le pauvre Duk est pris par surprise, lié et enfoncé dans un trou glacé. Mais que dire quand, après deux jours, le chien se présente de nouveau aux yeux atterrés de l'équipage comme un monstre de l'Apocalypse, bondissant dans la brume, image terrifiante agrandie par la réfraction ?

Toutefois l'intérêt qui se centralise autour du chien, se porte sur le vrai capitaine, quand celui-ci se fait connaître : le téméraire John Hatteras, qui veut conduire son *Forward* jusqu'au pôle Nord ; Duk devient le plus fidèle ami de son maître, en perdant cette tristesse et cette sauvagerie qu'il avait auparavant. Ce qui ne s'explique pas bien, étant donné que le capitaine était déjà à bord déguisé en simple matelot, c'est que le chien ait pu feindre de ne pas reconnaître son maître !

Désormais pendant toutes les tragiques vicissitudes des explorateurs, Duk suit son maître, attentif à chaque mouvement, à chaque expression du capitaine Hatteras ; soit qu'il l'accompagne dans ses promenades solitaires sur le pont à 40 degrés sous zéro, pour surveiller l'équipage qui menace de brûler le navire, soit qu'il consente de faire partie de l'attelage du traîneau, soit qu'il découvre le cairn où était enseveli le capitaine américain. Sa nature d'élite ne se dément jamais : à propos de l'Américain, débrouillard et expansif, Jules Verne observe que le chien ne valait pas moins que lui, avec ceci, qu'il aboyait davantage ; il donne des leçons de bon maintien aux chiens esquimaux, familier avec eux, bien « qu'ils ne lui aient pas été présentés ».

Sa nature canine se retrouve complète, lorsqu'il se jette à l'eau, tout comme Top, pour suivre le capitaine emporté par les flots, lorsqu'il l'arrache aux dangers du volcan, lorsqu'il le suit, triste et découragé, comprenant que son maître, dans sa folie, n'a de foi que dans sa seule amitié. Il est toujours un charmant chien aristocratique, qui connaît l'altruisme.

Dans *Un Capitaine de quinze ans,* un navire recueille sur une épave quelques nègres, et un chien en proie à la plus grande dou-

Dingo (Un Capitaine de quinze ans).

S
V

leur qu'une bête de son espèce puisse éprouver : il a perdu son maître, il est un orphelin parmi les chiens.

Il s'appelle Dingo comme le chien sauvage de l'Australie. C'est un mâtin redoutable, pas méchant, mais non plus sociable, triste comme les êtres qui n'ont personne à aimer. Il montre sa haine avant son amour, se jetant aussitôt, le poil hérissé, la gueule ouverte, contre Negoro, le cuisinier du navire, personnage énigmatique et douteux. Mais devant le jeune capitaine Dick, devant Mme Weldon, et surtout avec le petit Jack, le chien se montre doux et familier ; en sus, Dingo est un chien savant, parce qu'il sait choisir deux lettres de l'alphabet, S, V, qui sont les initiales du nom de son maître ; tout de suite, auprès des matelots, superstitieux come ceux du *Forward,* Dingo passe pour un chien qui sait lire, sait écrire et peut-être parler, bien qu'il se taise toujours.

Lorsque la baleinière s'éloigne du navire pour ne plus y revenir, Dingo, les pattes appuyées sur la lisse, pousse un aboiement lamentable, présage du prochain malheur ; qui pourra nier que les chiens aient des pressentiments plus clairs que les nôtres ? Et quelle mémoire montre-t-il des lieux et des personnes ! Outre la haine pour le traître Negoro, il reconnaît le premier la côte de l'Afrique où son maître a été assassiné, et montre sa colère près des horribles instruments de l'esclavage, les fourches brisées, les chaînes rompues !

Son adresse n'est pas moindre que celle de Top, puisque lui aussi porte un billet au jeune capitaine prisonnier et essaie, bien que vainement, de pénétrer jusqu'à la cabane où le capitaine est enfermé. Mais le courage est sa qualité prééminente : on le voit une première fois à l'assaut de Negoro qui lui échappe par miracle, le blessant d'un coup de fusil ; la deuxième fois le cuisinier n'évite pas le châtiment de ses crimes ; le brave chien, dans la même cabane où son maître a été frappé, saute à la gorge de Negoro et fait justice du traître, qui toutefois le blesse à mort avec son couteau ; le chien, se traînant jusqu'à la hutte, vient mourir là où était mort son maître.

Le courrier du czar, Michel Strogoff, rencontre, comme chacun se souviendra, l'employé du poste télégraphique de Kolyvan, qui recueille l'aveugle sur la route d'Irkoutsk. Nicolas Pigassof, l'employé, est suivi par Serko, pauvre chien humble et fidèle ; il n'a pas les qualités brillantes des autres, ni n'appartient à leurs races supérieures ; c'est un chien sibérien, ressemblant aux chiens esquimaux, de taille moyenne, à poil gris ; il descend du chariot pour faire place aux voyageurs, il trotte après le chariot, il court s'il faut courir, il nage s'il faut nager, toujours patient et caressant. Il n'accomplit aucun geste éclatant ; mais quand son maître est enseveli vivant, selon la coutume des féroces Tartares, il reste près de lui, souffre la faim et la soif et le défend des oiseaux de proie, jusqu'à ce que lui-même tombe, frappé par le bec des vautours. L'humble Serko nous montre, dans toute sa beauté, la simple vertu du sacrifice.

Il ne faut pas croire, toutefois, que ces bonnes figures de chiens remplissent l'œuvre de notre auteur ; ils représentent un épisode, un personnage secondaire de quelques romans. Ils ressemblent plutôt au chien Argo de l'Ulysse homérique qu'aux protagonistes de plusieurs romans modernes, par exemple, le Dingo d'Octave Mirbeau, le Buck de *The Call of the Wild,* le White Fang, le Jerry, le Michael des contes de Jack London. Ils sont tout simplement des amis sur lesquels on peut compter en tout lieu et en tout temps, sûrs, fidèles, affectionnés.

Sur leur tombe on pourrait inscrire l'épitaphe que je lus quelque part : « Près de ce lieu sont déposés les restes d'un être qui posséda la beauté sans orgueil, la force sans insolence, le courage sans férocité, en un mot toutes les vertus de l'homme sans ses vices. Cet éloge, qui serait une basse flatterie s'il était inscrit sur des cendres humaines, n'est qu'un juste tribut à la mémoire du chien X... » Des chiens, dirons-nous, nommés Top, Duk, Dingo, Serko, dont nous avons fait souvenir les lecteurs de Jules Verne.

Pierre TERRASSE.

JULES VERNE ET LES CHEMINS DE FER

Jules Verne est né avec les chemins de fer français.

Il a vu le jour en 1828. Or, c'est en 1827 qu'avait été mise en exploitation la première ligne, celle de Saint-Etienne à Andrézieux et c'est en 1829 que Marc Seguin construisit la première locomotive à chaudière tubulaire.

Notre romancier a donc vécu dès le début le développement de ce nouveau mode de locomotion qui rapprochait si prodigieusement choses et gens. Ce sont donc tout naturellement les voies ferrées, quand cela est possible, qu'empruntent ses héros lorsqu'ils se déplacent sur terre. Comment ce moyen de transport « ordinaire » devient un élément des voyages « extraordinaires », tel est l'objet de cette causerie.

Les héros de Jules Verne voyageant par le train chaque fois qu'ils le peuvent, énumérer les romans où il est question de chemin de fer (il y en a plus de vingt) serait sans intérêt. Notons toutefois qu'un seul de ses personnages se montre absolument réfractaire à ce mode de transport qui, à l'époque (nous sommes en 1882), avait pourtant cessé d'être une nouveauté qui, même en Turquie : Kéraban dit le Têtu, cet Ottoman obstiné qui, amené à faire le tour de la mer Noire, demeure fidèle à sa vieille chaise de poste et refuse d'envisager l'utilisation du train. Mais il ne faut pas dire « fontaine, je ne boirai pas de ton eau », car un jour vient où, la poigne d'un peloton de cosaques aidant, Kéraban est contraint de voyager, sur quelques kilomètres, dans le railway de Poti à Tiflis. Et on comprend son irritation puisque c'est précisément ce train (et son entêtement aussi, il faut l'avouer) qui a écrasé sa chaise de poste à un passage à niveau...

Laissons cet original se déplacer à l'aide de véhicules archaïques et venons-en aux trois romans où la partie ferroviaire est plus développée, à savoir *Le Tour du Monde en quatre-vingts jours, Le Testament d'un Excentrique* et *Claudius Bombarnac.*

Dans *Le Tour du Monde en quatre-vingts jours,* publié en 1873, Philéas Fogg accomplit en chemin de fer une part notable de son périple : après l'étape Londres-Brindisi, où il rejoint la « malle des Indes », il traverse par fer l'Inde de Bombay à Calcutta et les États-Unis de San Francisco à New York pour achever son tour du monde de Liverpool à Londres.

Notons que l'action se déroule fin 1872 et que cette prouesse ne pouvait guère être accomplie plus tôt car, si le « Grand Trunk » américain a été achevé en mai 1869 et le canal de Suez ouvert en novembre de la même année, ce fut seulement en septembre 1871 que fut inauguré le tunnel du Mont-Cenis, entre la France et l'Italie, qu'empruntait le Calais-Brindisi.

Quant au chemin de fer trans-indien, il n'était pas encore terminé, bien qu'on vendît des billets Bombay-Calcutta (ah ! ces Compagnies !), ce qui fit que Philéas Fogg, bloqué dans la jungle, à Kholby, dut acheter un éléphant pour gagner Allahabad. Mais l'on sait que ce temps ne fut pas perdu car cet incident donna à notre héros l'occasion de sauver Mrs Aouda et, en même temps, à Jules Verne celle d'ajouter à son roman une intrigue sentimentale nouée suivant les règles de l'art... En réalité, Jules Verne calomniait le « Great Peninsular Railway » car la liaison entière était réalisée depuis le 7 mars 1870... mais le roman aurait beaucoup perdu si la vérité historique avait été respectée.

Voici nos voyageurs à San Francisco et cela nous vaut une description du matériel du « Pacific rail-road » qui ne pouvait que faire ouvrir de grands yeux aux Français de 1873. Car il s'agit de parcourir 5 600 kilomètres et cela exige un confort plus évolué que celui qui régnait, à cette époque, sur nos réseaux où l'on assure que le rembourrage des banquettes était à base de noyaux de pêches... Les temps ont bien changé depuis, Dieu merci !

« Le wagon occupé par Philéas Fogg était une sorte de long omnibus qui reposait sur deux trains formés de quatre roues chacun, dont la mobilité permet d'attaquer les courbes de petit rayon... »

A travers la gaucherie des termes employés, on reconnaît une voiture à boggies, déjà en usage à ce moment aux États-Unis, alors qu'en France on ne connaissait encore que le matériel à deux essieux. A l'intérieur, point de compartiments : deux files de sièges ménagent au milieu un passage. Sur toute la longueur du train, les voitures communiquent entre elles par des passerelles. Les voyageurs ont à leur disposition des wagons-salons, des wagons-terrasses, des wagons-restaurants, des wagons à cafés. Il n'y manque que des wagons-théâtres, remarque Jules Verne, qui prédit qu'il y en aura un jour. Sur les passerelles circulent incessamment des marchands de livres et de journaux, des vendeurs de liqueurs, de comestibles, de cigares.

En somme, c'est à peu de chose près nos modernes trains drapeaux avec leurs voitures restaurant, bar, bureau de tabac, librairie... On se croirait dans le *Mistral,* qui comporte il est vrai, en outre, un salon de coiffure et une sténo-dactylo bilingue, mais pas encore de voiture-cinéma, en guise de wagon-théâtre. Depuis le 13 juin 1975, un des trains de nuit Paris-Nice comprend une voiture-cinéma.

A huit heures du soir, changement de décor : le wagon américain est un sleeping-car qui, en quelques minutes, se transforme en dortoir. Chaque voyageur dispose alors d'une cabine en toile avec lit confortable, draps blancs et oreillers moelleux, ce qui semblait prodigieux, il y a cent ans, à des lecteurs européens. Rappelons que la Compagnie Internationale des wagons-lits venait à peine d'être fondée (1872).

Bien entendu, pendant ce voyage de sept jours sur ce long « ruban de métal », les émotions fortes ne vont pas manquer...

Tout va bien jusqu'à un certain pont suspendu qui enjambe la rivière Medicine-Bow. Mais ce pont est ébranlé et le service de la voie s'oppose catégoriquement au passage du train. Qu'à cela ne tienne, les Américains sont gens de ressource et, malgré les sages conseils de Passepartout, le pont est franchi d'un saut : le train recule d'un mille puis s'élance à toute vapeur,

« la vitesse devint effroyable, les pistons battaient vingt coups à la seconde, les essieux des roues fumaient dans les boîtes à graisse. Le train, marchant avec une rapidité de cent milles à l'heure (160 km/h environ), ne pesait plus sur les rails. La vitesse mangeait la pesanteur *(sic)*... »

Les Sioux avaient envahi les wagons (Le Tour du monde en quatre-vingts jours).

Le train passe comme un éclair d'une rive à l'autre et, aussitôt, le pont, définitivement ruiné, s'abîme avec fracas dans la rivière... Inutile de dire que c'est là une recette à ne pas appliquer pour franchir les ponts douteux, mais comment ne pas être emporté par le récit... ?

Autre incident d'importance : le duel au revolver entre Philéas Fogg et le grossier colonel Stamp W. Proctor, duel « à l'américaine » s'il en fut, les adversaires, enfermés dans une voiture, devant se mitrailler jusqu'à ce que le combat cesse faute de combattants. Fort opportunément, avant l'échange des premières balles, une fusillade générale vient faire diversion : le train est attaqué par les Sioux et cela donne à Passepartout une nouvelle occasion de montrer qu'un ancien pompier de Paris sait tout faire : il va détacher en marche le tender des wagons pour provoquer l'arrêt du train à la station de Kearney, exploit invraisemblable que Jules Verne explique d'une façon vraisemblable : les chaînes décrochées, une providentielle secousse fait sauter la barre d'attelage que Passepartout ne fût jamais parvenu à dévisser. Autre gag, digne des westerns de la bonne époque...

Et puisque nous parlons du *Tour du Monde en quatre-vingts jours,* comment ne pas évoquer un souvenir d'enfance que quelques-uns d'entre vous conservent sans doute aussi ? C'est au théâtre du Châtelet, une représentation de la pièce tirée de ce roman par d'Ennery et le tableau où apparaissait sur la scène, crachant, soufflant, empanachée de fumée éclairée en rouge par la lueur du foyer, couverte de neige et de glace, une locomotive d'un réalisme saisissant, ce qui constituait un des clous de la pièce. Il y a un demi-siècle, les enfants que nous étions n'étaient pas blasés, comme ceux d'aujourd'hui, en matière de spectacles et de mise en scène et nous avons gardé de cette vision un souvenir émerveillé.

Enfin nous voici à Liverpool mais le train régulier pour Londres est parti ; Philéas Fogg commande un train spécial...

Un train spécial ! Prestigieux mode de transport réservé alors aux têtes couronnées ou aux boyards ! A défaut du tarif des chemins de fer britanniques, veut-on savoir ce qu'aurait coûté une telle fantaisie en France en 1872 ? Le minimum de perception était alors de 6,15 francs par train et par kilomètre, ce qui aurait donné pour les 312 kilomètres de Liverpool à Londres 1918,80 francs, soit près de cent louis, somme évidemment considérable pour l'époque.

Suspendu d'une main entre le wagon de bagages...
(Le Tour du monde en quatre-vingts jours).

Quant au délai pour obtenir la mise en marche dudit train spécial, il est, d'après le roman, de... vingt minutes : commandé à deux heures quarante, le train s'ébranle à trois heures. Je doute que, de nos jours, un particulier puisse obtenir satisfaction en aussi peu de temps... Certainement il y a eu régression dans ce domaine. Mais n'oublions pas que nous sommes en pleine fiction et laissons Philéas Fogg achever son tour du monde dans les délais... Il l'a bien mérité !

Si j'ai retenu en second lieu *Le Testament d'un Excentrique* dont les héros jouent le rôle de « pions » dans une gigantesque partie de jeu d'oie dont chaque coup de dés les déplace sur des cases représentées par les différents États des U.S.A., c'est parce que le chemin de fer y joue un rôle important, étant le moyen de locomotion le plus communément utilisé par les « pions ».

Quant aux épisodes marquants de ce roman ayant le chemin de fer pour cadre, nous trouvons encore un duel... Décidément Jules Verne, au demeurant le plus pacifique des hommes, semble avoir eu une prédilection pour ce genre d'explication. Cela doit tenir au fait que, dans sa jeunesse, il avait connu le père des *Trois Mousquetaires...*

C'est également un duel au revolver, mais le cérémonial n'est pas le même que celui du *Tour du Monde en quatre-vingts jours.* Chacun des deux antagonistes a pris place sur la plate-forme arrière de la voiture de queue de deux trains qui se croisent et, lors de ce croisement, fait feu sur son adversaire. Echange de balles sans résultat d'ailleurs, et c'est heureux car les partenaires sont tous deux sympathiques et nous aurions déploré une issue fatale. Mais l'honneur yankee est sauf !

Le second épisode ferroviaire remarquable est l'inauguration à grand fracas d'une nouvelle ligne de chemin de fer. Je dis à grand fracas car elle consiste tout simplement à provoquer, sous les yeux des spectateurs enthousiastes rassemblés à distance prudente, le télescopage de deux trains lancés à toute vapeur l'un contre l'autre...

Et si vous étiez tentés de trouver que Jules Verne, dans son désir de respecter la couleur locale, a fait vraiment plus « américain » que nature, je vous dirais que le fait est authentique car de semblables « attractions » ne sont pas rares dans les annales des chemins de fer américains. Le premier « combat » de trains eut lieu le

Harris T. Kymbale releva le revolver (Le Testament d'un excentrique).

30 mai 1896, sur la ligne du Columbus-Hocking Valley and Toledo Railway. Ces combats donnaient lieu, bien entendu, à des paris.

Or le roman a paru en 1899. Ceci est un exemple, entre tant d'autres, de la minutie avec laquelle Jules Verne se documentait et nous retrouvons là un écho de ses immenses lectures à la Société Industrielle d'Amiens, quand il faisait son miel en butinant tous les journaux et revues qu'il s'astreignait chaque jour à dépouiller.

Le troisième roman de Jules Verne dont j'ai fait état n'est pas un des plus connus : *Claudius Bombarnac,* qui porte en sous-titre : *Carnet d'un reporter,* est pourtant remarquable car c'est un roman ferroviaire à cent pour cent. A part la traversée de la mer Caspienne, il se déroule en effet intégralement en chemin de fer de Tiflis à Pékin, suivant un itinéraire « transasiatique » qui, dans la pratique, n'a jamais été réalisé de bout en bout.

Il faut dire que lorsque ce roman a été écrit, la Russie, poursuivant à travers l'Asie son expansion vers l'Est, venait de construire, dans des conditions de rapidité remarquables pour l'époque, un chemin de fer « transcaspien » et l'avait prolongé jusqu'à Samarkande et Tachkent (2 038 kilomètres). Cette œuvre avait été réalisée « à l'américaine » par des unités de sapeurs de chemin de fer russes, sous le commandement du général Annenkof. Le plus gros obstacle naturel, le fleuve Amou-Daria, avait été franchi à l'aide d'un gigantesque pont de bois long d'une lieue. Si je mentionne ce pont, c'est qu'il est curieux de noter que Jules Verne, quand il allait au Crotoy, dans la baie de la Somme, en avait sous les yeux une réplique (à plus petite échelle, il est vrai) sous la forme de l'estacade en bois de près de 1 500 mètres de long qui supportait la ligne à voie étroite reliant Noyelles à Saint-Valéry-sur-Somme, et qui fut remplacée en 1910 par la digue de terre qui existe encore actuellement. Une vieille vue en carte postale de cette estacade, prise sous le même angle que le pont de l'Amou-Daria de la gravure du roman, est presque superposable à cette gravure.

La construction du « Transcaspien » avait fait du bruit et son inauguration, en 1888, donna lieu à de grandes festivités, sans comporter cependant un télescopage à grand spectacle comme celui dont nous venons de parler. Parmi les personnalités françaises invitées, figurait un petit-fils du maréchal Ney, lequel avait pourtant eu des contacts dépourvus d'aménité avec les Russes soixante-seize ans auparavant. Toujours est-il que Napoléon Ney

Il avait bien vu le grizzli se signer (Le Testament d'un excentrique).

assista à ces fêtes et les raconta dans un livre intitulé *En Asie Centrale à la vapeur.*

Comme l'a indiqué M. B. Grangier, dans le numéro n° 1124 de *La Vie du Rail,* l'hebdomadaire des chemins de fer français, c'est de ce livre que Jules Verne s'est inspiré pour écrire *Claudius Bombarnac,* paru en 1892.

A l'époque, il était question de réaliser un chemin de fer transsibérien et celui qui fut construit de l'Oural à Vladivostok, à travers la Sibérie via Omsk et Irkoutsk, commencé en 1895, fut achevé en 1904. Long de 8 684 kilomètres, il relia alors Paris ou Londres à Pékin en 14 jours.

Jules Verne, lui, avec sa vision hyperbolique des choses, a prolongé le « transcaspien » à travers la Chine et l'a transformé en « Grand transasiatique » Tiflis-Pékin, 6 000 kilomètres par le Pamir, le Turkestan chinois et le sud du désert de Gobi ; durée du trajet : 13 jours.

Les wagons en sont de type américain : ils sont réunis l'un à l'autre par des passerelles ; la locomotive, brûlant des résidus de naphte, comprend un boggie (le terme y est, cette fois) porté sur quatre petites roues. Les sièges des wagons de 1re classe, par un mécanisme très simple, peuvent se transformer en lits de repos pour la nuit. Enfin le train comporte un wagon-restaurant, véritable salle à manger garnie d'une unique table. A noter que ce « dining-car » se transforme à un moment en wagon-chapelle car deux célibataires ayant manifesté, en cours de route, l'intention de se marier, il est utilisé à cette fin imprévue par un révérend qui se trouve là à point nommé.

Dans ce train, qu'emprunte professionnellement Claudius Bombarnac, journaliste gascon à l'esprit boulevardier, Jules Verne va embarquer tout un petit monde depuis un couple de comédiens, français également, jusqu'au Seigneur Faruskiar Mongol de haute mine mais quelque peu inquiétant... Il y aura une attaque du convoi, comme dans le *Tour du Monde,* et si on n'assiste pas à la traversée spectaculaire d'un pont, une main perfide aiguille le train sur une voie conduisant à un viaduc en construction... Rassurez-vous ! le « Grand Transasiatique » finira par gagner sans encombre Pékin, où tous les voyageurs descendront de voiture sains et saufs. Cela finira par un mariage, mais pas celui des mariés du « dining-car » qui auront, eux, divorcé sitôt arrivés à destination...

Faruskiar frappe le chef des bandits (Claudius Bombarnac).

Après avoir parlé de ces trois romans plus ou moins ferroviaires, ajoutons que Jules Verne semble avoir eu le pressentiment des transports rail-route qui connaissent actuellement un développement prometteur...

C'est dans *César Cascabel,* où il fait terminer le voyage de la « Belle-Roulotte » sur un wagon plat de chemin de fer, « en grande vitesse, s'il vous plaît », de Perm (Russie) jusqu'à Pontorson (France). Comme cette « caravane » avait roulé sur ses propres roues — et dans quelles conditions ! — des États-Unis en Russie, par le Détroit de Behring, Jules Verne a dû craindre qu'en empruntant les routes d'Europe, la maison ambulante de la famille Cascabel n'arrivât jamais à destination. Aussi a-t-il pensé qu'elle avait bien gagné ses invalides et l'a-t-il confiée à la sollicitude des compagnies de chemins de fer... Bel exemple de coordination rail-route avant la lettre !

Ajoutons que Jules Verne a imaginé enfin un train « très spécial » : c'est celui qui emporte, pendant quatre jours, à travers les États-Unis, les héros du voyage « autour de la lune » qui participent ainsi successivement à tous les banquets organisés en leur honneur, dans toutes les gares, par tous les habitants de l'Union.

Empoigné par le lyrisme, Jules Verne écrit que ce train marchait avec une vitesse de quatre-vingts lieues à l'heure ! Trois cent vingt kilomètres, cela paraît fort en avance sur la vraisemblance, pour le XIXe siècle... Admettons plutôt qu'il a eu un lapsus et que la vitesse du train était de quatre-vingts kilomètres à l'heure... permettant ainsi de couvrir en quatre jours plus de six mille kilomètres, ce qui n'est déjà pas mal !

Les monuments publics dédiés à Jules Verne à Amiens et à Nantes — car Paris, hélas ! n'a encore ni statue de Jules Verne, ni même de rue digne de lui — s'élèvent dans le jardin Montplaisir à Amiens et le Jardin des Plantes à Nantes. Or ces jardins sont situés tous deux près des gares si bien que, dans ces deux villes, le buste du vieil enchanteur semble être la divinité tutélaire des voyageurs.

Permettez-moi d'y voir un symbole et de penser qu'il est bien que le souvenir de celui qui écrivit tant de récits de voyages et mit en scène tant de voyageurs soit évoqué près de deux des plus modernes gares de France, portes ouvertes sur d'éternels départs.

Un enchevêtrement d'échafaudages (Claudius Bombarnac).

Pierre-André TOUTTAIN.

VINGT MILLE RONDS DE FUMÉE *

A la mémoire de Geneviève L.

Dans le vaste univers romanesque créé par Jules Verne, une place très large est réservée à la mer, aux cavités souterraines naturelles ou artificielles, aux îles « mystérieuses », aux glaces des pôles, au ciel sillonné par des engins volants : des ballons à l'obus habité en route vers la lune, en passant par l'*Albatros,* sorte d'hélicoptère géant. Une autre partie, non moins importante, des *Voyages extraordinaires* forme une grandiose symphonie dédiée au feu. Le monde de Jules Verne est dominé par les flammes et la fumée. Aux feux céleste et souterrain, aux éruptions volcaniques, aux grondements telluriques, aux crépitements des étincelles, aux zébrures des éclairs, répondent le fracas des canons, les détonations des fusils, les claquements secs des pistolets et des colts, les fulgurantes lignes rayant l'espace. D'immenses machines de paix ou de guerre grondent, sifflent et fument, des cheminées de mines, de *steamers* ou de locomotives s'échappent de lourdes volutes ou d'insolents panaches noirs, gris ou blancs. Rien d'étonnant à ce que la fumée s'échappe aussi de la bouche des héros verniens. Beaucoup de tabac se consomme et se consume dans les *Voyages extraordinaires.*

A partir de quelques exemples caractéristiques, nous allons tenter de démontrer que Verne mérite de figurer dans l'aréopage littéraire tabagique du XIXe siècle.

---

* Version revue et modifiée du texte paru, sous le même titre, dans la revue *Flammes et fumées,* 1978-1979.

Les débuts d'une flamboyante carrière :

Cinq Semaines en ballon (1863).

A bord du ballon le *Victoria,* trois Anglais — le docteur Samuel Fergusson, son ami Dick Kennedy et Joe, le domestique du docteur — vont tenter de « traverser toute l'Afrique de l'est à l'ouest ». Bien des aventures, parfois dramatiques, jalonnent leur expédition scientifique. Privés de leur engin volant, les trois hommes seront sauvés par des militaires français (dont un officier porte le nom de Dufraisse... quand celui de Mme Verne était du Fraysse de Viane) : entente cordiale, triomphe scientifique européen de Fergusson, abolition des rapports sociaux entre le docteur et Joe. Les illustrateurs, Riou et Montaut, représentent l'Écossais Kennedy avec un court cigare ; Fergusson est entouré d'officiers de la marine britannique fumant calmement la pipe. Et Verne nous décrit ainsi les concubines du sultan de la terre de la Lune, en Afrique centrale :

« La plupart de ces femmes paraissaient fort jolies, et fumaient en riant le tabac et le thang (sorte de chanvre) dans de grandes pipes noires. »

Après avoir précisé qu'au centre de cette terre de la Lune : « ... se trouve le district de l'Unyanemembé, une contrée délicieuse où vivent paresseusement quelques familles d'Omani qui sont des arabes d'origine très pure » dont les caravanes « vont encore chercher à la côte les objets de luxe et de plaisir pour ces marchands enrichis, et ceux-ci, au milieu de femmes et de serviteurs, mènent dans cette contrée charmante l'existence la moins agitée et la plus horizontale, toujours étendus, riant, fumant ou dormant. »

Admirons au passage cette peinture idyllique du paradis d'Allah déjà vécu sur cette terre : conception typique d'un Occidental du XIXe siècle.

Le jeune Axel, dans le *Voyage au centre de la terre* (1864), trace de son oncle, le professeur Otto Lidenbrock — « terrible original », professeur de minéralogie au Johannaeum de Hambourg — un portrait inoubliable :

« Représentez-vous un homme grand, maigre, d'une santé de fer, et d'un blond juvénile qui lui ôtait dix bonnes années de sa cinquantaine. Ses gros yeux roulaient sans cesse derrière des lunettes considérables ; son nez, long et mince, ressemblait à une lame

Dick Kennedy (Cinq Semaines en ballon).

MAP OF AFRIC

affilée ; les méchants prétendaient même qu'il était aimanté et qu'il attirait la limaille de fer. Pure calomnie ; il n'attirait que le tabac, mais en grande abondance, pour ne point mentir. »

Quelle silhouette demeure plus familière aux lecteurs de Verne que celle de ce savant, prototype de tous les héros verniens hantés par une « idée fixe » ? Riou, parfois l'égal de Gustave Doré, fixe cette image superbement, à tel point que cette illustration séduira le peintre contemporain Paul Delvaux et qu'il « incorporera » Lidenbrock à plusieurs œuvres de son univers onirique (peinture, aquarelles et dessins). Dans une lettre, publiée par nous avec des commentaires (voir : *Cahier Jules Verne,* 1974), le grand artiste belge écrit même que ce « personnage étrange » lui a permis de faire « des tableaux *climat Jules Verne* ». L'idée fixe de Lidenbrock est d'arriver au centre de la terre, se fondant pour accomplir ce voyage sur le manuscrit « chiffré » d'un alchimiste islandais du XVIe siècle. Axel, pour sa part, préférerait fumer calmement sa bonne pipe allemande tout en rêvant à la jeune Graüben, fille de son volcanique oncle.

Plus scientifique, en apparence, que ce grand texte aux résonances fantastiques et romantiques indéniables — véritable « voyage initiatique » — le roman *De la Terre à la Lune* (1865) a trop facilement laissé croire que Verne était uniquement un auteur d'anticipation, un précurseur de la science-fiction, en un mot un apôtre romanesque de la Science en marche. Interprétation superficielle : ses romans et nouvelles à caractère scientifique ne forment même pas la moitié des *Voyages extraordinaires,* l'autre « grande » moitié étant réservée aux voyages, à l'exotisme, à l'aventure, à l'humour, au romanesque pur, voire au genre dit policier. Quant au voyage dans la Lune, c'est oublier que les hommes, rêvant de violer la surface livide de la froide Séléné, imaginèrent « visites » ou engins incroyables pour s'y rendre : du IIe siècle de notre ère, avec l'écrivain grec Lucien de Samosate, au XVIIe siècle avec les Anglais et Français Godwin et Cyrano de Bergerac, sans omettre un épisode du *Roland furieux* (1516-1532) de l'Arioste. Jules Verne, lui-même, apporte son témoignage à ce débat : « Dans la lune ! (...) non, ma foi c'est trop commun ! Tout le monde y va dans la lune » *(Cinq semaines en ballon).* Rappelons, toutefois, que l'obus emportant « en 97 heures 20 minutes » les Américains Nicholl et Barbicane et le Français Michel Ardan, est propulsé par le « canon » géant — la Columbiad — depuis Stone's Hill... en Floride. Cet audacieux voyage, imaginé par des membres du Gun-Club regrettant le fracas des canons guerriers et l'odeur de la poudre, explique que l'illustrateur Montaut ait représenté quatre membres du Club fumant d'abondance.

Suite logique de ce roman, *Autour de la Lune,* (publiée cinq ans plus tard), propose une version assez vraisemblable du survol de notre satellite : la science y trouve à peu près son compte ! Mais que d'imagination et de poésie recèle ce récit. Et nous retrouvons Michel Ardan avec toute sa fougue et sa bonne humeur inaltérable : hommage amical rendu par Verne à l'extraordinaire Félix Tournachon, beaucoup plus connu sous son pseudonyme de Nadar (1820-1910), qui fut avec un égal bonheur dessinateur, caricaturiste, écrivain, aéronaute, défenseur ardent du « plus lourd que l'air » et surtout *témoin de son temps* comme photographe de génie ayant fixé les traits de tous les écrivains et artistes majeurs du milieu du XIXe siècle. Imaginant son héros « installé » sur le sol lunaire, Verne fait dire à l'un de ses personnages :

« Il me semble que je les vois, nos braves compatriotes, campés au fond d'une vallée, sur le bord d'un ruisseau sélénite, près d'un projectile à demi enfoncé par sa chute au milieu des débris volcaniques, le capitaine Nicholl commençant les opérations de nivellement, le président Barbicane mettant au net ses notes de voyage. Michel Ardan embaumant les solitudes lunaires du parfum de ses londrès... »

Et l'illustrateur Emile Bayard de nous « situer » la scène. Pour les tenants d'un Jules Verne prophète scientifique, offrons une précision sur la fin de ce roman : l'obus, revenu de son circuit lunaire, sera repêché dans le Pacifique par une corvette de la marine nationale des États-Unis.

Certains personnages romanesques de Verne manquent singulièrement de relief, leur psychologie est nulle et leurs réactions stéréotypées. Par contre, combien de caractères verniens demeurent inoubliables ; ils doivent être regardés comme les avatars du *héros romantique.* Otto Lidenbrock appartient à cette catégorie et, plus encore, le capitaine John Hatteras qui domine, de sa stature hors du commun, les *Voyages et Aventures du capitaine Hatteras* (1866). Tout comme le capitaine américain Achab (dans le roman *Moby Dick* [1], de Herman Melville) pourchassant *sa* baleine blanche, Hatteras poursuit un but unique : atteindre le point culminant du pôle Nord pour y faire flotter l'*union-jack.* Révolte de marins, drames divers, pénible hivernage dans le *Désert de glace*

1. Le nom de « Moby Dick » figure dans *Vingt Mille lieues sous les mers* (1870) ; rappelons que le roman américain a été publié en 1851 et traduit en français seulement en 1941...

n'entameront pas la fanatique opiniâtreté de cet *Iron captain* qui place la nation britannique au-dessus de toutes les autres — n'ira-t-il pas jusqu'à répondre orgueilleusement à un Français qui, par politesse, lui avait déclaré : « Si je n'étais Français, je voudrais être Anglais » — : « Si je n'étais Anglais, moi, je voudrais être Anglais. » Il réussira dans son entreprise démentielle, mais le volcan en fureur du « pôle du monde » le rejettera et, revenu en Angleterre, le héros foudroyé, atteint de folie polaire, marchera « invariablement vers le Nord ». Emporté par la puissance d'un tel texte — l'un des plus authentiques chefs-d'œuvre de Verne — le dessinateur Édouard Riou (1833-1900) — lui aussi d'origine bretonne — a réalisé probablement ses plus belles illustrations qui l'apparentent à des artistes visionnaires comme le romantique allemand Caspar David Friedrich ou Gustave Doré et, par la représentation d'une mer hallucinée et d'un univers fantastique de glace et de froid, aux surréalistes Magritte et Paul Delvaux — les paysages glacés ou pétrifiés et le monde inquiétant des miroirs. Illustrateur réaliste également, Riou nous fait participer à la vie des voyageurs tant à bord de leur bateau que dans leur maison de glace où, par la magie de son crayon, nous voyons l'un des survivants sa pipe à la main : à ce détail près que, à aucun moment, Verne ne cite le tabac parmi les denrées recueillies par les compagnons d'Hatteras.

Une grande trilogie

En 1867-1868, parurent *Les Enfants du capitaine Grant :* premier titre de la célèbre trilogie vernienne qui, par sa grandeur, sa beauté et sa diversité, suffirait à établir la célébrité de notre écrivain. Grâce à l'aide désintéressée de Lord et Lady Glenarvan, Mary et Robert Grant pourront partir à la recherche de leur père : un inoubliable voyage autour du monde s'ensuivra qui les conduira, à la suite de la lecture erronée d'un document contenu dans une bouteille, en Amérique du Sud, dans des îles d'Océanie, en Australie et en Nouvelle-Zélande. Que d'aventures merveilleuses et tragiques vivront ces courageux Écossais — Verne qui, dans plusieurs de ses romans, défendra les États asservis ou les minorités opprimées, ne pouvait pas oublier ses « frères » celtes : Écossais et Irlandais — accompagnés du capitaine Mangles, du major Mac Nabbs et du distrait et sympathique géographe français Paganel. Trahis par l'ancien convict Ayrton-Ben Joyce, les voyageurs retrouveront pourtant le capitaine Grant. Retenons, au passage, que Verne rend pour la seconde fois hommage à ce « génie

Barbicane prit la parole (De la Terre à la Lune).

incompris, Richard Wagner » ; auparavant, dans le *Voyage au centre de la terre,* Lidenbrock et Axel s'étaient embarqués pour l'Islande à bord de la *Valkyrie (?).* Doté d'un caractère opposé en tout à celui du quelque peu brouillon Jacques Paganel, et par là même son *complément* indispensable, le flegmatique major Mac Nabbs est dépeint ainsi par son cousin Glenarvan :

« Oh ! (...) le major est absorbé dans la fumée de son cigare ; il ne faut pas l'en arracher ; car je vous le donne pour un intrépide fumeur, Miss Mary. Il fume toujours, même en dormant ». Le major fit un signe d'assentiment, et les hôtes de lord Glenarvan descendirent dans l'entrepont. Mac Nabbs, demeuré seul, et causant avec lui-même, selon son habitude, mais sans jamais se contrarier, s'enveloppa de nuages plus épais... »

Après une dramatique aventure dans la cordillère des Andes, où le jeune Robert Grant est sauvé des serres d'un condor grâce au sang-froid du Patagon Thalcave, le distrait Paganel harangue l'Indien et s'adresse à lui dans un espagnol appris dans les *Lusiades* du... Portugais Camoëns. Et ce géographe, qui publia un jour « une célèbre carte d'Amérique, dans laquelle il avait mis le Japon », de commenter ainsi sa mésaventure :

« Ah ! insensé ! fou ! (...) Comment ! cela est ainsi ? Ce n'est point une invention faite à plaisir ? J'ai fait cela, moi ? Mais c'est la confusion des langues, comme à Babel ! Ah ! mes amis ! mes amis ! partir pour les Indes et arriver au Chili ! apprendre l'espagnol et parler le portugais, cela est trop fort, et si cela continue, un jour il m'arrivera de me jeter par la fenêtre au lieu de jeter mon cigare ! »

Plus tard, Paganel rencontrera dans la province de Buenos Aires un officier d'origine basque :

« C'était un homme de cinquante ans, vigoureux, l'air militaire, les moustaches rudes, la pommette des joues saillante, les cheveux grisonnants, l'œil impérieux, autant au moins qu'on en pouvait juger à travers les tourbillons de fumée qui s'échappaient de sa pipe à court tuyau. »

Une nuit, au cours de la traversée de l'Australie, les principaux héros de cette « quête du père » se laissent envahir par le charme grandiose de la nature inviolée. Ce qui permet que s'établisse une veillée édénique :

« Lady Helena mit tout son monde d'accord, en demandant à

« Enchanté ! Bienvenu ! » dit le sergent (Les Enfants du Capitaine Grant).

Paganel de raconter l'histoire des grands voyageurs australiens, une histoire promise depuis longtemps déjà. Paganel ne demandait pas mieux. Ses auditeurs s'étendirent au pied d'un banksia magnifique ; la fumée des cigares s'éleva bientôt jusqu'au feuillage perdu dans l'ombre, et le géographe, se fiant à son inépuisable mémoire, prit aussitôt la parole. »

Inspiré par ce chef-d'œuvre vernien, Riou campe des scènes exotiques inoubliables et donne une vie intense aux personnages de ce roman d'aventures aux accents lyriques.

Le second titre de la trilogie est : *Vingt mille lieues sous les mers* (1870). En compagnie du professeur Aronnax, de son domestique Conseil et du harponneur canadien Ned Land, nous connaîtrons les secrets des mers parcourues par le célèbre *Nautilus* du capitaine Nemo = personne, en latin. Au cœur de ce sous-marin mû par l'électricité, le savant français prisonnier de ce *surhomme* qui a rompu avec l'humanité — sauf avec des êtres désireux de conquérir leur indépendance — découvrira de stupéfiantes machines, admirera des trésors d'art, une fabuleuse bibliothèque et un ensemble de partitions de musiciens parmi lesquels figure encore Wagner (après la guerre franco-prussienne de 1870-1871, son nom sera seulement cité par le quelque peu chauvin Verne). Convié à déjeuner par le maître de ce monde carcéral prodigieux, Aronnax ne dégustera que des plats « dont la mer seule avait fourni le contenu », puis se verra offrir par son étrange geôlier un cigare dans la bibliothèque-fumoir du *Nautilus.* Quel fumeur ne plissera sensuellement les narines et ne sentira ses papilles linguales titillées en lisant ce passage :

« Un fumoir ? m'écriai-je. On fume donc à bord ?
— Sans doute.
— Alors, Monsieur, je suis forcé de croire que vous avez conservé des relations avec La Havane.
— Aucune, répondit le capitaine. Acceptez ce cigare, Monsieur Aronnax, et, bien qu'il ne vienne pas de La Havane, vous en serez content, si vous êtes connaisseur. »
Je pris le cigare qui m'était offert, et dont la forme rappelait celui du londrès, mais il semblait fabriqué avec des feuilles d'or. Je l'allumai à un petit brasero que supportait un élégant pied de bronze, et j'aspirai ses premières bouffées avec la volupté d'un amateur qui n'a pas fumé depuis deux jours.
« C'est excellent, dis-je, mais ce n'est pas du tabac.
— Non, répondit le capitaine, ce tabac ne vient ni de La Havane

C'était une bibliothèque (Vingt mille Lieues sous les Mers).

ni de l'Orient. C'est une sorte d'algue, riche en nicotine, que la mer me fournit, non sans quelque parcimonie.

— Regrettez-vous les londrès, Monsieur ?

— Capitaine, je les méprise à partir de ce jour.

— Fumez donc à votre fantaisie, et sans discuter l'origine de ces cigares. Aucune régie ne les a contrôlés, mais ils n'en sont pas moins bons, j'imagine.

— Au contraire. »

Encore une fois, Riou — mais avec la collaboration de Neuville — se laissera guider par son imagination. C'est d'ailleurs dans ce roman qu'il donnera à Aronnax les traits de Jules Verne sans barbe et moustache, et à Nemo ceux du colonel Charras (1810-1865), républicain convaincu, opposant farouche au Second Empire et modèle possible du héros vernien.

Dans le troisième titre de cette fresque romanesque, L'*Ile mystérieuse* (1874-1875), surtout, Verne célébrera le tabac. Réfugiés sur l'île Lincoln, les cinq *naufragés de l'air* — quatre Américains blancs abolitionnistes et un Noir — vont recréer une civilisation où l'argent et les inégalités sociales n'ont aucune part. Grâce aux connaissances de l'ingénieur Cyrus Smith, les colons jouiront progressivement des bienfaits de l'industrie. Eleveurs et agriculteurs, ils découvriront fortuitement des « végétaux à tiges droites, cylindriques et rameuses, qui produisaient des fleurs disposées en grappes et de très petites graines ». Ils sécheront les feuilles minces, les hacheront, puis les soumettront « à une certaine torrefaction sur des pierres chaudes ». Dans leur demeure aménagée au cœur de « cheminées » montagneuses, Granite-house, le brave marin Pencroff éprouve « une des plus grandes joies de sa vie » :

« Pencroff s'était levé soudain, et sa bonne grosse figure pâlit, quand il vit le reporter Gédéon Spilett qui lui présentait une pipe toute bourrée, et Harbet une braise ardente.

Le marin voulut articuler une parole sans pouvoir y parvenir mais, saisissant la pipe, il la porta à ses lèvres, puis y appliquant la braise, il aspira coup sur coup cinq ou six gorgées.

Un nuage bleuâtre et parfumé se développa, et, des profondeurs de ce nuage, on entendit une voix délirante qui répétait :

« Du tabac ! Du vrai tabac !

— Oui, Pencroff, répondit Cyrus Smith, et même de l'excellent tabac !

— Oh ! Divine Providence ! Auteur sacré de toutes choses s'écria le marin. Il ne manque donc plus rien à notre île ! »

Et Pencroff fumait, fumait, fumait ! »

« Du tabac ! Du vrai tabac ! » (L'Ile mystérieuse).

Plus avant dans ce récit, nous participons à la vie calme des cinq hommes et de leurs animaux familiers — un chien et un orang-outang qu'ils ont recueilli et apprivoisé :

« C'était une vraie jouissance pour les colons, quand, de cette salle bien éclairée de bougies, bien chauffée de houille, après un dîner réconfortant, le café de sureau fumant dans la tasse, les pipes s'empanachant d'une odorante fumée, ils entendaient la tempête mugir au-dehors ! »

Férat, l'illustrateur de ce très grand roman — véritable hymne à l'humanité et grandiose apothéose où sera dévoilé le *secret de l'île :* sépulture éternelle du capitaine Nemo, alias le prince indien Dakkar, reposant dans son vieux *Nautilus* — nous fait participer à cette ivresse tabagique.

La France et son tabac, en 1868

En 1868, Jules Verne était déjà suffisamment connu pour que son éditeur lui demandât de composer une *Géographie illustrée de la France et de ses colonies* (précédée d'une *Étude sur la Géographie générale de la France* par Théophile Lavallée, et illustrée par Clerget et Riou). Dans la préface de ce livre, Hetzel présentait ainsi son auteur : « M. Jules Verne qui s'est fait un renom de géographe dans ses excellents livres de voyages, abandonnant cette fois les domaines d'imagination, où il est si rapidement passé maître, pour celui de la réalité la plus stricte, s'est chargé de la description de chaque département. » Prudent Hetzel !

La lecture de cette *Géographie illustrée* ne manque pas de saveur ni de charme passéiste. De son exactitude géographique et de ses jugements sur les habitants des départements français il y aurait, par contre, beaucoup à dire... Nous reportant au remarquable article de M. Silberberg, *Il y a cent ans* (Revue *Flammes et fumées,* n° 31, été 1961), nous avons « interrogé » la *Géographie* de Jules Verne. De l'œuvre si importante d'Eugène Rolland entreprise pour le Monopole, voici ce que dit l'auteur du *Tour du monde en quatre-vingts jours.* Tout d'abord pour le magasin de tabac de Benfeld (dans le Bas-Rhin) : il « produit des céréales, du tabac, du chanvre ». Passons maintenant en revue les manufactures, en suivant l'ordre alphabétique adopté par M. Silberberg. Châteauroux : « La manufacture impériale des tabacs, l'exploitation des pierres lithographiques, les fabriques de draps (...), les filatures, les brasseries, les meuneries, les tanneries, etc., forment ses principaux établissements industriels... » ; Strasbourg : « Ses

Le Saint-Michel, *yacht de Jules Verne.*

Collection P.-A. Touttain

principaux établissements industriels sont la fonderie de canon, la manufacture de tabac, des brasseries, des tanneries, des distilleries, des horlogeries, des imprimeries (...), diverses fabriques... » ; Tonneins : « ... fait le commerce du chanvre, des prunes, du tabac.. » ; Pantin : « possède des fabriques d'allumettes... ». Continuons notre tour de France géographique : les départements du Finistère, du Lot, de la Meurthe (nous sommes en 1868), de la Moselle, du Nord, du Bas-Rhin, du Haut-Rhin et des Vosges comptent le tabac parmi leurs richesses agricoles ou commerciales. Quelques précisions supplémentaires maintenant : « L'industrie de Morlaix comprend la fabrication des toiles, des huiles, des tabacs... » ; « on récolte aussi dans le Lot des truffes excellentes, du tabac dont la culture est autorisée... » ; dans le Lot-et-Garonne, « on élabore le tabac » ; « le tabac occupe 320 hectares dans l'arrondissement de Vesoul... » ; « on recueille du tabac, surtout dans l'arrondissement de Rumilly Haute-Savoie ; « le tabac [est] principalement cultivé dans les environs de Puget et de Fréjus... » ; enfin, « l'arrondissement de Nantua a une fabrique importante de peignes, tabatières et tabletterie ». Pour Saint-Claude (Jura), nous lisons : « La tabletterie forme la principale industrie de [cette ville], et produit une grande quantité d'objets en corne, en écaille, en os, en ivoire... » De la fabrication artisanale des pipes, pas un mot.

Du « Great Eastern » à la Caverne du Dragon

Pour mineure que soit la place occupée par *Une Ville flottante* (1871), dans les *Voyages extraordinaires,* le principal intérêt de ce roman réside dans la description du paquebot géant, le *Great Eastern,* à bord duquel Verne s'embarqua pour aller « huit jours » aux États-Unis en 1867. Car, rappelons-le, notre auteur voyagea et même relativement loin pour un homme du milieu du XIXe siècle. Il visita l'Écosse et la Scandinavie. Puis, à partir de 1866, navigua sur son propre bateau : le *Saint-Michel I,* « une simple chaloupe » (Jules Verne : *Souvenirs d'enfance et de jeunesse* in *Cahier Jules Verne*). Possesseur de deux autres bâtiments : le *Saint-Michel II* (1874 ; « un sloop ») et le *Saint-Michel III* (1877 ; un « steam-yacht »), il accomplira des croisières dans le bassin méditerranéen, en Norvège, en Irlande et en Écosse, dans la mer du Nord et la Baltique et, en 1884, fera une dernière croisière en Méditerranée. Son troisième *Saint-Michel* — plusieurs fois photographié et représenté, par Riou notamment — fut revendu en 1886.

« *Regardant monter l'orage...* » (Une Ville flottante).

Sur la *Ville flottante,* le tabac a plus que droit de cité :

« Les gens se saluaient au passage ou s'abordaient comme des promeneurs d'Hyde-Park. Les enfants jouaient, couraient, lançaient leurs ballons, poussaient leurs cerceaux, ainsi qu'ils l'eussent fait sur le sable des Tuileries. La plupart des hommes fumaient en se promenant. Les dames, assises sur des pliants, travaillaient, lisaient ou causaient ensemble... »

L'illustrateur Férat — décidément inspiré par les fumeurs — évoque fort bien l'insolent aventurier Harry Drake, le cigare aux lèvres, ou le narrateur, mollement étendu sur un siège à bascule, fumant calmement en « regardant monter l'orage ».

Cruelle fantaisie, *Le Docteur Ox* (1874) décrit les tribulations d'une petite ville imaginaire des Flandres : Quiquendone, devenue terrain d'expérience du « mystérieux » Docteur *Ox* et de son préparateur *Ygène* (deux exemples caractéristiques du goût de Verne pour les calembours et autres inventions onomastiques : passion partagée avec Nadar et Offenbach, trouvailles annonçant Alphonse Allais). Au lieu de doter la somnolente cité de l'éclairage au gaz, Ox « la sature d'oxygène pur, sans jamais lui fournir un atome d'hydrogène ». Tout finira bien cependant et les placides habitants retomberont dans leur semi-léthargie. Humoriste *noir,* Verne n'épargne pas les bourgeois flamands et raille même leurs habitudes tabagiques :

« Une jeune fille blonde à larges tresses apparut. C'était Suzel van Tricasse, la fille unique du bourgmestre. Elle remit à son père, avec sa pipe bourrée à point, un petit brasero de cuivre, ne prononça pas une parole, et disparut aussitôt, sans que sa sortie eût produit plus de bruit que son entrée.

L'honorable bourgmestre alluma l'énorme fourneau de son instrument, et s'effaça bientôt dans un nuage de fumée bleuâtre, laissant le conseiller Niklausse plongé au milieu des plus absorbantes réflexions. »

Les utopies sociales du XIXe siècle et le messianisme humanitaire de la Révolution de 1848 séduisirent Hetzel — il appartint même à plusieurs ministères de la Seconde République — et Verne. Faut-il voir là l'une des origines des cités *idéales* ou des habitats communautaires perfectionnés et mobiles qui jalonnent Les *Voyageurs extraordinaires ?* Le roman, *Les Cinq cents millions de la Bégum* (1879), par exemple, est dominé par ce courant utopique ; tout en réservant également une large place à un mani-

Marcel reprit son problème (Les Cinq Cents Millions de la Bégum).

chéisme quelque peu facile : la France, c'est le Bien ; l'Allemagne, c'est le Mal (disons pourtant que ce texte parut moins de dix ans après la Guerre franco-prussienne de 1870 et que le pangermanisme d'esprit bismarckien avait de quoi inquiéter les autres nations européennes). Il convient de rappeler que ce roman résulte de la collaboration de Verne avec Paschal Grousset, alias le littérateur André Laurie (socialiste militant et républicain irréductible, il fut membre de la Commune de Paris et dut s'exiler plusieurs années). L'héritage d'une Bégum permet à ses deux lointains héritiers d'édifier deux cités bien différentes, aux États-Unis : France-Ville, du docteur Sarrasin ; Stahlstadt — la Cité de l'Acier — de Herr Schultze. Le désir unique de ce démoniaque inventeur et urbaniste ? Détruire la ville du bonheur — rappelant quelque peu dans sa conception l'*Icarie* (1842), d'Étienne Cabet — grâce à un canon géant. Mais les plans de Schultze seront anéantis par le courage de l'ami du fils Sarrasin, le jeune Alsacien Marcel Bruckmann, et par une erreur de balistique. Dans ce roman, le tabac a une grande importance : au Quartier latin, tout d'abord, où les jeunes Octave Sarrasin et Bruckmann se délassent de leurs études mathématiques avec une pipe ou une tasse de café :

« Marcel bourra sa pipe, et l'alluma méthodiquement (...) La pipe étant bien et dûment allumée, il se remit au travail. »

Plus tard, Bruckmann pénétrera sous une fausse identité dans la Caverne du Dragon — qui n'est pas sans rappeler celle de Fafner dans l'opéra *Siegfried,* de Wagner — et affrontera :

« Herr Schultze en personne, fumant une longue pipe de terre à côté d'une chope de bière... »

Prisonnier voué à une mort prochaine, parce que initié par Schultze à ses secrets mais considéré comme trop intelligent pour pouvoir quitter Stahlstadt, Marcel découvrira un jour dans le parc une plante de la famille des solanées : la belladone, « c'est-à-dire le plus actif des narcotiques ». Il fait sécher les feuilles, les roule et les mêle ostensiblement à son tabac. Ses deux gardiens ont le tort de l'imiter :

« Aussitôt, Arminius et Sigimer qui tenaient leurs pipes toutes prêtes, s'installèrent sur le banc voisin et commencèrent à aspirer des bouffées énormes (...).

L'effet du narcotique ne se fit pas attendre (...).

Les pipes roulèrent à terre. »

Ses yeux s'arrêtèrent sur un arbuste (Les Cinq Cents Millions de la Bégum).

Le jeune homme, franchissant de nombreux obstacles, pourra s'enfuir et prévenir ses amis de France-Ville du péril qui les menace.

Un éléphant et un Turc qui fument

Les passagers du Géant d'Acier, un train routier dont la locomotive a la forme d'un éléphant, voyagent « à travers l'Inde septentrionale », dans *La Maison à vapeur* (1880). Bien des aventures souvent dramatiques marqueront leur itinéraire : l'histoire se déroule durant la terrible révolte indienne du milieu du XIXe siècle menée par l'insaisissable Nana Sahib, mais l'amour triomphera finalement de la folie et de la mort. Et si l'éléphant artificiel fume abondamment, les voyageurs l'imitent en cela. Le dessinateur Benett, interprète exceptionnel de Verne, les représente discutant calmement de leur audacieux moyen de locomotion, tout en fumant des cigares. Ou, un excellent repas achevé, se livrant aux joies variées du tabac :

« Nous allumions nos cigares — d'excellents « cherouts » de Manille — et nous fumions en causant de ce pays que Hod et Banks connaissaient à fond. Quant au capitaine, dédaignant le vulgaire cigare [sic], il aspirait de ses vigoureux poumons, à travers un tuyau long de vingt pieds, la fumée aromatique d'un « houkah », soigneusement bourré par la main de son brosseur. »

Remarquons au passage que l'un des voyageurs, le Français Maucler, a les traits de Jules Verne : Benett, en cela, suit l'exemple de Riou (Aronnax-Verne) et donnera plus tard à l'auteur des *Voyages extraordinaires* l'aspect du Roi de Malécarlie *(L'Ile à hélice)*.

Dans *La Jangada* (1881), Verne se souvient du *Scarabée d'Or* d'Edgar Poe et sacrifie à son goût pour la cryptographie. Le juge Jarriquez déchiffrera un difficile document et sauvera un innocent. Sa méthode d'investigation commence de la sorte :

« Ses lunettes étaient sur son nez, sa tabatière sur sa table. Il prit une bonne prise, afin de mieux développer les finesses et sagacités de son cerveau, il saisit le document et s'absorba dans une méditation qui devait bientôt se matérialiser sous la forme du monologue. »

Avant de parler de tabac à priser, notre auteur prouve qu'il connaît fort bien *tous* les tabacs. Dans la description du bandit Tor-

La question fut de nouveau mise sur le tapis (La Maison à vapeur).

rès, dont toute la fortune est contenue dans un étui « grand comme un porte-cigare », nous lisons ceci :

« Puis, tirant une courte pipe de racine, il la bourra de ce tabac âcre et grossier du Brésil, dont les feuilles appartenaient à cet antique « petun » rapporté en France par Nicot, auquel on doit la vulgarisation de la plus productrice et de la plus répandue des solanées.

Ce tabac n'avait rien de commun avec le scaferlati de premier choix que produisent les manufactures françaises, mais Torrès n'était pas plus difficile sur ce point que sur bien d'autres. Il battit le briquet, enflamma un peu de cette substance visqueuse, connue sous le nom d'« amadou de fourmis », que sécrètent certains hyménoptères, et il alluma sa pipe. »

Kéraban-le-Têtu (1883) demeure un des meilleurs romans humoristiques de Verne. Pour ne pas payer l'impôt frappant le passage du Bosphore, l'irascible et obstiné seigneur turc Kéraban préférera — pour se rendre de Constantinople à Scutari — faire le tour de la mer Noire. D'où aventures cocasses et péripéties nombreuses, d'autant plus que Kéraban sera accompagné notamment de son placide correspondant commercial hollandais Van Mitten... en rupture d'épouse et privé de ses précieuses tulipes détruites au cours d'une discussion conjugale. La fortune de Kéraban repose sur la vente du tabac et Verne donne pour titre à l'un des chapitres de ce livre : *Où il est question de l'excellence des tabacs de la Perse et de l'Asie Mineure.* Nous nous en voudrions de ne pas reproduire intégralement un large extrait de ce chapitre : modèle d'humour et de littérature tabagique. Benett rend admirablement l'atmosphère « saturée de fumée odorante », puis d'étincelles de ce dialogue entre les deux amis :

« ... Le seigneur Kéraban et son ami Van Mitten vinrent s'établir dans une sorte de gloriette verdoyante, dont la rivière baignait en grondant les pilotis moussus.

C'était ou jamais l'occasion de s'abandonner aux douceurs de ce farniente, de cette rêverie délicieuse, à laquelle les Orientaux donnent le nom de kief.

En outre, le fonctionnement des narghilés s'imposait de luimême, comme complément d'un repas si digne d'être convenablement digéré. Aussi, les deux ustensiles furent-ils retirés de la chaise et apportés aux fumeurs qui s'accordaient si bien sur les douceurs de ce passe-temps auquel ils devaient leur fortune.

Nous allumions nos cigares (La Maison à vapeur).

Le fourneau des narghilés fut aussitôt empli de tabac ; mais il va sans dire que, si le seigneur Kéraban fit bourrer le sien de tombéki d'origine persane, suivant son invariable coutume, Van Mitten s'en tint à son ordinaire qui était du latakié de l'Asie Mineure.

Puis, les fourneaux furent allumés ; les fumeurs s'étendirent sur un banc, l'un près de l'autre ; le long serpenteau, entouré de fil d'or et terminé par un bouquin d'ambre de la Baltique, trouva place entre les lèvres des deux amis.

Bientôt l'atmosphère fut saturée de cette fumée odorante, qui n'arrivait à la bouche qu'après avoir été délicatement rafraîchie par l'eau limpide du narghilé.

Pendant quelques instants, le seigneur Kéraban et Van Mitten, tout à cette infinie jouissance que procure le narghilé, bien préférable au chibouk, au cigare ou à la cigarette, demeurèrent silencieux, les yeux à demi fermés, et comme appuyés sur les volutes de vapeurs qui leur faisaient un édredon aérien.

« Ah ! voilà qui est de la volupté pure ! dit enfin le seigneur Kéraban, et je ne sais rien de mieux, pour passer une heure, que cette causerie intime avec son narghilé !

— Causerie sans discussion ! répondit Van Mitten, et qui n'en est que plus agréable !

— Aussi, reprit Kéraban, le gouvernement turc a-t-il été fort mal avisé, comme toujours, en frappant le tabac d'un impôt qui en a décuplé le prix ! C'est grâce à cette sotte idée que l'usage du narghilé tend peu à peu à disparaître et disparaîtra un jour !

— Ce serait regrettable, en effet, ami Kéraban !

— Quant à moi, ami Van Mitten, j'ai pour le tabac une telle prédilection, que j'aimerais mieux mourir que d'y renoncer. Oui ! Mourir ! Et si j'avais vécu au temps d'Amurat IV, ce despote qui voulut en proscrire l'usage sous peine de mort, on aurait vu tomber ma tête de mes épaules avant ma pipe de mes lèvres !

— Je pense comme vous, ami Kéraban, répondit le Hollandais, en humant deux ou trois bonnes bouffées coup sur coup.

— Pas si vite, Van Mitten, de grâce, n'aspirez pas si vite ! Vous n'avez pas le temps de goûter à cette fumée savoureuse, et vous me faites l'effet d'un glouton qui avale les morceaux sans les mâcher !

Torrès alluma sa pipe (La Jangada).

— Vous avez toujours raison, ami Kéraban, répondit Van Mitten, qui, pour rien au monde, n'aurait voulu troubler une si douce quiétude par les éclats d'une discussion.

— Toujours raison, ami Van Mitten !

— Mais ce qui m'étonne, en vérité, ami Kéraban, c'est que nous, des négociants en tabac, nous éprouvions tant de plaisir à utiliser notre propre marchandise !

— Et pourquoi donc ? demanda Kéraban, qui ne cessait de se tenir un peu sur l'œil.

— Mais parce que, s'il est vrai que les pâtissiers sont généralement dégoûtés de la pâtisserie, et les confiseurs des sucreries qu'ils confisent, il me semble qu'un marchand de tabac devrait avoir horreur de...

— Une seule observation, Van Mitten, répondit Kéraban, une seule, je vous prie !

— Laquelle ?

— N'avez-vous jamais entendu dire qu'un marchand de vin ait fait fi des boissons qu'il débite ?

— Non, certes !

— Eh bien, marchands de vin ou marchands de tabac, c'est exactement la même chose.

— Soit ! répondit le Hollandais. L'explication que vous donnez là me paraît excellente !

— Mais, reprit Kéraban, puisque vous semblez me chercher noise à ce sujet...

— Je ne vous cherche pas noise, ami Kéraban ! répondit vivement Van Mitten.

— Si !

— Non, je vous assure !

— Enfin, puisque vous me faites une observation quelque peu agressive sur mon goût pour le tabac...

— Croyez-bien...

— Mais si... mais si ! répondit Kéraban en s'animant... Je sais comprendre les insinuations...

Kéraban-le-Têtu *au théâtre, le 3 septembre 1883.*

LA GAZETTE ILLUSTRÉE

Journal hebdomadaire, biographique, littéraire, artistique et théâtral

ABONNEMENTS		
France et Algérie	Un an....	15 fr.
» »	Six mois...	8 »
» »	Trois mois..	4 »
Etranger (Union postale).....	Un an....	18 »
» »	Six mois...	10 »
» »	Trois mois..	5 »

Directeur et Rédacteur en Chef : GEORGES BASTARD

27, RUE DE RICHELIEU. — PARIS.

SAMEDI 8 SEPTEMBRE 1883.

N° 30.

PRIX DU NUMÉRO : **25** CENTIMES

Tous les trois mois, la GAZETTE ILLUSTRÉE *donnera à ses abonnés une prime consistant en une superbe gravure tirée à part et exécutée spécialement pour eux.*

Les Abonnements partent du 1er et du 15 de chaque mois

KÉRABAN-LE-TÊTU ✻ كيرابان ✻

PIÈCE EN CINQ ACTES ET VINGT TABLEAUX, PAR JULES VERNE ✻ جول وارن ✻

REPRÉSENTÉE AU THÉATRE DE LA GAITÉ, LE 3 SEPTEMBRE 1883.

Collection P.-A. Touttain

— Il n'y a pas eu la moindre insinuation de ma part, répondit Van Mitten, qui, sans trop savoir pourquoi, — peut-être sous l'influence du bon dîner qu'il venait de faire, — commençait à s'impatienter de cette insistance

— Il y en a eu, répliqua Kéraban, et, à mon tour de vous faire une observation !

— Faites donc !

— Je ne comprends pas, non ! Je ne comprends pas que vous vous permettiez de fumer du latakié dans un narghilé ! C'est un manque de goût indigne d'un fumeur qui se respecte !

— Mais il me semble que j'en ai bien le droit, répondit Van Mitten, puisque je préfère le tabac de l'Asie Mineure...

— L'Asie Mineure ! Vraiment ! L'Asie Mineure est loin de valoir la Perse, quand il s'agit de tabac à fumer !

— Cela dépend !

— Le tombéki, même lorsqu'il a subi un double lavage, possède encore des propriétés actives, infiniment supérieures à celles du latakié !

— Je le crois bien ! s'écria le Hollandais. Des propriétés trop actives, qui sont dues à la présence de la belladone !

— La belladone, en proportions convenables, ne peut qu'accroître les qualités du tabac !...

— Pour les gens qui veulent tout doucement s'empoisonner ! repartit Van Mitten.

— Ce n'est point un poison !

— C'en est un, et des plus énergiques !

— Est-ce que j'en suis mort ! s'écria Kéraban, qui, dans l'intérêt de sa cause, avala sa bouffée tout entière !

— Non, mais vous en mourrez !

— Eh bien, même à l'heure de ma mort, répéta Kéraban, dont la voix prit une intensité inquiétante, je soutiendrai encore que le tombéki est préférable à ce foin desséché qu'on appelle du latakié !

— Il est impossible de laisser passer, sans protestation, une telle erreur ! dit Van Mitten, qui s'emballait à son tour.

Le coupé ne tarda pas à s'emplir de vapeur (Kéraban-le-Têtu).

— Elle passera, cependant !

— Et vous osez dire cela à un homme, qui, pendant vingt ans, a acheté des tabacs !

— Et vous osez soutenir le contraire à un homme qui, pendant trente ans, en a vendu !

— Vingt ans !

— Trente ans ! »

Sur cette nouvelle phase de la discussion, les deux contradicteurs s'étaient redressés au même instant. Mais, pendant qu'ils gesticulaient avec vivacité, les bouquins s'échappèrent de leurs lèvres, les tuyaux tombèrent sur le sol. Aussitôt tous deux de les ramasser, en continuant de se disputer, au point d'en arriver aux personnalités les plus désagréables.

« Décidément, Van Mitten, dit Kéraban, vous êtes bien le plus fieffé têtu que je connaisse !

— Après vous, Kéraban, après vous !

— Moi ?

— Vous ! s'écria le Hollandais, qui ne se maîtrisait plus. Mais regardez donc la fumée du latakié, qui s'échappe de mes lèvres !

— Et vous, riposta Kéraban, la fumée du tombéki,que je rejette comme un nuage odorant ! »

Et tous deux tiraient sur leurs bouts d'ambre à en perdre haleine ! Et tous deux s'envoyaient cette fumée au visage !

« Mais sentez donc, disait l'un, l'odeur de mon tabac !

— Sentez donc, répétait l'autre, l'odeur du mien !

— Je vous forcerai bien d'avouer, dit enfin Van Mitten, qu'en fait de tabac vous n'y connaissez rien !

— Et vous, répliqua Kéraban, que vous êtes au-dessous du dernier des fumeurs ! »

Tous deux parlèrent si haut alors, sous l'impression de la colère, qu'on les entendait du dehors. Très certainement, ils en étaient arrivés à ce point que de grosses injures allaient éclater entre eux, comme des obus sur un champ de bataille...

« Vous avez toujours raison, ami Kéraban » (Kéraban-le-Têtu).

Mais, à ce moment, Ahmet parut. Bruno et Nizib, attirés par le bruit, le suivaient. Tous trois s'arrêtèrent sur le seuil de la gloriette.

« Tiens ! s'écria Ahmet, en éclatant de rire, mon oncle Kéraban qui fume le narghilé de monsieur Van Mitten, et monsieur Van Mitten qui fume le narghilé de mon oncle Kéraban ! »

Et Nizib et Bruno de faire chorus.

En effet, en ramassant leurs bouquins, les deux disputeurs s'étaient trompés et avaient pris le tuyau l'un de l'autre, ce qui faisait que, sans s'en apercevoir, et tout en continuant à proclamer les qualités supérieures de leurs tabacs de prédilection, Kéraban fumait du latakié pendant que Van Mitten fumait du tombéki !

En vérité, ils ne purent s'empêcher de rire, et finalement, ils se donnèrent la main de bon cœur, comme deux amis, dont aucune discussion, même sur un sujet aussi grave, ne pouvait altérer l'amitié... »

Pipe, tabatière et « machines » à fumer

Abandonnant la Turquie, à réminiscences lointaines des « turqueries » de *L'Enlèvement au sérail* — par la corpulence et le caractère emporté, Kéraban rappelle quelque peu Osmin — et du voyage à *Constantinople* de Théophile Gautier (1853), Verne conduit ses lecteurs au « pays des diamants » — l'Afrique australe — en 1884, dans le roman : *L'Étoile du Sud.* Le jeune et sympathique ingénieur Cyprien Méré — un Français évidemment — riche de savoir mais à la bourse légère, tente de trouver le secret de la fabrication du diamant synthétique et rêve d'épouser Alice, la fille du puissant et fortuné Anglais Watkins. Voici comment est accueillie la demande de cet audacieux Français :

« M. Watkins l'écoutait en fumant une longue pipe, assis dans un fauteuil de bois, la jambe gauche allongée sur un tabouret de paille, le coude au coin d'une table grossière, en face d'une cruche de gin et d'un verre à moitié rempli de cette liqueur alcoolique. »

Suffoqué de l'audace du jeune homme et rendu furieux par les souffrances que lui occasionne une violente crise de goutte, le Britannique s'emporte :

« Renversants, ces Français... Renversants ! » répétait M. Watkins en rallumant sa pipe à un bout de corde goudronnée

Un haussement d'épaules, ce fut toute la réponse (Nord contre Sud).

en combustion qui était toujours à portée de sa main. Et il se versa un grand verre de gin. »

Benett donne vie à ce personnage haut en couleur, face à sa fille et à Cyprien Méré. Quant aux nombreux et rudes prospecteurs, ils sont tous pourvus d'impressionnantes pipes. Précisons que cet excellent roman d'aventures s'achèvera par un *beau mariage*.

Raillé par des ballonistes rétrogrades, l'ingénieur Robur (celui qui donne son nom au roman : *Robur-le-Conquérant,* 1886) enlève deux Américains et tente de leur faire reconnaître leurs erreurs et la valeur de son invention : une sorte d'hélicoptère géant, l'*Albatros* — hommage implicite rendu à Coleridge, Poe et Baudelaire. Survolant la terre entière, l'engin s'arrête un jour au-dessus de Paris : ce qui permet à l'un des captifs de se pencher sur la rambarde, d'ouvrir la main et de laisser tomber une tabatière qui contient un message. Et l'auteur de nous indiquer le sort de cet objet :

« La tabatière était tombée rue de Rivoli, en face du numéro 210, au moment où cette rue se trouvait déserte. Le lendemain, elle fut ramassée par une honnête balayeuse qui s'empressa de la porter à la Préfecture de Police.

Là, prise tout d'abord pour un engin explosif, elle fut déficelée, développée, ouverte avec une extrême prudence. Soudain une sorte d'explosion se fit... Un éternuement formidable que n'avait pu retenir le chef de la Sûreté. Le document fut alors tiré de la tabatière... »

Rendus à la liberté par Robur, les ballonistes ne seront naturellement pas convaincus de l'avenir de *l'aéronef*. Rappelons que ce puissant roman de Verne fut écrit pour défendre le plus « lourd que l'air » préconisé par son ami Nadar qui alla même jusqu'à exposer, le 30 juillet 1863, l'hélicoptère à vapeur expérimental de Ponton d'Amécourt.

Léon Benett fut, avec Riou, l'interprète le plus visionnaire des *Voyages extraordinaires :* ses illustrations pour *Robur-le-Conquérant* comptent parmi ses plus belles réussites et son *Albatros* est justement célèbre. Il mit également son talent si divers au service de : *Nord contre Sud* (1887). Dans ce roman, fondé sur la guerre de Sécession, Verne prend naturellement partie pour les Fédéraux contre les Confédérés. Le romancier utilise, une fois encore, un thème qui lui est cher : celui de l'identité absolue entre deux frères, ici les criminels espagnols Texar qui échappent long-

On y voit aussi un fumoir (L'Ile à hélice).

temps à la justice grâce à leur extraordinaire ressemblance physique. Benett campe remarquablement le bandit Texar :

« Il avait roulé une seconde cigarette qu'il alluma tranquillement au reste de la première, et il s'éloigna en remontant la rive du canal... »

Chef-d'œuvre trop méconnu de Jules Verne, *L'Ile à hélice* (1895) décrit une île flottante artificielle en acier : Standard-Island dont la capitale s'appelle Milliard City. Rien ne manque au confort des oisifs richissimes :

« Le casino renferme des salles de lecture et des salles de jeux ; mais le baccara, le trente-et-quarante, la roulette, le poker et autres jeux de hasard sont rigoureusement interdits. On y voit aussi un fumoir où fonctionne le transport direct à domicile de la fumée de tabac préparé par une société fondée récemment. La fumée du tabac brûlé dans les brûleurs d'un établissement central, purifiée et dégagée de nicotine, est distribuée par des tuyaux d'ambre spéciaux à chaque amateur. On n'a plus qu'à y appliquer ses lèvres, et un compteur enregistre la dépense quotidienne. »

Benett nous donne une vision « modern style » de ce fumoir. Apollinaire connaissait-il ces dispositifs tabagiques lorsqu'il imagina les machines érotiques de sa nouvelle, le *Roi-Lune* (in *Le Poète assassiné,* 1916) ? Mais les seuls personnages attachants de *L'Ile à hélice* ce sont les fantaisistes membres du Quatuor concertant et le charmant Roi de Malécarlie. Dans ce roman, Verne a écrit des pages magnifiques sur la musique et en particulier sur Mozart. Cette île *idéale,* édifiée uniquement sur la puissance de l'argent, périra : les Bâbordais s'opposeront aux Tribordais et l'île se « rompra » tragiquement. De plus, au fur et à mesure que les inventions du XIXe siècle se réalisaient, Verne se défiait de la Science. Il avait écrit une phrase que trop de commentateurs interprétèrent — et continuent d'interpréter — uniquement dans le sens de l'optimisme scientiste béat : « Tout ce qu'un homme est capable d'imaginer, d'autres hommes seront capables de le réaliser. » Dans une nouvelle fantastique de jeunesse, *Maître Zacharius* (1854, reprise dans le recueil *Le Docteur Ox,* 1874), l'on lit ces mots : « Qui tentera de se faire l'égal de Dieu sera damné pour l'éternité ! » Quelque quarante ans plus tard, *la dernière phrase* de *L'Ile à hélice* fait écho à la sentence sans appel annonçant la fin maudite de Zacharius, l'horloger devenu l'esclave dément de la science :

« Et pourtant, on ne saurait trop le répéter, créer une île artificielle, une île qui se déplace à la surface des mers, n'est-ce pas dépasser les limites assignées au génie humain, et n'est-il pas défendu à l'homme, qui ne dispose ni des vents ni des flots, d'usurper si témérairement sur le Créateur ?... ».

Cigares et fin du monde

Terminons ce panorama vernien sur deux romans et une nouvelle : deux sont posthumes. Une famille Eredia, « riches colons originaires de La Havane », a recueilli la jeune Jeanne de Kermor qui partira à la recherche de son père dans *Le Superbe Orénoque* (1898). Une très réelle famille Heredia habitait la région de Nantes ; un de ses membres fut célèbre : José Maria, l'auteur des *Trophées* (Mlle Luce Courville, la première, établit un rapport entre ces personnages romanesques et les Heredia. Dans ses souvenirs, *A travers mon binocle* — Albin Michel, 1948 —, Curnonsky dit que le poète recevait de « son île » vingt à trente boîtes d'admirables cigares).

L'illustrateur George Roux qui, lui aussi, mérite de passer à la postérité vernienne, composa d'excellentes scènes où les pipes occupent une belle place.

Ce même artiste illustra le roman *La Chasse au météore* (1908). Zéphyrin Xirdal, le héros principal de ce livre, appartient à la nombreuse galerie des savants ou inventeurs en proie à une idée fixe, « originaux » à l'extrême, voire purement déments. Verne le présente comme suit :

« En général, on doit le reconnaître, il se contentait de suivre ses rêves dans l'odorante fumée d'une pipe inextinguible. Mais parfois, à des intervalles variables, il avait une idée. »

Hommage posthume rendu à l'auteur des *Voyages extraordinaires* par Roux, la tour de la « maison de Dean Forsyth » est celle d'une demeure habitée par Verne à Amiens, rue Charles-Dubois.

Dans le recueil posthume de nouvelles, *Hier et demain* (1910), figure un récit grandiose autant que pessimiste : l'*Éternel Adam* — et peu importe de savoir que Michel Verne est peut-être l'auteur d'un texte attribué à son père, puisque nous sommes en présence d'un authentique chef-d'œuvre. Avant que Paul Valéry l'eût exprimé, nous pouvions savoir en lisant l'*Éternel Adam* que les « civilisations sont mortelles ». En l'an 2..., un dîner réunit dans une ville du Mexique huit convives :

« Nous arrivâmes sans incident notable à la fin du repas. Les paroles qu'on avait prononcées jusque-là, je les ai oubliées. Par contre, il n'en est pas ainsi de ce qui fut dit au moment des cigares. »

Ce qui fut dit, c'est que des civilisations ont disparu sans laisser de trace. Et la soirée s'achève brutalement sur l'engloutissement des terres. Seuls quelques hommes peuvent fuir à bord d'un bateau et échapper au cataclysme. Des siècles plus tard, d'autres hommes habitant l'ancienne Atlantide émergée des flots, tenteront de déchiffrer imparfaitement le « journal » des survivants de l'an 2... Benett, dont ce fut la dernière collaboration vernienne, rend bien l'atmosphère calme de ce repas de fin du monde.

Tel qu'en un cigare enfin...

En conclusion, une question se pose : Jules Verne, qui parla si bien du tabac dans son œuvre, fumait-il ? Ne qualifia-t-il pas, dans *L'Ile mystérieuse,* le tabac de « plante plus agréable qu'utile » ? Mais dans *Kéraban-le-Têtu,* ne fait-il pas dire au négociant Van Mitten : « Je regrette même que la nature ne nous ait donné qu'une bouche. Il est vrai que le nez est là pour priser le tabac... », et répondre par son domestique Bruno : « Et les dents pour le mâcher » ?

Cette question, nous l'avions posée à son petit-fils, Jean Jules-Verne, homme charmant et fin lettré. Avec sa courtoisie habituelle, il voulut bien nous répondre et nous précisa que son grand-père fuma modérément, mais durant toute sa vie. Il aimait les pipes en terre : goût propre ou atavisme breton ? Dans la biographie qu'il consacra à Jules Verne, en 1973, Jean Jules-Verne écrivait encore ceci : « J'aperçois, dans le flou de mon souvenir, un râtelier accroché au mur et soutenant des pipes en terre blanche. » Ces pipes, ce témoin privilégié se souvenait fort bien de les avoir vues entre les lèvres de son grand-père.

Des images et objets publicitaires, des cartes à jouer et des jeux de l'oie, des timbres-poste et des médailles ont conservé les traits du romancier ou évoqué scènes et personnages des *Voyages extraordinaires.* Des pochettes d'allumettes et des bagues de cigares s'ornent aussi du portrait de l'auteur du *Tour du monde en quatre-vingts jours* et de ses plus « flamboyants » héros.

Robert POURVOYEUR.

THEATRE ET MUSIQUE CHEZ JULES VERNE

Ce diable de Jules Verne n'a pas fini de nous étonner, sans doute parce que, beaucoup plus renfermé et secret que le commun des mortels, il est resté méconnu, mais surtout parce que les hommes adorent simplifier et caricaturer leurs congénères : pour l'immense majorité des gens, Jules Verne, c'est le prophète de l'avenir, l'apôtre de la science, le professeur de courage, l'écrivain des beaux livres rouges à tranches dorées. On connaît donc peu le rôle pourtant déterminant que la musique et le théâtre, qu'on n'associe en général pas avec l'austérité de la science, jouèrent dans sa vie. De la musique, il proclama pourtant que c'était ce qu'il aimait le plus au monde, avec « la liberté et la mer » (ô romantique XIXe !). Quant au théâtre, c'est par lui que débuta sa carrière et il devait y revenir sans cesse au cours de celle-ci ; on dirait volontiers que le théâtre a été un peu la hantise de l'écrivain et sa vie durant il y a consacré une grande part de son cœur et de son activité, comme nous espérons le démontrer ci-après.

Mieux : ces deux centres d'intérêt se sont en fait largement fondus en un seul, puisque la musique que Verne aimait surtout, c'était la musique de théâtre — celle d'opéra et d'opérette —, et que le théâtre vers lequel allèrent ses préférences a été sans aucun doute le théâtre musical, puisque presque tout ce qu'il entreprit en matière d'art dramatique a toujours baigné dans la musique, qu'il s'agisse des opéras-comiques dont il écrivit les livrets, ou de ses pièces à grand spectacle, qui étaient toujours accompagnées de musique. Cela n'avait d'ailleurs rien que de très normal et Verne restait ici profondément en harmonie avec les goûts de la France du XIXe siècle, où l'opéra était de loin la forme musicale la plus prisée, se situant d'ailleurs au sommet de la pyramide des valeurs tant musicales que théâtrales.

Jules Verne adolescent écrit déjà avec ardeur pièce sur pièce, tragédies ou vaudevilles, et lorsqu'il arrive à Paris en 1848, pour y faire des études de droit, c'est « dévoré par la passion du théâtre » (c'est lui qui parle !). Bien plus attiré par les feux de la rampe que par l'université, il se glisse dans la « claque », ce qui lui permet de voir sans payer, et il réussit aussi à s'introduire auprès d'Alexandre Dumas père. Celui-ci ouvre à nouveau son Théâtre-Historique le 17 février 1849 avec *La Jeunesse des mousquetaires* et c'est dans la loge du grand homme que Verne assiste à la pièce ; il rêve de se faire jouer, lui aussi... Dumas s'intéresse au jeune homme, dont il a fait son secrétaire bénévole, et bien que son théâtre soit plutôt consacré aux grandes pièces historiques, il accepte un petit marivaudage en un acte du jeune Nantais : *Les Pailles rompues* (1850). Un mari jaloux et une épouse coquette conviennent que celui qui acceptera le premier un objet de l'autre, perdra un pari ; or le mari exige la clef de l'armoire où a été enfermé un ancien soupirant ! On est loin des *Voyages extraordinaires* !

Un an après, c'est Musset que Verne prend pour modèle, avec une *Monna Lisa* en vers, qui ne sera pas jouée et qui propose une explication mélancolique et amère du sourire de la Joconde.

Le théâtre absorbe Jules entièrement et en 1852, il devient secrétaire du Théâtre-Lyrique : son *premier* emploi ! Quasi sans rémunération, il doit faire face à toutes les corvées, tous les ennuis, tous les petits drames de ce bouillon de culture qu'est un théâtre : et il a vingt-quatre ans ! Entre les susceptibilités des cantatrices et des chanteurs, les poursuites de créanciers impitoyables, les réclamations des auteurs, les vaines recherches de l'accessoire impossible à trouver, Jules apprend à vivre. Et pendant les trois ans de son secrétariat, le Théâtre-Lyrique, qui devait plus tard jouer le rôle éminent que l'on sait dans la musique française, a représenté pas moins de 99 actes (soit 49 titres) ! Ce répertoire a dû, en tout état de cause, influencer profondément les préférences musicales de notre futur écrivain : c'est visiblement ici qu'il a accentué son goût pour ces aimables opéras-comiques, distingués et soignés, mais sans signification artistique profonde et sans caractère révolutionnaire, qu'il devait aimer et citer sans se lasser, tout au long de ses *Voyages extraordinaires.* Ce n'est qu'après le départ de Verne qu'on joua au Théâtre-Lyrique Gounod, Bizet et Berlioz ; les « compositeurs de Verne », eux, sont surtout Adam et Gautier ; moins souvent : Gevaert, Poise et Clapisson ; occasionnellement, Rossini, Donizetti, Thomas, Grétry, Reyer, Weber, Halévy, Auber ou Hérold.

Alexandre Dumas Père. Documentation Roger-Viollet

Verne lui-même écrit à cette époque, pour son Théâtre-Lyrique, une berquinade, *Le Colin-Maillard* (1853), à la musique vive et pimpante et où l'on voit quatre couples jouer un dimanche, dans les bois, à un colin-maillard qui fait penser au *Mariage de Figaro*. Cette musique est d'Aristide Hignard, un aimable compositeur d'opéra-comique perdu dans la foule des musiciens que le XIXe siècle a produits en vrac. Un autre opéra-comique, *Les Compagnons de la Marjolaine* (1855), toujours avec Hignard, est plus réaliste de ton et de sujet : un jeune homme guérit de sa couardise devant le péril que son amoureuse court d'être violée. Tout cela n'a guère de succès, pas plus que *Les Châteaux en Californie en Pierre qui roule n'amasse pas mousse* (1852), une comédie à calembours, publiée mais non représentée. *Onze jours de siège,* une autre comédie au sujet ténu qui se traîne sur trois actes, est, elle, représentée en 1861. Une autre pièce encore écrite cette année-là, le sarcastique *Neveu d'Amérique ou les deux Frontignac,* est représentée en 1873 ; ses deux premiers actes sont du très bon Labiche ou mieux, du Pailleron.

J. Verne qui à cette époque fait preuve d'une souplesse éclectique des plus étonnantes, et qui s'essaie dans tous les genres, découvre la mine des petits actes bouffons et loufoques, où excellaient Hervé et Offenbach. Il aborde les Bouffes-Parisiens où règne la musique de ce dernier, mais il le fait au moment où ce compositeur songe à élargir son genre. Quelques mois avant qu'Offenbach crée la première opérette de l'histoire de la musique aux Bouffes-Parisiens, Verne y fait jouer en février 1858 — mais avec Hignard, puisque Offenbach va abandonner ce genre —, une bouffonnerie en un acte : un amoureux se déguise en singe pour conquérir sa belle. Ouvrage très amusant, qui traîne, hélas ! le boulet d'une musique sans envergure mais qui se place, pour le livret, au niveau des meilleurs « un-acte » offenbachiques de l'époque.

Verne tente une dernière fois sa chance dans la musique de théâtre avec *L'Auberge des Ardennes* (1860) — toujours avec Hignard, hélas ! Le sujet constitue le prototype des nuits de noces contrariées, dont Lecocq allait, avec ses opérettes, multiplier à partir de quinze ans après, des copies plus ou moins conformes, avec un énorme succès : mais la musique était de Lecocq, pas de ce brave Hignard !

Le Théâtre-Lyrique et le Café des Artistes en 1859.

Lorsque le succès couronne ses effets — dans une tout autre direction littéraire, celle des *Voyages extraordinaires,* qui va le rendre mondialement célèbre — c'est encore au théâtre que Jules continue à penser. Est-ce, comme on l'a dit, pour compenser la pingrerie financière d'Hetzel à son égard ! Quoi qu'il en soit, après la chute du Second Empire, il est parmi ceux qui sentent ce que le public meurtri par la guerre cherche à voir et à entendre, et il renouvelle complètement la féerie et la pièce à grand spectacle. Adaptant ses « Voyages au théâtre » — c'est le titre général qui sera donné à trois de ses pièces — et s'appuyant sur le succès de ses romans, il va créer la pièce de théâtre « géografique » et c'est le succès énorme du *Tour du Monde en 80 jours* (1874) : 2 000 représentations en vingt-cinq ans, rien qu'à Paris, et d'innombrables adaptations de par le monde. Paysages exotiques et peuplades aux mœurs sauvages, tremblements de terre et éruption de volcans, naufrages et attaque de trains par les Peaux-Rouges, tout cela sans quitter son fauteuil de théâtre ! L'adjonction de quelques personnages et scènes nouveaux, un habile découpage, un excellent dosage de force dramatique ajoutaient aux séductions du décor et les dialogues étaient des plus efficaces.

Sur cette lancée, Offenbach qui lui s'est tourné vers l'opéra-féerie après la guerre, présente en 1875 *Le Voyage dans la lune,* une des meilleures partitions de la dernière partie de sa vie. Très influencée par Verne dans ses deux premiers tableaux, l'œuvre avait été écrite sans l'agrément et même au grand mécontentement de celui-ci. Mais les tempéraments d'Offenbach et de Verne, aussi incroyable que cela puisse paraître à qui voit les choses superficiellement, étaient trop proches pour ne pas s'entendre : aussi on voit sortir en janvier 1877 un opéra-bouffe, *Le Docteur Ox,* exemple rare d'interfécondation artistique. La nouvelle de Verne était tout imprégnée de l'esprit diaboliquement narquois et satirique d'Offenbach, auquel il était explicitement fait allusion. En échange, Offenbach composa pour le livret qu'on en tira (et auquel Verne aurait collaboré) une partition charmante. Le manque de succès durable de la pièce est dû au délayage en trois actes, d'une nouvelle brève et nerveuse.

Verne, de son côté, essaie de refaire une deuxième fois le *Tour du monde* avec une adaptation des *Enfants du capitaine Grant* (1878). Malgré la magnificence des décors, et des truquages aussi étonnants que dans le *Tour,* les personnages sont moins attachants. L'ouvrage devait mieux réussir comme zarzuela ; ces opéras légers espagnols ont très souvent emprunté leurs livrets à Jules

Documentation Roger-Viollet

Jacques Offenbach, photographie de Nadar, 1876.

Verne et *Los Sobrinos del Capitan Grant* (1877 — ils sont antérieurs à la pièce française ! —) font, avec la délicieuse musique de Caballero, toujours des salles pleines en Espagne, — jusqu'à la Noël 1981 comprise !

Mais voilà que s'avance le triomphal *Michel Strogoff* (1880) : un succès immense, mais aussi une mise en scène inouïe : il y aura 400 personnes en scène à certains moments ! Des décors et machines merveilleux, un dialogue souvent incisif, une pièce extrêmement bien faite et des personnages fort bien campés. Rien d'étonnant à ce foisonnement d'adaptations cinématographiques, sans parler de deux ouvrages lyriques que le courrier du czar *(sic !)* inspira...

Puis c'est le *Voyage à travers l'impossible* (1882), un ouvrage qui déconcerta le public par une approche théâtrale paradoxalement mieux adaptée à l'année 1982 que 1882, et des thèses philosophiques totalement différentes de l'idée — fausse — que l'on se faisait de Verne. Rien n'interdit de penser qu'à l'époque actuelle des space operas, des B.D. et des feuilletons télévisés, ce ne serait pas un succès.

Toutes ces pièces avaient été écrites avec d'Ennery, l'auteur des *Deux Orphelines.* Verne, seul cette fois, tenta encore sa chance avec un *Kéraban-le-Têtu* (1883) qui ne parvint pas à capter l'intérêt et, enfin, avec un *Mathias Sandorf* qui, lui aussi, ne retiendra pas l'attention. Force est de reconnaître que Verne sans d'Ennery ne put percer au théâtre, ni avant ni après leur collaboration. Pourtant d'Ennery n'était pas un auteur génial, tant s'en faut. Alors, à quoi attribuer le succès du *Tour du Monde* et de *Michel Strogoff* ? Il est sans doute dû à ce dosage parfait de force dramatique, de variété et de richesse dans le décor, de dialogues bien enlevés et brefs, auquel nous avons fait allusion plus haut. Peut-être aussi le roman et la pièce se sont-ils quelque peu entraidés vers le succès, dans ces deux occasions particulièrement heureuses.

Quoi qu'il en soit, même si les succès verniens forment une superbe courbe de Gauss, le théâtre aura été pour Verne une préoccupation de tous les instants et les prodiges qu'il a accomplis à Amiens pendant les trente dernières années de sa vie pour l'art théâtral n'en sont qu'une preuve de plus — tout comme le fait que son œuvre fourmille de personnages de comédiens : Passepartout est monté sur les planches ; *Le Docteur Ox* en utilise le bâtiment pour ses expériences ; *L'Ecole des Robinsons* est un immense théâtre où se joue une robinsonnade ; *César Cascabel* est un

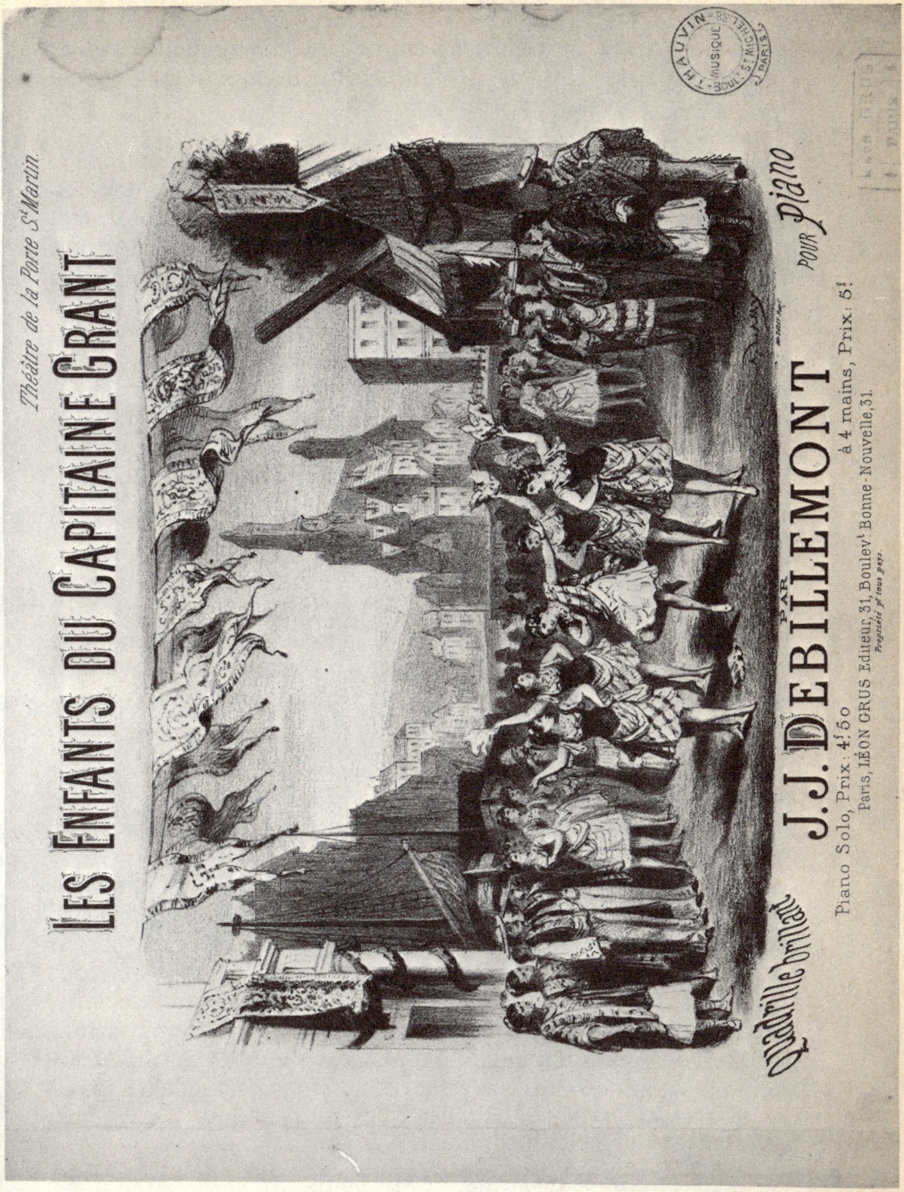

Collection R. Pourvoyeur

enfant de la balle tout comme Pointe Pescade et Cap Matifou *(M. Sandorf) ;* la merveilleuse héroïne du *Château des Carpathes* est une cantatrice ; quant à *Claudius Bombarnac,* il contient un florilège de pièces de théâtre !

Une autre chose qui a frappé tous les exégètes de Verne, c'est le caractère théâtral de ses romans. S'il n'use pas, comme sa contemporaine la comtesse de Ségur, du procédé qui consiste à insérer à tout bout de champ, dans un roman, des dialogues présentés comme dans les pièces de théâtre imprimées, il lui est impossible de résister à l'envie d'écrire des dialogues. Ceux-ci ne participent que rarement de cette fâcheuse tendance feuilletonesque à « tirer à la ligne », pour allonger un texte sans effort : ils sont gais, efficaces, naturels, enlevés, et, presque toujours axés sur le souci d'amener un bon mot, n'entravent jamais (ou si rarement) l'action, la faisant progresser, au contraire ; ils font irrésistiblement revivre l'atmosphère des livrets d'opérette de l'époque classique française, si supérieurs à la grande majorité des textes actuels.

Ils contrastent avec les descriptions de lieux ou de personnages, où l'auteur utilise, ici aussi, le procédé de la pièce de théâtre : on décrit, au début de l'acte, la scène de l'action et on campe chaque personnage lors de son entrée. De là, cette écriture décrivant une action qui va de décor en décor, nous brossant à chaque nouvel « acteur » un rapide portrait physique et moral de celui-ci et qui progresse de dialogue en dialogue.

Si les descriptions participent du théâtre — ce ne sont que des « spectacles enchanteurs », des « visions touchantes », des « tableaux frappants », des « avant-plans » ou des « fonds » —, que de mots de théâtre dans son œuvre, tel le « Regarde de tous tes yeux, regarde ! » dans *Strogoff,* ou de ces mots qui appellent irrésistiblement la chute du rideau et les applaudissements des spectateurs. Que d'attitudes théâtrales chez ces héros aux bras si souvent croisés ! Du Kaw-Djer des *Naufragés du Jonathan,* contemplant la mer, au Capitaine Nemo abîmé dans une extase musicale aux orgues de son sous-marin (!) ; du même Nemo arrangeant sa mort dans une superbe mise en scène, à *Robur* qui affectionne les zones célestes traversées d'éclairs ; des Anglais impavides d'*Hector Servadac* à Philéas Fogg mettant son pari en péril pour sauver une belle inconnue...

Que de situations théâtrales : ce modeste officier, c'est le tsar ! Et le petit télégraphiste continue héroïquement son travail alors

Collection R. Pourvoyeur

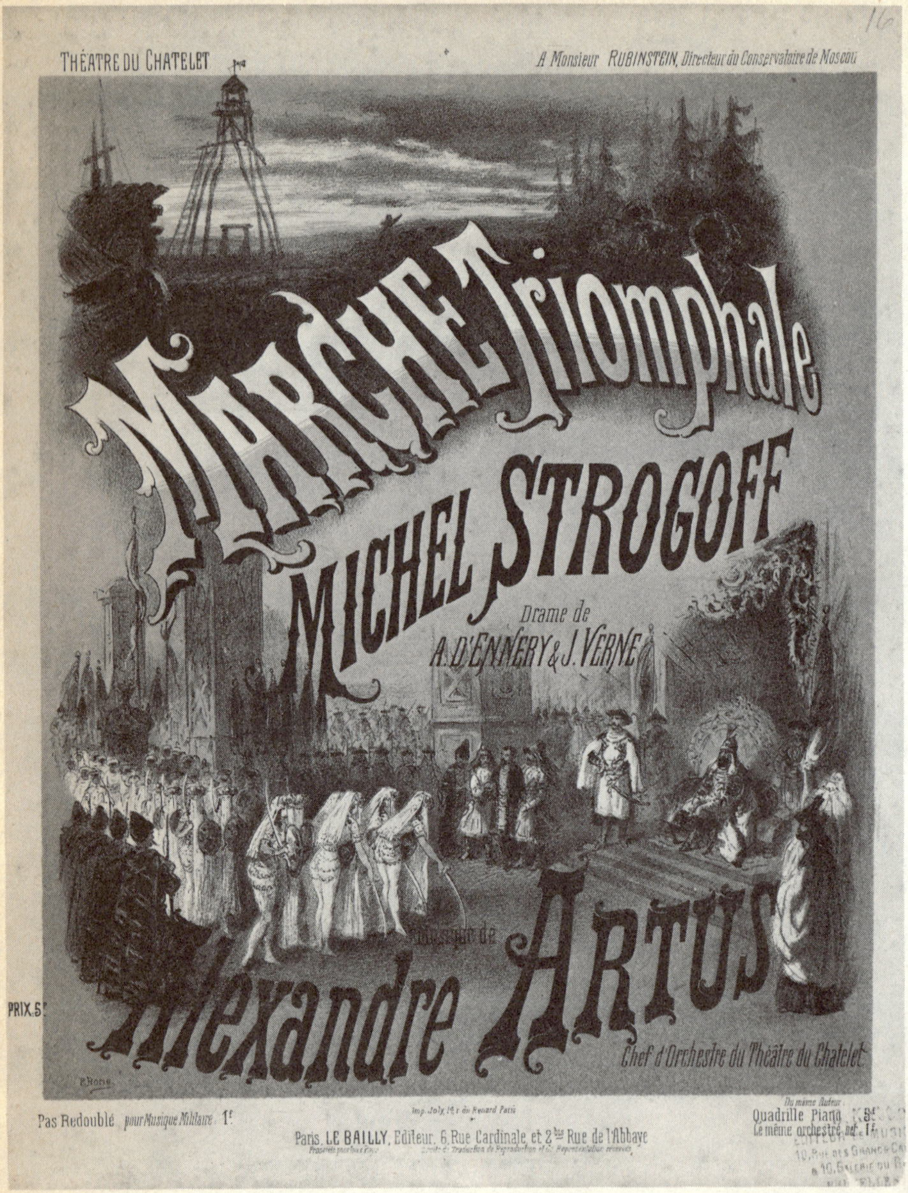
THÉATRE DU CHATELET
A Monsieur RUBINSTEIN, Directeur du Conservatoire de Moscou
MARCHE Triomphale
MICHEL STROGOFF
Drame de
A. D'ENNERY & J. VERNE
Alexandre ARTUS
Chef d'Orchestre du Théâtre du Chatelet
PRIX 5f
Pas Redoublé pour Musique Militaire 1f
Paris, LE BAILLY, Editeur, 6, Rue Cardinale, et 2bis Rue de l'Abbaye
Du même Auteur
Quadrille Piano
Le même orchestré net 1f

MARCHE TRIOMPHALE
DE
MICHEL STROGOFF

DRAME DE
A. D'ENNERY ET J. VERNE.

MUSIQUE DE
ALEXANDRE ARTUS.
Chef d'orchestre au Théâtre du Chatelet.

Paris, LE BAILLY, Éditeur, rue Cardinale 6
L. B. 1974.

que l'on se bat près de lui *(Michel Strogoff) ;* le harfang porteur de la torche va détruire les *Indes Noires ;* ou, dans un autre style, voilà Paganel qui découvre qu'il a appris le portugais et non l'espagnol...

Que de tableaux : le Schultze des *Cinq cents millions de la Bégum,* mort dans son laboratoire et que Marcel contemple derrière un verre grossissant ; le vaisseau coulé par Nemo qui descend dans les profondeurs de l'océan, avec les grappes d'êtres humains qui y sont accrochés ; la grotte merveilleuse de l'*Etoile du Sud ;* Th. Roch, *Face au drapeau* français ; l'étrange procession des indigènes du *Village aérien ;* la scène des fiançailles et celle de l'église dans *Le Secret de W. Storitz ;* le cadavre qui remonte du fond des eaux, dans *La Jangada.*

Enfin, que de « deus ex machina », de coups de théâtre, soigneusement préparés en un climat savant, digne du meilleur drame : Ph. Fogg arrivant au *Reform Club ;* Kin-Fo abandonné en plein danger, dans *Les Tribulations d'un Chinois en Chine ;* Hypperbone, ressuscitant dans *Le Testament d'un Excentrique ;* Ogareff constatant que *Strogoff* n'est pas aveugle ; la découverte du secret de l'île *Antifer...*

Si on voulait cultiver le paradoxe, on parlerait volontiers de Verne, écrivain de théâtre, même lorsqu'il n'en écrit pas ! En tout état de cause, sans cet amour de Verne, les *Voyages extraordinaires* n'auraient pas été ce qu'ils sont : leur vivacité, leur humour, leurs retournements imprévus, et bien d'autres qualités de ces romans sont marqués positivement par le sens (et l'expérience !) du théâtre chez Verne.

*
* *

Et quid de la musique ? C'est le triomphe de l'opéra et de l'opérette...

Ces précieuses partitions que renferme le *Nautilus,* ces partitions « modernes » que *Les Enfants du capitaine Grant* entendent dans le désert australien sont dans leur écrasante majorité signées de compositeurs d'opéra et l'habile romancier mêle astucieusement aux gloires consacrées un nom discuté à l'époque : celui de Richard Wagner. Il y reviendra dans *Hector Servadac* où la rivalité entre Rossini et Wagner est prétexte à un duel... On a voulu y voir un « wagnérisme », tout à fait invraisemblable chez Verne ;

Jacques Offenbach et ses œuvres. Gravure de Gustave Doré.

ENFERS
PEPITO
REVUES
VIOLONE
MARI A LA PORTE
FLOUR
G. Doré

je n'y vois pour ma part que le louable souci de faire vrai et de « dater » une œuvre en insérant habilement une allusion, d'un superficiel voulu, à une dispute « de salon » de l'époque.

Nous avons déjà parlé du *Docteur Ox :* ici encore c'est la musique d'opéra qui va être plaisamment maltraitée, celle de Meyerbeer en particulier. Mais attention : pour que cette démarche très offenbachique réussisse, il faut qu'il y ait sacrilège, il faut que la musique à laquelle s'attaque Ox soit particulièrement chère et précieuse. Et Verne d'accumuler astucieusement les louanges : « passage adorable », « acte magnifique », etc. Or il ne prend pas la musique d'un compositeur véritablement grand, mais celle de Meyerbeer, le musicien d'opéra le plus célèbre de son siècle !

Tout est prétexte à citation d'opéra : un jeu de mots de potache transforme l'invocation à sainte Alice de *Zampa* en une sainte... Hélice, élément fondamental de la lutte entre les plus lourds et les plus légers que l'air *(Robur-le-Conquérant).* Verne cite dans *La Maison à vapeur* un opéra oublié de Carafa, sans nommer l'auteur, comme si c'était la chose la plus naturelle du monde. Des 26 citations théâtrales qui figurent dans *Claudius Bombarnac,* 17 concernent le théâtre lyrique, dont 15 un opéra-comique ou une opérette. Quant à cette incursion dans l'opéra italien traditionnel qu'est *Le Château des Carpathes* (au reste si intensément inspiré par les *Contes d'Hoffmann* — pas l'ouvrage littéraire, mais l'opéra d'Offenbach —), n'y retrouve-t-on pas l'amateur de bel canto lorsqu'il écrit d'un même morceau qu'il est « fougueux », « enlevant » mais aussi « d'un sentiment sublime » ?

On trouve d'autres formes de musique chez Verne, comme les mélodies de salon dans *L'Ecole des Robinsons* ou la musique tzigane dans *Le Secret de W. Storitz* par exemple, mais ceci est occasionnel. Quant à la musique symphonique, elle n'a guère de place dans l'œuvre de Verne : lorsqu'il a l'occasion de décrire la grotte de Fingal, dans les pages maîtresses du *Rayon vert* (1882), il ne songe pas à citer l'ouverture de Mendelssohn, pourtant populaire en France dès 1840 (alors qu'il connaît ce compositeur !) : il pense uniquement aux sons du glass-harmonica !

Même dans *L'Ile à hélice,* dont les héros sont les membres d'un quatuor à cordes, ce sont les citations du théâtre musical *(Les Voitures volées)* qui lui reviennent. Si c'est un quatuor à cordes qu'on a enlevé sur l'île, c'est d'ailleurs uniquement parce qu'il aurait été trop compliqué d'enlever un orchestre d'opéra, nous est-il précisé.

Certes, ici, on voit citer de nombreuses œuvres de musique de chambre ; mais leur description évoque la rédaction du bon élève, plutôt que l'enthousiasme du mélomane. La meilleure page musicale de *L'Ile à hélice* est encore celle empruntée au compositeur d'opéra Gounod, traitant de l'opéra *Don Juan*.

Que Verne ait aimé la musique, nul doute. Pour s'en convaincre, il suffit de réaliser son omniprésence partout dans son œuvre ; les citations qui précèdent ne sont qu'un échantillonnage. Qu'elle ait eu pour lui un pouvoir quasi hallucinatoire est prouvé par le sujet même du *Docteur Ox* comme par celui de ce petit bijou qu'est la nouvelle M. Ré Dièze et Mlle Mi Bémol. Mais dans ses goûts, la musique se ramène en premier lieu à la partie de l'éventail des genres allant de la distinction et de l'élégance de l'opéra-comique français à la cocasserie parfois échevelée de l'opérette classique française. On imagine mal Verne aimant précisément cela, mais c'est un fait indiscutable et l'humour, si important chez notre romancier est typiquement l'humour du théâtre musical.

Cela ne l'a pas empêché de prendre la musique très au sérieux. A preuve, cette citation du *Château des Carpathes,* qui pourrait nous servir de conclusion et où l'on voit Verne donner à la musique une valeur en soi, dégagée de l'interprète : « reproduire avec perfection les accents de la tendresse, les sentiments les plus puissants de l'âme, même lorsque le cœur n'en a jamais ressenti les effets ». Verne l'universaliste, a senti ce que la musique pouvait, elle aussi, avoir d'universel comme moyen de communiquer entre les hommes. Un moyen privilégié entre tous.

Cornelis HELLING.

JULES VERNE ET NAPOLÉON

Dès son premier Voyage extraordinaire : *Cinq Semaines en ballon,* Jules Verne, détestant la violence et la cruauté inhérentes à la chasse et la pêche et au dernier degré aux guerres et révolutions, décrit une scène terrifiante où les intrépides aéronautes contemplent de leur nacelle deux peuplades africaines aux prises, se battant avec acharnement. Alors le docteur Fergusson de dire : « Fuyons au plus tôt ce spectacle repoussant ! Si les grands capitaines pouvaient dominer ainsi le théâtre de leurs exploits, ils finiraient peut-être par perdre le goût du sang et des conquêtes ! »

Aussi en Napoléon l'écrivain stigmatisait-il en premier lieu le conquérant insatiable ne reculant pas devant les immenses hécatombes dont lui seul, à son avis, était responsable.

Dans son monumental ouvrage en six volumes : *La Découverte de la Terre,* Jules Verne s'exprime de façon particulièrement véhémente :

« La fin du XVIIIe siècle et le commencement du XIXe sont marqués par un sensible ralentissement dans la voie des grandes découvertes géographiques. Nous avons vu la République française organiser l'expédition à la recherche de La Pérouse et l'importante croisière du capitaine Baudin sur les côtes de l'Australie. Ce sont là les seuls témoignages d'intérêt que les passions déchaînées et les luttes fratricides permirent au gouvernement de donner à cette science pourtant si française, la géographie. Plus tard, en Egypte, Bonaparte s'entoura d'un état-major de savants et d'artistes distingués. Alors furent réunis les matériaux de ce grand et bel ouvrage qui, le premier, donna une idée exacte, bien qu'incomplète, de l'antique civilisation de la terre des pharaons. Mais lorsque Napoléon eut complètement « percé sous Bonaparte », l'égoïste souverain, sacrifiant tout à sa détestable passion, la

Napoléon à l'île d'Elbe. Gravure de Fielding.

Documentation Roger-Viollet

guerre, ne voulut plus entendre parler d'explorations, de voyages, de découvertes à faire. C'étaient de l'argent et des hommes qu'on lui aurait volés. La consommation qu'il en faisait était trop grande pour qu'il permît ce futile gaspillage. On le vit bien, lorsqu'il céda pour quelques millions, aux Etats-Unis, le dernier débris de notre empire colonial en Amérique (la Louisiane, 1803). Fort heureusement, les autres peuples n'étaient pas opprimés par cette main de fer. »

De même dans les *Mirifiques Aventures de Maître Antifer,* le riche Kamylk-Pacha fait partie de ceux qui tombent à Jaffa, en mars 1799, au pouvoir de Bonaparte. Celui-ci, très embarrassé de ces milliers de captifs, « montrant qu'il était de ces conquérants que rien n'arrête », donne l'ordre de les fusiller.

Toutefois, Jules Verne ne se montre pas toujours aussi sévère et implacable envers l'Empereur. C'est sa triste destinée qui semble l'émouvoir dans *Robur-le-Conquérant,* lorsqu'il écrit :

« Dans la matinée du 15, l'*Albatros* fila entre les îles de l'Ascension et de Sainte-Hélène, toutefois plus près de cette dernière, dont les hautes terres se montrèrent à l'horizon pendant quelques heures. Certes, à l'époque où Napoléon était au pouvoir des Anglais, s'il eût existé un appareil analogue à celui de l'ingénieur Robur, Hudson Lowe, en dépit de ses insultantes précautions, aurait bien pu voir son illustre prisonnier lui échapper par la voie des airs ! »

« L'histoire et la science-fiction hurlant d'effroi de se trouver ensemble. »

César Cascabel, le sympathique chef d'une troupe de saltimbanques, « avait un faible pour les grands conquérants — Napoléon surtout. Oui ! il aimait le héros du premier empire autant qu'il détestait ses bourreaux, ces fils de Hudson Lowe, ces abominables John Bull. Napoléon c'était ''son homme'' ! Aussi n'avait-il jamais voulu travailler devant la reine d'Angleterre ! bien qu'elle l'en eût prié par l'intermédiaire de son majordome »... Sa fille « se nommait Napoléone, en l'honneur du martyr de Sainte-Hélène ». La troupe comptait en outre deux chiens savants : « l'épagneul Wagram, le caniche Marengo, et l'on devine aisément à quel parrain ils devaient ces noms célèbres dans l'histoire ».

N'oublions pas qu'il s'agit ici du faible, après tout inoffensif, d'un personnage de roman, non pas des sentiments personnels tout pacifiques de l'auteur, dont témoigne d'ailleurs amplement sa correspondance publiée jusqu'à ce jour.

Piero GONDOLO DELLA RIVA.

JULES VERNE ET L'ITALIE*

Ce n'est qu'après 1870 que les ouvrages de Jules Verne ont été traduits en italien. Leur succès fut tel que la revue *La Varietà — Giornale illustrato di Educazione e di Ricreazione,* éditée par la « Tipografia Editrice Lombarda » de Milan, publia quelques romans de Jules Verne au fur et à mesure qu'ils paraissaient dans le *Magasin d'Education et de Récréation.* Les *Voyages extraordinaires* étaient vendus en Italie soit dans des éditions in-8° et gr. in-8°, ayant souvent de très jolis cartonnages et étant illustrées par Riou, Férat, de Montaut, Roux, etc., soit dans des éditions petit format et très populaires : entre autres, celles de Muggiani et de Guigoni, de Milan. Ce sont ces maisons qui éditèrent les pièces de Jules Verne, qui exploitèrent même ses ouvrages historiques et géographiques, dont elles publiaient souvent des extraits, et qui débitèrent, sous le nom de Jules Verne, un grand nombre de textes apocryphes.

La Varietà paraissait le 10 et le 25 de chaque mois. Le premier roman de Jules Verne qui y fut publié est *Le Pays des fourrures* (seulement la 2e partie), à partir du 10 juillet 1873. Après 1874 *La Varietà* parut tous les jeudis.

Mais les éditions de luxe, aussi bien que les éditions populaires, ne brillaient pas par la perfection de leur traduction. Il n'est pas rare de trouver, dans les anciennes éditions italiennes de Jules

---

* Article paru, à quelques différences près, dans le *Bulletin de la Société Jules Verne,* nouvelle série, n° 7-8, et dans le cahier *L'Herne. Jules Verne,* n° 25, 1974.

Verne, des gallicismes et des fautes de langue. Jules Verne était, lui aussi, au courant de la chose. Voici, en effet, ce qu'il disait à ce sujet dans une lettre du 5 novembre 1897, adressée à son correspondant italien Mario Turiello :

« [...] Je ne suis point surpris que les traductions dont vous me parliez soient mauvaises. Cela n'est pas spécial à l'Italie, et en d'autres pays elles ne valent guère mieux, mais nous n'y pouvons rien, absolument rien [...] »

Mais, si le succès de Jules Verne en Italie fut énorme, il ne fut pas moins accompagné de deux phénomènes qui n'étaient pas de nature à plaire à l'auteur des *Voyages extraordinaires*. D'une part, son prénom fut, en effet, traduit en italien et, étant donné que son nom pouvait avoir l'air d'être italien, bien des lecteurs pensèrent que « Giulio Verne » était un écrivain italien. D'autre part, ce qui est plus grave, il se répandit le racontar selon lequel l'auteur n'existait pas, ses ouvrages étant dus à une équipe d'écrivains dont le pseudonyme collectif aurait été « Jules Verne » ! Probablement cette légende était-elle causée par le nombre des *Voyages extraordinaires* et par la régularité avec laquelle ils paraissaient.

Turiello, lui-même, tout en étant en correspondance avec Jules Verne, prêta l'oreille à ces racontars, et demanda à l'écrivain si certains romans, qu'il n'avait pas encore lus, avaient été vraiment écrits par lui. Voici la réponse de Jules Verne à cette question, dans une lettre du 19 juin 1894 (c'est Jules Verne qui souligne) :

« ...Mais je tiens à vous dire que les derniers romans dont vous me parlez ont été écrits par moi du **premier** mot au **dernier** et qu'ils sont entièrement de celui qui les a signés comme les autres. **Démentez** donc, au besoin, ce qu'on a pu imaginer à ce sujet. Et je vous engage même à les lire pour vous en convaincre... ».

Cette légende avait une telle audience en Italie qu'un célèbre écrivain italien, Edmondo de Amicis, se rendit à Amiens, le 20 octobre 1895, pour vérifier l'existence de Jules Verne. Il passa avec lui une journée dont il nous a laissé un compte rendu. Jules Verne agréa cette visite. Le 21 octobre 1895, il écrit en effet à Turiello :

« ... J'avais hier la visite de M. de Amicis. Voilà un auteur italien que vous traitez bien mal. Fort heureusement pour lui, il ne connaissait pas votre article... »

Et, le 1er décembre 1896 :

« ... J'ai conservé, moi aussi, très bon souvenir de la visite de M. de Amicis, qui est un fort aimable homme et un écrivain distingué. Mais je n'ai su de sa brochure que ce qu'en ont dit quelques journaux italiens qui m'ont été envoyés... »

Les études italiennes sur Jules Verne ne manquèrent pas. Entre autres, je tiens à rappeler ici celle du M. Italo Pizzi, célèbre orientaliste qui fut professeur à l'Université de Turin. Turiello en parla à Jules Verne, qui lui répondit :

« ...Je serais très heureux de connaître l'article de critique de M. le professeur Pizzi de Turin, mais traduit par vous, et, s'il y avait lieu, j'en écrirais à M. Pizzi pour le remercier... »

Plusieurs études sur Jules Verne sont dues au professeur Mario Turiello, napolitain, qui fut, comme je l'ai dit plus haut, en correspondance, de 1894 à 1904, avec l'écrivain, dont il possédait au moins 37 lettres. Malheureusement, et pour des raisons tout à fait inexplicables, M. Turiello remania le texte des 33 lettres de Jules Verne qu'il publia dans le *Bulletin de la Société Jules Verne,* n° 4 de la 1re série, août 1936.

Un autre admirateur de Jules Verne, M. Fernando Ricca, eut, lui aussi, la chance de correspondre avec l'écrivain. Les études de M. Ricca sur Jules Verne sont nombreuses, et sa contribution à la connaissance de l'auteur en Italie a été remarquable.

Au moment de la mort de Jules Verne, tous les journaux italiens rappelèrent aux lecteurs l'importance de son œuvre. Deux poètes italiens, Guido Gozzano et Giovanni Bertacchi, nous ont laissé des poèmes consacrés à sa mémoire. Ils témoignent de l'enthousiasme que l'écrivain avait soulevé en Italie.

Dans la période entre les deux guerres mondiales, les traductions italiennes des romans de Jules Verne continuent d'être mauvaises, et les études sur lui peuvent se diviser en deux groupes. D'une part, un certain nombre d'articles mal faits et, somme toute, peu favorables à Jules Verne ; d'autre part, quelques études très sérieuses. C'est à ce dernier groupe qu'appartiennent les ouvrages de M. Edmondo Marcucci.

Avec lui, peut-on dire, Jules Verne cesse d'être exclusivement un écrivain pour l'enfance ; dans ses études, M. Marcucci insiste surtout sur la valeur littéraire et morale de l'auteur. Remarquable est aussi l'ouvrage de M. A.F. Pavolini : *Giulio Verne,* paru en 1932.

Après la dernière guerre, le caractère des éditions italiennes des *Voyages extraordinaires* a beaucoup changé. Ils ont été à nouveau traduits et la publication des œuvres complètes a commencé. Depuis quelques années, par exemple, l'éditeur Mursia, de Milan, qui publie les œuvres complètes, a lancé une collection de luxe, cartonnée, qui reproduit les cartonnages rouge et or ou polychromes des éditions Hetzel.

Jules Verne a cessé d'être « Giulio Verne », c'est-à-dire l'écrivain mystérieux sur lequel circulaient des légendes, pour devenir un littérateur qui mérite d'être lu, aimé et, surtout, étudié par les adultes.

Robert Taussat.

LE MALHEUREUX DESTIN DU « GREAT EASTERN »

Pendant quarante ans, ce qui constitue un record assez remarquable, le *Great Eastern* a mérité le titre de plus grand navire du monde. Il n'empêche qu'en dépit de ses dimensions colossales et de sa carrière fertile en vicissitudes, bien peu de nos compatriotes connaîtraient encore son nom s'il n'avait été le personnage principal d'un ouvrage de Jules Verne où, pour une fois, l'enthousiasme du reporter supplée à l'imagination du conteur : *Une Ville flottante.*

Enveloppé de lyrisme, il entre dans la *Légende des Siècles* où « *... son ombre humiliait toutes les proues...* »

Et « cette sorte d'îlot », que Jules Verne aperçoit, « à demi estompé dans les brumes » au premier tournant de la Mersey, devient pour Victor Hugo :

« *... un terrible passant.*
Les vagues frémissaient de l'avoir sur leurs croupes.
Ses hunes, ses grelins, ses palans, ses armures
Etaient une prison de vents et de murmures.
Son ancre avait le poids d'une tour. Ses parois
Voulaient les flots, trouvant tous les ports trop étroits. »

Cependant, la grande masse des contemporains paraît assez éloignée de cette exaltation, et, plus réaliste, Herman Melville, l'auteur de *Moby Dick,* en évoquant cet « immense jouet » se fait l'ironique porte-parole des nombreux techniciens qui accusent de mégalomanie les constructeurs du monstre.

Il n'empêche qu'en ce mois de mars 1867, une foule d'amateurs s'apprête à la traversée. Comme la plupart d'entre eux sans doute, Jules Verne est beaucoup plus intéressé par le bateau que par le but du voyage : « Le *Great Eastern* d'abord, le pays célébré par Cooper ensuite... » Parmi ces amateurs, l'étonnant Dean Pitferge est peut-être le plus lucide, puisqu'il n'a d'autre espérance que celle d'un beau naufrage. Car, Jules Verne y consacre deux pages au début de son récit, l'histoire du transatlantique, « presque neuf » encore, est déjà fort mouvementée. Il ne fut pas construit, comme l'écrit par erreur Mme Allotte de La Fuÿe, « pour mener à bien la pose du câble transocéanien ». Cette reconversion en

mouilleur de câble ne fut décidée qu'après une « vingtaine de traversées dont une », rappelle sobrement Jules Verne, « fut marquée par des incidents très graves ». Notre auteur, d'ailleurs, exagère quelque peu, car il n'y avait eu, en réalité, que sept liaisons Amérique-Angleterre.

En fait, jamais navire, exception faite du *Titanic* qui devait périr au cours de son premier voyage, ne connut pire carrière. Encore la fin du premier, terrible et grandiose, devait-elle laisser dans les esprits une trace ineffaçable. Le *Great Eastern,* lui, traîna jusqu'à sa fin une existence médiocre, pareil à ces géants qui n'ont pas la force de mouvoir leurs trop vastes carcasses.

L'ingénieur qui l'avait conçu, Isambard Kingdom Brunel, était le fils d'un émigré français de 1793 qui s'était occupé, durant vingt ans de sa vie, à creuser un tunnel sous la Tamise. Jaloux d'une œuvre aussi spectaculaire, le fils, qui s'était déjà signalé par quelques réalisations remarquables, traça les plans d'un énorme vaisseau, lequel, mis en chantier le 1er mai 1855, sur les cales de la Scott-Russel, prit le nom de *Leviathan*. Ce navire jaugeait 30 000 tonnes et mesurait 210 mètres de longueur. Bien qu'il fût propulsé par une hélice reliée à un moteur James Watt de 1 600 CV, et par quatre roues animées par une chaudière de 1 000 CV, six mâts le rattachaient encore à cette race hybride qui n'osait abandonner les antiques ressources de la voile. En outre, il était si gros que la plupart des ports de l'époque lui étaient interdits.

Le 3 novembre 1857, le *Leviathan* ne put quitter la cale de lancement. L'Eastern Steam Navigation fit faillite et la coque, enfin mise à flot, fut vendue à 20 % de sa valeur à la Great Ship Company qui la débaptisa et l'appela *Great Eastern* (Le Grand Oriental), pour bien montrer sa destination : l'Australie.

Conçu pour contenir 4 000 passagers (ou 12 000 hommes de troupe, les militaires étant, on le sait, doués d'un prodigieux degré de compressibilité), il reçut enfin ses chaudières... mais ses armateurs furent incapables de l'affréter suffisamment pour couvrir les frais du premier voyage, rendu plus malaisé par l'impossibilité de relâcher dans les ports qui jalonneraient son parcours. Cette circonstance inattendue transforma l'Oriental en Occidental, et le paquebot fut affecté à l'Atlantique Nord.

Il descendait enfin la Tamise, lorsqu'une explosion tua six mécaniciens. Le malheureux constructeur ne put supporter ce nouveau coup du sort et mourut en quelques jours. La croisière inaugurale étant annulée, le *Great Eastern* joignit Southampton... où son capitaine se noya.

Le 17 juin 1860, enfin, il appareilla. La traversée fut sans histoire mais le navire — qui emportait cinq cents hommes d'équipage et de soute — ne comptait sur ses rôles que... quarante-six passagers, lesquels s'ennuyèrent à mourir. Comme, pour le retour, on put en embarquer seulement soixante-dix, il n'est pas nécessaire de décrire l'abattement des responsables de la Great Ship Company lorsqu'ils établirent leurs bilans.

Si le test de l'Atlantique avait été relativement favorable, on

Documentation Roger-Viollet

avait pu, cependant, constater que la lourde et inutile mâture accentuait le roulis. On se souvient du coup de mer relaté par Mme Allotte de La Fuÿe, qui précipita plus tard Jules Verne et sa voisine de table, « la reine de la 5e avenue, jusqu'au pied du trône des cabinets de première classe ».

Après deux autres voyages aussi peu rentables, le quatrième débuta le 10 septembre 1861. Trois jours après le départ, une épouvantable tempête — que le capitaine James Walker n'osa pas attaquer de front — ravagea l'intérieur du vaisseau. En quelques heures, le palais flottant devint une sorte de ruine tourbillonnante cependant que les cageots éventrés libéraient des milliers de volailles et que de malheureuses vaches meuglaient parmi les débris de vaisselle dans la salle à manger où elles s'étaient affalées, après avoir crevé les verrières du plafond.

Encore tremblants, les passagers débarquent en Irlande sans se faire prier, pour disparaître au plus vite. Et quand il revint à Liverpool le *Great Eastern* fut accueilli, en place des fanfares, par les huissiers instruits pour le saisir. La Great Ship Company, à son tour, connaissait la déconfiture.

C'est alors que le millionnaire américain Cyrus Field eut l'idée de l'utiliser pour la pose du câble télégraphique dont aucun vaisseau n'était alors capable de transporter les 4 700 tonnes. Il acheta le navire pour 95 000 livres, sauvant à la fois le télégraphe et le *Great Eastern*.

Des travaux considérables furent entrepris : démolition d'une cheminée, installation d'équipements spéciaux, bouées, grappins, bennes, et les 4 760 kilomètres de fils furent lovés dans les cales sur des lits de ciment.

L'appareillage eut lieu le 15 juillet 1865. D'innombrables difficultés assaillirent les ingénieurs : rupture de câbles, repêchages manqués, pannes de machine, gros temps, au point que Cyrus Field pensa renoncer à poursuivre. Un second câble dut être filé. Enfin, le 8 septembre 1867, après deux ans d'efforts, le travail était achevé.

Un an plus tôt, le 26 juillet 1866, le fil avait été rattaché à la station de Terre-Neuve. Un des tout premiers télégrammes qu'il allait transmettre, après les congratulations d'usage que s'étaient adressées les chefs d'Etat d'Angleterre et d'Amérique, fut l'ultime message envoyé par l'empereur Maximilien du Mexique à sa femme, l'impératrice Charlotte, en France depuis le 8 août, la suppliant d'intercéder avec encore plus de force auprès de Napoléon III, qui l'abandonnait à ses ennemis. Les 700 mots de cet appel coûtèrent une fortune au pauvre souverain, mais, on le sait, furent impuissants à sauver son empire et sa vie.

Mais le *Great Eastern* devait connaître un nouvel avatar. En vue d'amener des visiteurs américains à l'Exposition universelle de Paris, la Société des Affréteurs du *Great Eastern,* nouvellement constituée au capital de 2 millions de francs, loua le navire au prix de 25 000 francs par mois. Remis à neuf, il quitta Liverpool le 26 mars 1867 avec un millier de passagers ayant payé les places de 16 à 26 livres sterling, selon la classe désirée. Jules Verne était du nombre.

Et les ennuis recommencèrent. Dès le premier jour, un pignon du cabestan se rompit, quatre matelots furent tués et douze autres gravement blessés. Jules Verne rapporte l'accident avec une désinvolture aimable, qui étonne un peu, lorsqu'on la compare à d'autres récits. Il est vrai que ce sont « les Anglo-Saxons qui ont une telle indifférence pour la vie des gens ». Cependant, malgré les espérances formulées par M. Dean Pitferge, la catastrophe n'eut pas lieu. Seul, un nouveau matelot périt, jeté contre un capot de fonte par un paquet de mer.

Le seul naufrage que l'on enregistra fut celui de la Société des Affréteurs qui avait espéré 3 000 passagers au retour, et n'en comptait que 200. L'expérience fut abandonnée, et le navire regagna Liverpool.

Deux ans plus tard, il mouilla un nouveau câble entre Brest et Saint-Pierre-et-Miquelon, puis entre Bombay et Aden. A son retour, il fut désarmé, servit d'exposition flottante en 1886 à Liverpool, Dublin et Greenock et fut, enfin, vendu aux enchères, en octobre 1887, à des récupérateurs de ferraille qui le payèrent 525 000 francs. Il avait coûté trente-six fois plus.

Et c'est vers le chantier de démolition de Birkenhead qu'il effectua son dernier voyage. En ouvrant une cellule étanche du double fond, les ouvriers qui dépeçaient la coque trouvèrent ce qui devait être la cause, au dire des vieux matelots, des malheurs dont le *Great Eastern* avait été la constante victime.

Un squelette humain, celui d'un riveur, disparu trente-cinq ans plus tôt lors de la construction du vaisseau, gisait dans la ténébreuse oubliette. Une plaque d'acier, obstruant soudain l'ouverture de l'alvéole, avait scellé ce malheureux dans l'obscurité de la mort.

Il n'est pas interdit de croire que Jules Verne, qui s'était passionné pour le *Great Eastern,* dut avoir connaissance de cette découverte. Il ne put, alors, s'empêcher d'évoquer une autre oubliette — celle du conte d'Edgar Poe — au fond de laquelle tintent les grelots d'un bouffon dégrisé par la terreur, une cave profonde où, dans une éternelle nuit, Montrésor maçonne à jamais le tombeau de celui qui voulait goûter à la *Barrique d'Amontillado.*

PHOTO NADAR

Jules Verne en 1876.

Marcel DESTOMBES.

JULES VERNE ET LE « GREAT EASTERN », 1867

Tous les Verniens connaissent le roman : *Une Ville flottante,* publié par Hetzel et illustré par Jules Férat en octobre 1872. Ce livre fut terminé en mars 1870 et publié d'abord dans le *Journal des Débats* du 9 août au 6 septembre 1870, puis par Hetzel en in-18 en juillet 1871. Le roman est fondé sur la traversée que l'auteur effectua sur le *Great Eastern,* en compagnie de son frère Paul, de Liverpool à New York du 26 mars au 9 avril et de New York à Brest du 17 au 30 avril 1867 avec 193 passagers, au lieu des 2 000 escomptés.

Sans nous arrêter aux péripéties, ni aux performances ultérieures du *Great Eastern* qui posa, on le sait, le câble télégraphique transatlantique de Brest à Terre-Neuve en 1869 et qui ont été décrites dans ce Bulletin par notre ami Robert Taussat, nous avons le plaisir de communiquer au Bulletin de la Société Jules Verne deux inédits, ou presque, qui concernent directement cette traversée.

Le premier est un article de Jules Verne écrit pour le journal *Le Paquebot,* journal de la Navigation et des Voyages, indicateur officiel des services maritimes, n° 18 du 4 mai 1867, page 6, article fort élogieux rédigé en mer avant l'arrivée du navire à New York et daté du mardi 6 (erreur pour le 9) avril 1867.

Le second est une lettre à Hetzel, écrite le même jour sur le *Great Eastern,* qui contient des détails qui ne se trouvent pas dans l'article du *Paquebot*.

Une grande diapositive du *Great Eastern* est exposée à la galerie mezzanine du Centre Pompidou à Paris.

(Extrait du journal *Le Paquebot,* 2e année, n° 18, 4 mai 1867, p. 6.)

LE *GREAT EASTERN*

On lit dans le *Messager franco-américain.*

Parmi les voyageurs que nous amène le géant des mers, se trouvait M. Jules Verne, connu par de savants et spirituels écrits. Il veut bien nous adresser une courte notice sur la traversée qu'il vient de faire, nous nous empressons de l'offrir à nos lecteurs.

« Mardi, 6 avril à bord du *Great Eastern.*

Monsieur le rédacteur,

Le *Great Eastern* vient de mouiller aujourd'hui dans l'Hudson, après avoir pour la vingt-deuxième fois traversé l'océan Atlantique. Voulez-vous me permettre de vous donner quelques détails sur ce voyage qui, j'espère, ne pourront manquer d'intéresser vos lecteurs, car tout ce qui se rapporte à ce magnifique steamer préoccupe justement l'opinion publique. Il s'agit en effet de savoir si le *Great Eastern* est à tous les points de vue le dernier mot de la science nautique moderne.

Le *Great Eastern,* affrété par une compagnie française pour faire le service entre Brest et New York, a quitté Liverpool le 26 mars dernier et il est arrivé à New York après une traversée de quatorze jours. C'est donc le plus long de ses voyages, mais aussi le plus curieux à étudier, car jamais ses qualités spéciales n'ont été plus mises en relief.

Deux raisons ont contribué à accroître la durée de cette dernière traversée : d'abord, parce que les chaudières de l'hélice étant nouvelles, l'ingénieur n'a pas voulu pousser ses feux et s'est maintenu à une pression modérée ; mais on peut assurer, dès maintenant, que les nouvelles chaudières fonctionneront d'une manière remarquable, et que la vitesse du *Great Eastern* qui est de treize milles au moment où je vous écris, pourra être facilement portée à quatorze milles par heure, moyenne que n'ont pas dépassée les plus rapides navires transocéaniens.

Le second motif pour lequel la traversée du *Great Eastern* a été allongée, c'est la série des mauvais temps qu'il a essuyés du premier au dernier jour. De l'avis unanime des officiers qui l'ont accompagné dans tous ses voyages, de l'opinion même des passa-

Le Great-Eastern *devait partir pour New York* (Une Ville flottante).

gers qui avaient souvent franchi l'Atlantique, jamais navire ne s'est trouvé en présence de plus furieux coups de vent que celui du 28 mars, et en dernier lieu, celui du 6 avril. Pour en donner une juste idée, monsieur le rédacteur, il suffira de dire que dans le dernier ouragan, c'est-à-dire une sorte de cyclone, les pavois de l'avant du *Great Eastern* ont été enlevés par deux coups de mer monstrueux, et il fallait qu'ils fussent tels, car ces pavois sont élevés à une hauteur de trente pieds. On n'ose songer sans épouvante aux terribles effets qu'eût produits l'assaut de ces lames effroyables sur un tout autre navire que le *Great Eastern*. Bien peu eussent résisté à ces formidables attaques, et pas un, en tout cas, j'entends les meilleurs qui soient, ne s'en fût tiré sans avaries excessivement graves, qui l'eussent mis en perdition.

Eh bien, pour le *Great Eastern,* ces furieux coups de mer ont passé presque inaperçus. Pendant que le solide navire se jouait pour ainsi dire de l'océan déchaîné, les passagers déjeunaient tranquillement dans les salles à manger du bord et ne se doutaient même pas de ce qui se passait à l'avant. Le *Great Eastern* s'était mis debout à la lame ; ni roulis, ni tangage ne se faisaient sentir, et le géant continuait majestueusement et tranquillement sa route au milieu des flots impuissants.

Il faut donc le dire, il faut le répéter souvent car c'est une question qui intéresse ces nombreux voyageurs que leurs affaires ou leurs plaisirs entraînent sur les mers, un navire de la dimension du *Great Eastern* l'emporte sur tous les autres steamers, par cela seul qu'il est cinq ou six fois plus grand ; sa masse le rend indifférent à la mer ; il peut toujours, dans un mauvais temps, se placer debout à la lame, ou la fuir, suivant les exigences de sa route, et alors sa longue coque également supportée ne connaît ni les coups terribles, ni les heurts insupportables du tangage, il navigue comme en eau calme ; si sous d'autres allures, par des mers de travers, il est sensible au roulis, c'est un inconvénient dont un lest mieux réparti le débarrassera certainement dans ses autres voyages.

Voici donc, et tout d'abord, les qualités nautiques, c'est-à-dire celles dont on doit se préoccuper en premier lieu, qui recommandent le *Great Eastern* à la préférence des passagers. Déjà, dans une précédente traversée, cet inébranlable navire avait montré que, même dépourvu de ses roues et démonté de son gouvernail, il n'avait rien à craindre avec sa double coque des fureurs de la mer ; dans ce dernier voyage, il a prouvé que quelles que fussent les violences d'un ouragan, il pouvait s'y soustraire en choisissant

Alors commença l'interminable ascension (Une Ville flottante).

son allure, et en épargnant ainsi à ses passagers les fatigues inévitables à bord de tout autre navire.

Je ne veux pas terminer ces réflexions sans ajouter que les dimensions du *Great Eastern* qui en font le navire le plus sûr et le plus rapide, ont permis de l'aménager de la manière la plus confortable. Le public connaît déjà les salons luxueux qui ont été souvent décrits dans les articles inspirés par le *Great Eastern*. Mais la nouvelle Compagnie ne s'en est pas tenue à son ancien aménagement. Elle a voulu faire spécialement de l'immense steamer un navire à passagers, où ceux-ci pussent trouver tout le confort des plus beaux hôtels de Paris, de Londres ou de New York. De nouveaux roufs ont été construits sur le pont, l'un formant un grand « dining saloon » qui peut contenir trois cent cinquante convives, l'autre un « smoking room » disposé à l'américaine. Au-dessus de ces salons règnent de longs « spardechs » où peuvent se promener plusieurs centaines de passagers. Quant aux cabines, par leurs dispositions, leurs dimensions et leur ventilation, elles offrent un confort inconnu des autres bâtiments transocéaniens.

Vous comprendrez aisément, monsieur le rédacteur, l'influence que tous ces avantages réunis à bord du *Great Eastern,* ont sur l'esprit et le moral des voyageurs, et on l'a bien pu voir pendant cette dernière traversée. On peut dire qu'en dépit du mauvais temps et des cyclones, le *Great Eastern* a navigué au milieu de fêtes perpétuelles ; des concerts dont les passagers faisaient eux-mêmes les frais, des danses, des lectures, des conférences du capitaine, sir James Anderson, sur le câble transatlantique, d'intéressants récits de M. Du Chaillu sur ses audacieuses explorations dans l'Afrique équatoriale, des scènes comiques par les matelots du bord ont fourni à chaque soirée son « entertainment ». L'ennui n'a pas droit de cité à bord du *Great Eastern,* et il en est banni comme le mal de mer.

Je termine cette lettre, monsieur le rédacteur, en vous remerciant de l'avoir accueillie dans votre journal. Je me propose, à mon retour en France, de consacrer un volume entier à l'étude et à la description du *Great Eastern ;* mais je n'ai pas voulu attendre plus longtemps pour ici payer le tribut d'une juste reconnaissance. C'est un admirable navire, qui n'a pas de rival au monde.

Agréez, Monsieur le rédacteur, l'assurance de ma haute considération.

Jules VERNE. »

« *Great Eastern,* mardi matin (9 avril 1867).

Mon cher Hetzel,

Je veux absolument vous écrire en vue de la terre américaine, et à bord du *Great Eastern*. Nous serons à New York à midi, car il a fallu attendre la marée jusqu'à ce matin pour passer la barre de l'Hudson.

J'éprouve le besoin de vous dire que je vous aime bien en France et non moins en Amérique. Ah ! si vous étiez venu avec nous, votre cœur eût palpité plus d'une fois car les incidents, et malheureusement les accidents ne nous ont pas manqué pendant ce voyage. Je crois que mon livre sur le *Great Eastern* sera plus varié que je ne l'eusse voulu, grâce aux épreuves par lesquelles nous sommes passés depuis quinze jours. Nous avons eu des coups de vent épouvantables ; le *Great Eastern,* malgré sa masse, dansait comme une plume sur l'océan ; son avant a été emporté par un coup de mer. C'était effrayant, mon frère avoue n'avoir jamais vu une mer plus mauvaise.

J'ai fait la provision d'émotions pour le reste de mes jours. Ma femme, à qui je donne des détails sur cette traversée, pourra vous en dire plus long et je lui recommande de le faire.

C'est vraiment pénible d'être pendant si longtemps sans nouvelle des siens ; c'est inquiétant et cela trouble les joies du voyage. Je suis sûr, méchant homme, que vous ne m'aurez point écrit à New York. En tout cas, il ne faut plus le faire parce que vos lettres ne m'arriveraient pas.

Notre traversée a duré 14 jours par suite du mauvais temps, c'est-à-dire 4 jours de plus que les traversées moyennes du *Great Eastern*. Si donc, nous nous décidions à revenir par un transatlantique, nous ne pourrions plus prendre que celui du 20 avril qui ne nous mettrait à Brest que le 30. Mais, heureusement, nous avons l'assurance que le *Great Eastern* repartira le 16 et nous arriverons en France vers le 26 ou 27, ce qui ne fera qu'un retard de 5 à 6 jours sur la date antérieurement fixée pour notre retour.

Si donc, comme je vous l'ai écrit, vous avez commencé la *Géographie,* j'arriverai encore suffisamment en avance pour continuer les départements.

Que fait-on là-bas, en France, que devient-on ? L'Exposition est-elle ouverte ? Les journaux apportés hier soir à bord par le pilote nous donnent la rente française à 66 francs. C'est 3 francs de baisse depuis notre départ de Liverpool. Qu'est-ce qui se passe donc ? Est-ce qu'on se bat en Europe ?

Vous voyez, mon cher Hetzel, que nous ne savons rien, que nous sommes comme des sauvages dans notre île flottante. Mais quelle île ! Quel échantillon de l'industrie humaine. Jamais le génie industriel de l'homme n'a été poussé plus loin. J'espère bien peindre tout cela dans *Une traversée à bord du « Great Eastern »*, et apprendre au public des choses qu'il faut savoir. C'est une huitième merveille du monde que ce navire ! Qui sait si vous n'iriez point le voir à Brest quand il y sera.

Veuillez, mon cher Hetzel, me rappeler au souvenir de Mme Hetzel, qui, d'ailleurs, ne m'aura point oublié. Dites-lui que je compte voir Mme La consulesse aujourd'hui même et lui remettre les divers objets dont elle m'a chargé.

Je ne sais si nous aurons le temps de faire notre pointe au Niagara. Cela sera décidé ce soir même. Nous désirons vivement voir ces admirables chutes, mais, pour le faire, nous ne voulons pas retarder d'un jour notre arrivée en France. Or, cette visite nous mangera trois jours au moins car il y a 20 heures de chemin de fer pour arriver au Niagara.

Mon cher ami, embrassez ma femme quand vous la verrez, ça lui fera plaisir. Mais embrassez-la pour moi, pas pour vous, diable ! Donnez une bonne poignée de main à votre fils, toujours pour moi, et croyez-moi

Votre dévoué de tout cœur,

Jules VERNE.

Depuis deux jours, nous avons un temps admirable ; pas un nuage au ciel ; aussi, notre arrivée à New York va être splendide. Ah ! La mer, quel admirable élément.

Encore une fois, adieu et à bientôt. »

Les chutes du Niagara aux environs de 1865.

Documentation Roger-Viollet

François RAYMOND.

LE VOYAGE A TRAVERS L'IMPOSSIBLE*

Voyage à travers l'impossible, « pièce fantastique » représentée au théâtre de la Porte-Saint-Martin en 1882-83, est sans doute le plus extraordinaire des « Voyages extraordinaires ». Le fait qu'il se présente sous la forme d'une pièce, et non pas d'un roman, n'a rien de surprenant. Verne n'avait-il pas déjà, avec son adaptateur attitré Adolphe d'Ennery, le père des *Deux Orphelines,* fait représenter sur les planches trois de ses romans les plus célèbres ? Plutôt que par ses récits, souvent alourdis de passages didactiques, c'est peut-être même par ses pièces qu'il fut, à l'époque, le plus *populaire :* l'aventure y restait intacte, les répliques fusaient, des personnages féminins étaient habilement rajoutés ; le spectacle enfin — et quel spectacle — emportait le morceau. La situation, aujourd'hui, paraît être l'inverse ; il est vrai qu'on ne « monte » plus Jules Verne au Châtelet, tandis qu'il paraît en « livre de poche ». Mais, dans ce même public populaire, combien ne connaissent Jules Verne que par les films, ou les bandes dessinées, tirés des *Voyages extraordinaires* ? Toujours est-il que de ces « Voyages au théâtre »[1] — d'ailleurs fort amusants, et qu'on regrette de ne pas voir aujourd'hui réédités, avec leurs suggestives illustrations — la recette était excellente : ils dépaysaient le spectateur sans le déconcerter.

---

* Plusieurs passages de la présente étude sont extraits de « Passez muscade », texte qui figure — avec « De l'extraordinaire à l'impossible » de Robert Pourvoyeur et 79 illustrations — dans l'ouvrage : Jules Verne et A. d'Ennery, *Voyage à travers l'impossible,* collection « La Vue », Paris, © Jean-Jacques Pauvert 1981 (édition originale).

Il n'en fut pas de même de ce « voyage »-ci, infiniment plus audacieux et qui concrétisait un tout autre projet. C'était, plus que jamais, une « pièce à grand spectacle » ; mais il ne s'agissait plus d'aventures *terrestres,* prétexte à montrer — sur la scène ! — un véritable train à vapeur, un éléphant en chair et en os, des serpents pas moins effrayants d'être artificiels, l'explosion ou le naufrage d'un bateau, à vapeur lui aussi *(Le Tour du Monde en 80 jours) ;* ou des chevaux, des canons, des batailles, un fleuve de pétrole enflammé *(Michel Strogoff),* le tout entrelardé de somptueux ballets indigènes. En lieu et place de ces exotismes de surface, *Voyage à travers l'impossible* va donner à voir le *jamais-vu :* car cette fois-ci il reprend et relie, en de délirants télescopages spatio-temporels, les tout premiers romans de Jules Verne : ceux qui, sous le titre « Les Mondes connus et inconnus », stupéfièrent à juste titre ses contemporains. On retrouve, entre autres, le professeur Lidenbrock du *Voyage au centre de la Terre,* le capitaine Nemo de *Vingt mille lieues sous les mers,* le Michel Ardan de *De la Terre à la Lune.* Mais l'on va, sous la conduite de ces guides prestigieux (et en compagnie d'une touchante héroïne !), beaucoup « plus loin »[2] qu'ils n'avaient jamais été : sous terre, on découvre une peuplade de troglodytes, puis l'on accède au « Feu central » ; sous les eaux, on retrouve l'Atlantide et des Atlantes vivants, voire même fort bruyants ; dans l'espace enfin, on explore la très lointaine « Altor », et une civilisation extraterrestre tellement avancée qu'elle en fait exploser sa planète. Au lieu des Peaux-Rouges et des Tartares, des êtres relevant de l'« ailleurs » ; au lieu des trains ou bateaux à vapeur accessibles à chacun, le *Nautilus* lui-même, ou « l'obus-car »[3] lancé par un gigantesque canon ; à la place du « Soleil de minuit » des *Enfants du capitaine Grant,* une planète fabuleuse où or et diamants se ramassent à la pelle. C'était — avant le cinéma — l'« impossible » visualisé, réalisé en trois dimensions sur les planches du théâtre.

Du roman à la scène, toutefois, la transposition ne manquait pas de faire problème. Non pas en ce qui concerne les explications scientifiques, dont les récits étaient farcis[4] : au théâtre, on s'en passera, et cela d'autant mieux qu'elles « passent » mal la rampe. Les mathématiciens d'*Autour de la Lune* peuvent se risquer à faire « un peu d'algèbre » — encore que Michel Ardan lui préfère « la physique amusante » et définisse la simple addition comme un « petit casse-tête chinois qui permet d'obtenir des totaux indéfiniment variés ». Mais, au théâtre de la Porte-Saint-Martin, il n'en est pas question : une précieuse « liqueur », aussitôt baptisée la

« liqueur-express », fera beaucoup mieux l'affaire ; et personne ne songe à redire qu'elle permette à la fois d'abolir la distance, vivre au milieu des flammes, respirer dans l'eau et autres menus avantages. Mais la « cavorite » antigravifique de Wells, les « distorter » de P.-J. Farmer ou les avatars multiples de l'« hyperespace », monnaie courante dans notre moderne science-fiction, sont-ils vraiment plus « scientifiques »[5] ?

Il n'en va pas de même pour la dimension métaphysique donnée à cette pièce par Jules Verne (ou par d'Ennery ?) : la lutte du Diable et du bon Dieu autour du fils d'Hatteras, jeune exalté toujours prêt à sauter à pieds joints dans l'« impossible ». Le premier est incarné par le docteur Ox, un docteur Ox débarrassé de son complice Ygène, viré au noir et devenu véritablement satanique ; le second, par un certain Volsius, personnage de « mentor » au premier degré sans réel équivalent dans le monde romanesque de Jules Verne. Cette dimension était, à la scène, parfaitement admissible à l'époque. Mais oui ! le Diable ou ses incarnations, les spectateurs du théâtre de la Porte-Saint-Martin l'avaient déjà vu je ne sais combien de fois. Et quant au bon génie — seul représentable à défaut de Dieu, en un temps qui n'avait pas encore eu le bonheur de voir *Jésus-Christ Superstar* — public et critiques avaient parfaitement reconnu ses « ailes », mal cachées sous ses « immenses redingotes » et ses « robes de chambre à queue ». Au reste d'Ennery, véritable Cecil B. de Mille de l'époque, avait déjà « fait dans le genre » : il avait à son actif, ou sur la conscience, un *Temple de Salomon* (1846), *Les Sept Péchés capitaux* (1848), un *Faust* (1856), et même, car rien ne l'arrêtait, un *Paradis perdu* d'après Milton, créé en 1856 et repris en 1865 ! Spectacle vraiment digne de l'Ambigu-Comique, à lire les critiques du temps ; si celui-ci le loue « d'instruire le peuple en une fois plus que par vingt sermons » (brrr...), celui-là n'est guère tendre : un « Satan obèse », sorte de « gros dominicain en goguette », et un « Adam... famélique, un échappé du radeau de la Méduse ». Laurel et Hardy dans *Le Paradis perdu,* voilà de quoi mettre l'eau à la bouche... A ce propos, les deux spectateurs ne s'accordent que sur un point : le Déluge final, jugé fort beau, et surtout très opportun « par ce temps de canicule »[6].

Reste une troisième arme, que Jules Verne avait déjà utilisée dans *De la Terre à la Lune, Autour de la Lune* et maints autres récits : celle de la plaisanterie. Elle sera maniée — à la scène, et d'Ennery aidant — avec toute la lourdeur nécessaire, mais avec

Le docteur Ox, par H. Meyer. Bibliothèque Forney, Paris.

une efficacité qui ressort de la critique de l'époque. Rien de plus loufoque, en effet, que les mésaventures de ce pleutre de « Tartelet », évadé de *L'Ecole des Robinsons,* et surtout d'un certain Axel Valdemar : car son projet *parodie,* de l'intérieur même de la pièce, la grande aventure de Georges Hatteras : Georges veut aller « plus loin » que son père, que les héros verniens, que ceux de la mythologie : plus prosaïque mais non moins obstiné, Valdemar ne veut ni la gloire ni la lune, mais trouver ou retrouver un capricieux diamant, véritable feu follet dont la possession lui permettra d'offrir un palais à sa bien-aimée Babichok. Or les « cupides », chez Jules Verne, subissent exactement le même sort que les « explorateurs » ; poursuivant eux aussi un mirage — or ou diamant, héritage ou trésor — ils ne l'atteignent qu'au prix d'un extravagant périple et ne l'attrapent que pour le voir s'engloutir, ou exploser. C'est ce qui arrive, entre autres, aux chercheurs de diamants du très pittoresque récit *L'Etoile du Sud.* Au théâtre, toutefois, il faut des *happy ends :* Valdemar récupérera donc son diamant. Levée de la sanction ? Oui sans doute, pour les spectateurs du théâtre de la Porte-Saint-Martin ; sûrement pas pour les vrais lecteurs de Jules Verne ! Ils savent que par son mariage avec la redoutable Babichok (comme Paganel avec Miss Arabella, et le J.T. Maston de *Sans dessus dessous* avec Mistress Scorbitt), Valdemar ne perd rien pour attendre... Toujours est-il que la pièce se termine par une double et parallèle perspective de mariage, celui de Georges éclairé, celui de Valdemar redoré, l'un ayant bien « mérité » ses pantoufles, l'autre sa Babichok.

Or, si le comique de *Voyage à travers l'impossible* passa fort bien le cap de la critique (recueillant même l'unanimité des suffrages !), si le côté « scientifique» fut accepté, venant de l'auteur des « Voyages extraordinaires », l'aspect philosophique, lui, fut très mal digéré. On accusa d'Ennery, bien connu pour ses opinions, d'avoir « insinué » dans ce spectacle son « mysticisme catholico-réactionnaire »[7] ; aspect d'autant plus déplacé, en effet, qu'il s'exprime par d'inopportunes tirades, au lieu de dramatiser l'éternelle lutte du Bien et du Mal comme dans *Faust, Robert le Diable, Don Juan* ou *Les Contes d'Hoffmann,* qu'on lui oppose à bon droit. Quant à la veine « d'anti-scientifisme » de la pièce, elle surprit beaucoup : personne ne songea à la rapprocher de cette *satire de la science* et de cette *inquiétude* à son égard si fréquentes chez Jules Verne, et aujourd'hui encore si méconnues. C'était sans doute trop demander à la critique théâtrale de l'époque, littéralement ahurie par cette pièce, qu'elle qualifia aussitôt de

Le canon monstre, par H. Meyer. Bibliothèque Forney, Paris.

« mythologico-diabolico-mystico-scientifico-fantastique ». Il n'en va plus de même aujourd'hui : la science-fiction, là encore, nous a habitués à ce mélange des genres, et l'acte « altorien » en particulier ne peut que séduire les « fans ». Ils y retrouveront le dépaysement du « space opera », et la dénonciation d'une hyper-civilisation qui ne trouve rien de mieux, pour parer à l'épuisement du sol et du sous-sol, que de vider les océans dans les volcans : destiné à éteindre ceux-ci, et rendre cultivable le sol de ceux-là, ce mirifique projet était bien digne de notre propre société. On en devine le résultat.

Gageons toutefois que le public *populaire,* lui, ne se montre pas si difficile. Voir, de ses yeux voir, et en un seul spectacle, d'inquiétants troglodytes et des femmes du feu en « costume ultra-collant... avec les longs gants noirs, et le casque à trois ailes noires », entourées de papillons blancs, chauves-souris argent et salamandres rouges[3] ; des poissons merveilleux, des Atlantes en chair et en os et des chevaux plus ou moins marins ; une planète inconnue, enfin, ses cités de diamant et ses altoriens et altoriennes « un peu court-vêtus — mais ce qu'ils ne voilent pas est agréable à regarder[7] » : tout cela n'est pas de la petite bière. Envions donc le « bon » public, qui recevait tous ces dons comme manne céleste — fût-ce du « ciel » d'un théâtre puisqu'il n'en demandait pas plus. Et plaignons à nouveau les critiques : condamnés par leur profession même à ramener le jamais vu au déjà vu, ils ne cessent de se plaindre que les fonds sous-marins ressemblent trop à « l'aquarium de *Peau d'âne* », les cavaliers atlantes aux « trompettes d'*Aïda* » ou à ceux de *Michel Strogoff,* Altor même à certain *Voyage dans la Lune,* qui joue en effet un grand rôle en cette histoire.

« Opéra-féerie » avec musique d'Offenbach, *Le Voyage dans la Lune* avait été créé en 1875, sans l'accord de Jules Verne et au grand dam de celui-ci : il y retrouvait des « emprunts » à *De la Terre à la Lune* (« la construction du canon, le départ dans le projectile ») et au *Voyage au centre de la Terre* (« le rejet du volcan par une éruption »). D'où une lettre au tutélaire Hetzel, dans laquelle Jules déclare : « Il faut pourtant défendre sa queue. Si on se laisse piller ainsi, on prendra tout, et il ne restera plus rien quand je voudrai *utiliser ces romans.* » C'est donc très tôt que Verne songeait à faire adapter ses « voyages » fantastiques à la scène ; et la chose est confirmée par une interview de Ritt qui révèle un projet de pièce tirée du *Capitaine Hatteras,* et refusée

Les habitants du centre de la Terre, par H. Meyer. Bibliothèque Forney, Paris.

parce qu'« il n'y avait qu'un beau rôle : le rôle d'un chien auquel était réservée une scène d'un rare tragique. Mais mettre entre les pattes d'un chien le sort d'une pièce, cela paraissait raide ! »[8] A défaut du chien d'Hatteras, on mettra donc le fils ; on rajoutera le capitaine Nemo ; on reprendra son bien au *Voyage dans la Lune,* dont on inversera la trajectoire — le canon du premier acte n'apparaissant qu'au troisième, l'intérieur du volcan du troisième faisant l'objet du premier, etc. On voit ainsi le projet du *Voyage à travers l'impossible* mûrir souterrainement, au fil des ans ; et prendre subitement corps lorsque arrive un certain Adolphe Belot, avec un manuscrit de *Voyages extraordinaires* sous le bras. Refaire à Jules Verne le coup du *Voyage dans la Lune ?* Jamais ! Accepter la collaboration de cet Adolphe Belot, alors qu'on a déjà sous la main un Adolphe, le précieux, le vieux complice d'Ennery ? Pas davantage. Et *Voyage à travers l'impossible* se fait chair, et il descend parmi nous — au risque de se révéler mi-chair mi-poisson.

Il convient cependant de prendre encore du champ et d'esquisser rapidement un petit panoramique. « Scientifique » ou fantaisiste, à « obus-car » ou à « liqueur-express », la *féerie* est ce qui permettait au siècle dernier de matérialiser l'impossible : le machiniste y est roi, et les cordes les plus grosses sont aussi les plus solides. Mais il y a un concurrent : l'*illusionniste ;* et le succès d'un Robert Houdin n'est pas moindre que celui d'Ennery, ou de la vieille féerie. Successeur du premier, mais sûrement aussi habitué des spectacles de féerie, voici qu'arrive Georges Méliès ; et il arrive avec une boîte-à-rêves autrement sophistiquée, et efficace, que les précédentes. Que fait-il ? du théâtre filmé, de l'actualité filmée — et de la prestidigitation ou de la féerie filmées, en artiste parfaitement conscient que « c'est le truc intelligemment appliqué qui permet de rendre le surnaturel, l'imaginaire, l'impossible même, visibles et de (les) réaliser »[9]. Et Méliès de reprendre à son tour, et de prolonger, l'increvable *Voyage dans la Lune, A la Conquête du Pôle, Vingt mille lieues* devenues *Deux cent mille lieues sous les mers ;* et, comme on sait, un *Voyage à travers l'impossible* d'ailleurs beaucoup moins inspiré de la pièce que de son *Voyage dans la Lune,* et de celui... de 1875 ! Les astronomes « Cosinus », « A-plus-B », « Oméga », « Coefficient », « Rectangle » y deviennent membres de « l'Institut de Géographie Incohérente », sous l'autorité de « l'ingénieur Mabouloff », lequel emmène toute la compagnie dans « un train spécial de son invention », synthèse farfelue de tous les engins verniens puisqu'il

L'écroulement d'Altor, par F. Besnier. Bibliothèque Forney, Paris.

est « surmonté de deux ballons dirigeables » et comporte « automobile,... sous-marin perfectionné, glacière et mille accessoires dont on verra plus tard l'usage »[10]. Délicieux fantoches auxquels il insuffle la fantaisie la plus délirante, et qu'il leste — comme déjà d'Ennery, et avant lui les auteurs du premier *Voyage dans la Lune* — d'un peu de science et de beaucoup de fesse.

Des films de Méliès, redevenu lui-même marchand de jouets (mais fût-il jamais autre chose ?), sortirent nos modernes films de science-fiction, successivement dotés de la parole, de l'écran géant, de la stéréoscopie et de la stéréophonie — en attendant, à très court terme, les spectacles d'hologrammes, préfigurés par *L'Invention de Morel.* Mais, pour s'approcher chaque fois davantage du « réel », l'illusion reste l'illusion, et la féerie la féerie ; il en va de même des procédés pour la faire passer : c'est toujours la ferblanterie technologique ou le clin d'œil au spectateur, le thème de l'apprenti sorcier ou celui de l'arroseur arrosé, les vampires ou la vamp, la « petite note poétique » ou le « triomphe du clinquant ». Le *Voyage dans la Lune* devient un épisode de *L'Odyssée de l'Espace* — et *La Sirène* du même Méliès, *Le Bal des Sirènes.*

Car la comédie musicale est aussi de la partie, et même le bal costumé ! Jules Verne n'avait-il pas lui-même donné, dès 1877, un bal costumé sous le signe de *De la Terre à la Lune,* où apparaissaient les personnages du roman, mais aussi Nemo et son *Nautilus,* Hatteras avec un ours, et même Fergusson et son ballon, ainsi que Phileas Fogg et Passepartout ? Autre avatar, et préfiguration, du *Voyage à travers l'impossible !* Mais il faut, comme Georges Hatteras, aller « plus loin, toujours plus loin »... En 1929, « bal travesti Jules Verne » chez Bullier : le programme — illustré, s'il vous plaît, par Chirico — promet, « dans un langage de bonimenteur de foire », un « orchestre... situé dans la quatrième dimension », « une femme transformée en squelette électrique », « un homme mangé par un ange en commençant par les extrémités », et un débarquement général « sur la lune à 5 heures du matin ». On visiterait le pays de « l'extase immobile, celui de l'alcool solaire, celui de l'outrage aux mœurs » ; tous les visiteurs auraient la tête coupée au vestiaire, pour leur être « aimablement rendue à la sortie », tandis que des « femmes mécaniques seront en location... pour les célibataires ». Jules Verne en personne, enfin, « revenant de son voyage lunaire, écrira un roman de dix mille pages, refusé d'avance par Grasset »[11].

Ce « roman de dix mille pages », Jules Verne en effet ne cesse de l'écrire. Indéfiniment recyclable, le cycle des « Voyages extraordinaires » n'arrête pas de faire tourner les pages des livres ou bandes dessinées, les caméras, les jambes et les têtes. Car Verne joue, et gagne, sur les deux tableaux : celui du rêve, et celui de l'humour ; adaptateurs et continuateurs choisiront l'un ou l'autre, voire l'un et l'autre. Le mythique Nemo trouvera sous les eaux non plus des Atlantes, mais une humanité aquatique pourvue de branchies, et de surcroît vampirique — ou une ville sous-marine idéale[12]. Son île devenue « mystérieuse matin, midi et soir », abritera Barbarella ; et son pôle sud sera hanté par le « Démon des glaces » de Tardi dont le repaire, un iceberg truqué de fond en comble, se trouvera démasqué par le passager d'un certain « Jules Vernez ». Rendons à César... Synthèse du graphisme et du cinéma, enfin, *Aventures fantastiques* de Karel Zeman doit son charme, et sa malice, à un constant recours aux illustrations tirées des « *Voyages extraordinaires* » : elles prennent, à l'écran, toute la facticité d'un décor.

A la fois « magnétiseur des temps modernes » et virtuose du clin d'œil, marqué par son époque mais inventeur de machines — comme celle-ci ! — à explorer l'espace et le temps, Jules Verne ne cesse pas de nous fasciner. Issue du rêve, mais extrêmement consciente de ses effets, son œuvre appelle invinciblement la *réalisation*. Qui « tournera » *Voyage à travers l'impossible ?*

NOTES

1. A. d'ENNERY et Jules VERNE , *Les Voyages au théâtre,* Paris, J. Hetzel et Cie éditeurs, 1881.

2. « Plus loin, toujours plus loin », qui revient comme un leitmotiv tout au long de *Voyage à travers l'impossible,* formule assez bien tant le projet du héros de la pièce que celui de ses auteurs.

3. Ainsi dénommé par Choufleuri, « Soirée parisienne : Le Voyage à travers l'impossible », 26 septembre 1882. Une revue très détaillée de la presse théâtrale relatant la représentation de cette pièce en 1882, figure, en particulier, dans l'étude de Robert Pourvoyeur, « De l'extraordinaire à l'impossible », op. cité.

4. Voir Arnold Mortier, « Le Voyage à travers l'impossible », *Les Soirées parisiennes de 1882,* Dentu, 1883.

5. C'est cet aspect « délirant » — et par là paradoxalement moderne — de *Voyage à travers l'impossible* qui paraît avoir le plus frappé la critique actuelle : « Quel voyage ! Décidément, l'imagination de Verne restait intacte, et le pot-pourri a autant de saveur que ses générateurs. Et quelle ardeur ! On se croirait dans une de ces admirables re-créations mythologiques de Philip José Farmer, tant la modernité de ces aventures éclate à chaque instant » (François RIVIÈRE, « Impossible n'est pas vernien »), *A suivre* n° 44, septembre 1981).

6. Voir respectivement Félix Clément, lettre publiée dans *Nouvelles et mélanges,* pp. 181-182, et le compte rendu du *Paradis perdu* publié dans *La Vie parisienne,* 22 juillet 1865.

7. NOËL et STOULLIG, *Les Annales du Théâtre et de la Musique,* Charpentier, 1883.

8. Interview publiée dans « A propos d'une croix. Les drames de M. d'Ennery », *Le Figaro,* 3 janvier 1896.

9. Georges MÉLIÈS, « Les Vues cinématographiques », *Annuaire général et international de la Photographie,* Plon, 1907.

10. Georges MÉLIÈS, scénario du « Voyage à travers l'impossible », *Revue du cinéma,* 15 octobre 1929.

11. Voir les articles parus dans *Comedia,* 9 avril 1929, et dans *Gringoire,* 12 avril et 19 avril 1929.

12. *L'Ile mystérieuse,* de Maurice Tourneur, Benamin Christiensen et Lucien Hubbard, M.G.M., 1926-1929 ; *Captain Nemo and the Underwater City,* de James Hill, M.G.M. 1969.

Piero GONDOLO DELLA RIVA.

A PROPOS DES ŒUVRES POSTHUMES DE JULES VERNE*

Sur l'authenticité des œuvres posthumes de Jules Verne on a beaucoup discuté, et pour cause, puisque c'est sur ces œuvres que l'on fonde souvent l'interprétation de certains aspects essentiels du monde vernien. La pensée politique et religieuse de Jules Verne et sa manière de considérer la femme sont, en effet, présentes dans les œuvres parues après sa mort.

Jules Verne étant mort le 24 mars 1905, il faut considérer comme posthumes les œuvres qui parurent de 1905 à 1919 sous sa signature, en excluant le roman *L'Invasion de la mer* qui était en cours de publication dans *Le Magasin d'Education et de Récréation* au moment de la mort de Jules Verne et dont le manuscrit complet avait déjà été livré par celui-ci à l'éditeur Hetzel.

Il existe, d'autre part, des œuvres qui sont restées inédites après la mort de Jules Verne et qui ne font pas partie, pour cette raison, de la catégorie des œuvres posthumes.

Les œuvres en question sont donc les romans *Le Phare du bout du monde* (1905), *Le Volcan d'or* (1906), *L'Agence Thompson and C°* (1907), *La Chasse au météore* (1908), *Le Pilote du Danube* (1908), *Les Naufragés du Jonathan* (1909), *Le Secret de Wilhelm Storitz* (1910), *L'Etonnante Aventure de la mission Barsac* (1919) et le recueil de nouvelles *Hier et demain* (1910). Toutes ces œuvres, en dehors de *L'Etonnante Aventure de la mission Barsac* qui parut chez Hachette, furent publiées par l'éditeur Louis-Jules Hetzel, fils de ce Pierre-Jules Hetzel qui avait découvert Jules Verne en 1862.

* Communication faite au colloque Jules Verne de Cerisy-la-Salle, en 1978, et publiée dans le n° 595-596 de la revue *Europe*, nov.-déc. 1978.

Le problème de l'authenticité des œuvres posthumes de Jules Verne fut soulevé d'abord pour des raisons de style. En lisant dans l'ordre chronologique les *Voyages extraordinaires,* titre collectif sous lequel l'œuvre romanesque de Jules Verne fut publiée, on ne pouvait, en effet, s'empêcher de remarquer que plusieurs d'entre eux, parus entre 1895 et 1905, témoignent d'une certaine lenteur, souvent d'une absence d'action et d'originalité. Des romans comme *Les Histoires de Jean-Marie Cabidoulin* (1901), *Bourses de voyage* (1903) ou *L'Invasion de la mer* (1905) sont presque illisibles aujourd'hui et devaient déjà paraître aux lecteurs de l'époque moins intéressants que ceux qui les avaient précédés.

Par contre, en lisant les œuvres posthumes de Jules Verne, on est tout de suite frappé par la richesse d'idées et de thèmes qui s'y trouvent. Comment expliquer ce phénomène ? On a supposé, d'une part, que Jules Verne avait préféré ne pas publier certaines œuvres, comme *Les Naufragés du Jonathan* ou *L'Eternel Adam* (nouvelle qui fait partie du recueil *Hier et demain),* à cause de leur contenu qui aurait paru à l'auteur étranger à l'esprit de l'ensemble des *Voyages extraordinaires.* Ce sont, en effet, le problème de la possibilité ou de l'impossibilité d'appliquer les doctrines communiste, socialiste et anarchiste dans une communauté et l'hypothèse de l'effacement et du recommencement des civilisations dans un cycle éternel qui sont abordés dans les deux œuvres que je viens de citer.

Mais, d'autre part, une autre explication, plus valable comme on le verra, était également possible. On savait, en effet, que, du vivant de Jules Verne, le fils de celui-ci, Michel (qui était né en 1861), avait toujours été au courant de l'activité littéraire de son père et qu'il avait même collaboré, ou plutôt écrit sur l'invitation de Jules Verne, la nouvelle *La Journée d'un journaliste américain en 2889* dans sa version originale en anglais. Il était donc bien possible qu'il eût remanié les manuscrits de son père avant de les publier. Mais ce n'étaient là que des hypothèses que personne jusqu'à présent n'avait tenté de vérifier. J'ai pu consulter un dossier de correspondance inédite des spécialistes de Jules Verne des années 1930-1960 qui essayaient de résoudre ce problème uniquement à l'appui des textes tels qu'ils furent publiés, sans chercher à remonter aux sources.

D'ailleurs, si j'ai pu parvenir à éclaircir une fois pour toutes, je l'espère, le problème des posthumes c'est parce que j'ai eu la chance de retrouver, dans les archives de la famille Hetzel, des documents inédits qui en constituaient la clef. Ces documents sont formés, d'une part, par plusieurs lettres autographes de Michel Verne à Jules Hetzel fils et par les copies des réponses de celui-ci, et, d'autre part, par des copies dactylographiées de presque tous les romans posthumes de Jules Verne, portant, sur la couverture, la mention : « texte original ». Les textes dont je disposais étaient ceux du *Volcan d'or,* de *La Chasse au météore,* du *Pilote du Danube* (dont le titre original était *Le Beau Danube jaune),* des *Naufragés du Jonathan* (sous leur titre primitif *En Magellanie)* et du *Secret de Wilhelm Storitz.* Ces copies, parfois datées, ont été probablement faites tout de suite après la mort de Jules Verne par une copiste qui ne comprenait pas toujours l'écriture fine de l'auteur et qui, par conséquent, laissait en blanc les mots qui lui paraissaient incompréhensibles.

Ce qui me frappa d'abord ce fut que ces textes dactylographiés ne correspondaient pas toujours aux romans posthumes de Jules Verne tels qu'ils furent publiés. Le nombre des chapitres en était souvent inférieur, plusieurs personnages manquaient et le style était plus lent, plus ennuyeux, alourdi par des énumérations et par des digressions géographiques et historiques trop longues.

En possession donc de ces textes dactylographiés j'ai voulu, par scrupule, vérifier s'ils correspondaient aux manuscrits originaux ; c'est ce que j'ai pu faire grâce à l'obligeance de M. Jean Jules-Verne, petit-fils de l'écrivain, et j'ai pu constater non sans satisfaction que mes textes dactylographiés coïncidaient mot à mot avec les manuscrits [1]. D'autre part, les autres documents inédits dont je disposais, les lettres et les papiers des archives de la famille Hetzel, m'ont permis d'attribuer sans aucun doute à Michel Verne les modifications que les manuscrits de son père avaient subies. Voici, en effet, ce que Michel écrivait à Jules Hetzel fils le 28 juillet 1909 :

« [...] Après le *Jonathan*, je m'étais accordé un mois de repos. Je ne l'avais pas volé et ce repos coïncidait, d'ailleurs, avec la cérémonie d'Amiens [...].

J'emporte *Storitz* et j'espère bien y travailler sérieusement. Ma copiste est ou va être en congé, mais elle reprendra son travail le

1. Ces manuscrits sont entièrement de la main de Jules Verne. Contrairement à ce que son fils a affirmé, je ne pense pas qu'il ait dicté à une dactylo ses derniers romans. Je crois plutôt que ce détail a été inventé par Michel qui voulait justifier l'existence de deux différentes versions pour chaque roman.

15 septembre. La besogne à accomplir n'étant pas, heureusement, des plus longues cette fois, je compte fermement vous donner dès le premier octobre une bonne partie du roman (...). »

Et encore, le 14 septembre 1910 :

« Mon cher Hetzel,

Voilà un certain temps que je m'occupe de débrouiller le roman auquel travaillait mon père quand il a définitivement cessé d'écrire. Je n'y suis pas encore parvenu. Par conséquent, il doit être bien entendu que ma lettre ne contient aucune proposition. A fortiori ne vous demandé-je aucune espèce d'engagement, ni rien qui y ressemble. Tout ce que je viens vous demander, c'est un service, et le voici : pour me reconnaître dans le travail de mon père et pour prendre un parti en connaissance de cause, il est absolument nécessaire que je sois parfaitement documenté sur l'Afrique [...]. »

Dans cette même lettre Michel Verne demande à Jules Hetzel des cartes du continent africain et des livres sur l'Afrique : trois jours plus tard il ajoute :

« [...] J'avais omis de vous faire remarquer que, ni la géographie de l'Afrique, ni surtout les relations de voyages, ne doivent être postérieures à 1905. Des ouvrages plus récents pourraient me suggérer des corrections regrettables [...]. »

Jules Hetzel fils ne s'opposait pas à ce que Michel remaniât les manuscrits de son père. Vous êtes « seul maître du manuscrit et de son emploi », lui dit-il dans une lettre du 14 avril 1913. Et, dans une lettre du 7 avril de la même année, il rappelle un article du contrat relatif à la publication des romans posthumes de Jules Verne :

« M. Michel J. Verne s'engage à faire les révisions et corrections qui seraient nécessaires à chacun de ces volumes et leur conserverait de son mieux le caractère que son père a donné à ces œuvres, de façon à maintenir cette série à l'usage du public de Jules Verne et à apporter à l'éditeur le concours complet qu'il a bien voulu lui promettre à cet effet. »

Avant d'examiner l'importance des modifications que Michel Verne apporta aux manuscrits de son père, il convient de préciser d'abord qu'un roman et une nouvelle posthumes, parus sous le nom de Jules Verne, furent vraisemblablement écrits par Michel : il s'agit du roman *L'Agence Thompson and C°* et de la nouvelle

Le Phare du bout du Monde possédait un feu fixe (Le Phare du bout du Monde).

L'Eternel Adam (intitulée d'abord *Edom).* Pour ces œuvres, en effet, le manuscrit original qui appartient aux héritiers de Jules Verne est de la main de Michel et, par conséquent, la copie dactylographiée n'en fut pas faite. D'ailleurs, d'après un renseignement que l'éminent vernien Charles-Noël Martin m'a fourni, et qui se fonde sur une lettre de 1895 de Jules Verne à son frère Paul, Jules Verne, dans ses dernières années, aurait chargé son fils d'écrire un roman. Ce roman serait donc, *L'Agence Thompson and C°.*

Tout de suite après la mort de Jules Verne, Michel s'empressa de faire paraître dans *Le Figaro* du 2 mai 1905 et dans *Le Temps* du 3 mai de la même année une lettre dans laquelle il donnait le nombre des œuvres inédites de son père, parmi lesquelles il indiquait justement *L'Agence Thompson and C°, Le Secret de Wilhelm Storitz* et *Voyage d'études,* en précisant, pour ce dernier, qu'il s'agissait d'un roman en un volume in-18. C'est un détail intéressant, puisque *Voyage d'études* deviendra, grâce à la contribution de Michel, un roman en deux volumes in-18 ayant pour titre *L'Etonnante Aventure de la mission Barsac,* et dont Jules Verne n'avait écrit, en réalité, qu'une cinquantaine de pages.

Le moment est venu, maintenant, d'examiner l'importance des modifications que les manuscrits des œuvres posthumes de Jules Verne ont subies.

Pour le premier roman paru après la mort de l'écrivain, *Le Phare du bout du monde,* ces variantes ne sont pas très importantes. Il n'en est pas de même pour *Le Volcan d'or* (1906), dont la deuxième partie n'avait que quatorze chapitres auxquels Michel en ajouta quatre. Quelques personnages, notamment les deux chercheuses d'or, furent créés par celui-ci.

Il est inutile de revenir sur *L'Agence Thompson and C°* (1907), roman qui, tout en étant vernien à plusieurs points de vue, est, à mon avis, entièrement dû à la main de Michel.

En 1908, deux romans posthumes parurent : *La Chasse au météore* et *Le Pilote du Danube,* intitulé par Jules Verne *Le Beau Danube jaune.* Je remets à une étude future l'analyse de ce dernier, mais je crois qu'il est intéressant de préciser d'ores et déjà qu'il n'avait que seize chapitres dans sa version originale (Michel en ajouta trois), et que l'introduction du personnage secondaire du bandit Jackel Semo, qui n'existait pas dans le manuscrit, fut à l'origine d'une affaire judiciaire entamée par le véritable Jackel Semo, que Michel Verne avait connu à Belgrade).

L'encombrement était prodigieux (Le Volcan d'or).

Quant à *La Chasse au météore,* j'ai retrouvé dans les papiers divers des archives privées d'Hetzel un document qui contient la liste des « innovations principales apportées par M.M. Verne ». Les innovations indiquées correspondent aux variantes que le texte publié contient par rapport au manuscrit original, et ce document nous donne une preuve de plus qu'on doit attribuer à Michel la modification des œuvres posthumes de Jules Verne. L'innovation la plus intéressante, à mon avis, consiste dans la création du personnage de Zéphyrin Xirdal. Le manuscrit n'avait que dix-sept chapitres et cette création en fit augmenter le nombre à vingt et un. Xirdal est pourtant un personnage très vernien. Au lieu de nous en étonner, pensons que Michel devait bien connaître son père et son œuvre et qu'il était à même de faire, lui aussi, « du Jules Verne ». Ce qui aurait dû attirer l'attention des critiques dans le personnage de Xirdal ce sont ses digressions scientifiques sur la matière et l'énergie. Si ces considérations s'étaient trouvées dans le manuscrit de Jules Verne, qui date des dernières années du XIXe siècle, elles auraient pu nous étonner, mais puisqu'elles ont été introduites en 1907, leur présence est partiellement justifiée par les progrès que la science avait faits entre-temps.

Autre innovation importante de Michel : pour rendre plus vivant ce roman, il crée le langage imagé de la bonne Mitz. Ce personnage, insignifiant dans le manuscrit, est un des plus vivants du monde vernien. Comment Michel eut-il cette idée ? Deux explications sont possibles : d'une part il devait certainement connaître la pièce de jeunesse de Jules Verne *Les Châteaux en Californie,* écrite en collaboration avec Pitre-Chevalier et parue dans le *Musée des Familles* de 1852, dans laquelle la bonne Catherine emploie un langage assez proche de celui de Mitz, et, d'autre part, d'après un renseignement qui m'a été aimablement donné par M. Jean Jules-Verne, ce serait la façon de s'exprimer d'une bonne qu'il avait eue à son service qui lui aurait suggéré ce langage.

Si les variantes entre le manuscrit et la version publiée de *La Chasse au météore* sont intéressantes, celles que j'ai pu découvrir pour *Les Naufragés du Jonathan* et *Le Secret de Wilhelm Storitz* me paraissent fondamentales pour une interprétation correcte de la pensée vernienne.

En Magellanie (c'est le titre que Jules Verne avait donné aux *Naufragés du Jonathan)* était un roman bref. Il ne se composait que de seize chapitres et était donc destiné à former un seul volume in-18. Michel a enrichi de quinze chapitres ce texte, en y

« *Superbe voyage ! voyage admirable, Monsieur !* » (L'Agence Thompson and C°).

THOMPSON

introduisant un grand nombre de personnages et d'épisodes. Dans sa version originale, ce roman est plus simple. Le Kaw-djer mène une mystérieuse existence parmi les indigènes de la Terre de Feu qu'il soigne. « C'était un bienfaiteur, nous dit Jules Verne, ce n'était pas un apôtre. » Son existence se résume, en effet, dans la formule « ni Dieu, ni Maître », que la présence de deux missionnaires catholiques, les Pères Athanase et Séverin, ne peut absolument modifier. Dans le manuscrit l'identité du Kaw-djer n'est jamais révélée. On sait seulement que « l'existence lui avait réservé bien des déceptions, peut-être des rêves d'ambitions qui n'avaient pu être réalisés, peut-être celui de réformer un état social qu'il ne pouvait admettre »... « Le Kaw-djer — continue le manuscrit du roman — appartenait à cette catégorie sociale d'anarchistes intransigeants qui poussent leurs doctrines jusqu'aux extrêmes conséquences. De grande valeur, ayant aussi profondément creusé les sciences politiques que les sciences naturelles, homme de courage et d'action, résolu à mettre ses subversives théories en pratique, il n'était pas le premier savant qui eût versé dans les abîmes du socialisme, et le nom de quelques-uns de ces réformateurs redoutables est dans toutes les mémoires ». Et voilà que Jules Verne analyse la pensée de Saint-Simon, de Fourier, de Proudhon. « D'autres idéologues — ajoute-t-il — plus modernes n'ont fait que reprendre ces idées du collectivisme en les appuyant sur la socialisation des moyens de production, l'anéantissement du capital, l'abolition de la concurrence, la substitution de la propriété sociale à la propriété individuelle. Et aucun d'eux ne veut tenir compte des contingences de la vie. Leur doctrine réclame une application immédiate et brutale ; ils exigent l'expropriation en masse, ils imposent le communisme universel, et tel est le drapeau des Lassalle et des Karl Marx que les mains allemandes ne sont pas seules à brandir. Tel celui de Guesde, le chef du communisme anarchiste qui demande l'expropriation en masse. Et ces dangereux rêveurs le déploient devant les populations troublées et au nom de cette formule qui résume tout : Expropriation de la bourgeoisie capitaliste.

« Peuvent-ils donc feindre d'ignorer que ce qu'ils appellent injustement le vol mérite le juste nom d'épargne et que cette épargne est le fondement de toute société ? »

Michel, en remaniant ce texte, en a supprimé la plus grande partie, et là où Jules Verne nous parlait d'« abîmes du socialisme » et de « réformateurs redoutables », Michel se borne à dire : « qu'on

« *Propriété privée. Défense d'entrer* » (La Chasse au Météore).

approuve ou qu'on blâme une telle théorie, le moins qu'on puisse en dire, c'est qu'elle est audacieuse » (ch. III).

Comme on le voit, les idées politiques du fils ne coïncidaient pas avec celles du père. Evidemment plus à gauche que Jules Verne, Michel n'a pas résisté à la tentation de modifier ce manuscrit et d'en faire un grand roman politique dans lequel on constaterait, il est vrai, l'échec de l'application des doctrines communiste, socialiste et anarchiste, mais dans lequel la pensée de Kaw-djer resterait, pour ainsi dire, intacte jusqu'à sa mort.

Il existe, dans le manuscrit du *Jonathan,* d'autres passages politiques très importants qui ont été supprimés par Michel. En voici quelques-uns ; le collectivisme est « un régime qui sous le drapeau de la solidarité est le plus tyrannique de tous » ou bien : «Le communisme ne serait applicable que si les hommes avaient les mêmes idées sur toutes choses, les mêmes goûts, les mêmes aspirations, la même dose d'intelligence et d'esprit, de force physique et morale. Or il n'en est pas ainsi, et l'humanité ne se compose que d'éléments aussi divers qu'inconciliables. C'est pour cette raison que le communisme aboutit forcément au néant de l'anarchie. »

Et encore, un personnage secondaire, Tom Land, dit au Kaw-djer : « Quand j'ai économisé sur ma paye, ce n'est pas pour que le camarade qui a mangé la sienne vienne encore boire la mienne. Ce que j'ai gagné ou économisé n'est à personne autre qu'à moi ou bien je ne travaillerais pas et je me mettrais à la charge des autres. Ceux qui pensent autrement n'ont pas la moindre idée de ce qui est pratique et juste, et mon avis est qu'on doit les enfermer à fond de cale. »

Dans le manuscrit il y a très peu de personnages dont Jules Verne indique le nom : l'Indien Karroly et son fils Halg, la famille Rhodes, les deux frères irlandais John et Jack Morrik, des subversifs, et quelques personnages secondaires. Tous les autres furent créés par Michel. Mais, ce qui est à mon avis plus grave, il ne se borna pas à ajouter des personnages. Il modifia complètement le personnage du Kaw-djer.

Si, dans la version de Michel, celui-ci ne renonce pas tout à fait à ses idées anarchistes et s'il choisit de mourir seul sur un rocher, loin de tous, dans le manuscrit une grande transformation idéologique se fait en lui. Son point de départ est, on l'a vu, la formule ni Dieu, ni Maître et il se demande « pourquoi un Dieu quand il suffit d'être un homme pour faire le bien ? ». Mais, petit à petit,

A cette distance de quatre cents mètres (La Chasse au Météore).

devant les troubles et les pillages auxquels il assiste, une transformation a lieu dans son âme : « Dieu nous vienne en aide ! » dit-il malgré lui. Et, à la fin du roman, Jules Verne observe :

« Que de changements survenus en lui, depuis qu'il avait dû faire litière de ses théories d'autrefois, depuis qu'il se consacrait à l'organisation de la nouvelle colonie ! Etait-il encore l'homme dont la destinée se résumait dans cette abominable formule : Ni Dieu, ni Maître ! Non, et là, sur ce rocher, ce mot s'échappa de ses lèvres dans un irrésistible élan de la foi qui pénétra son âme : « Dieu... ».

De l'anarchiste athée d'autrefois rien n'est resté ; il ne se retire pas sur un rocher pour y mourir seul, mais, sans avoir renoncé à son pouvoir sur la colonie, il assiste à l'inauguration d'un nouveau phare.

Faut-il regretter la conclusion, bien plus philosophique et valable sur le plan littéraire que Michel donna au roman ? Rappelons-la : « Sa destinée en valait une autre, après tout. Nous mourons, mais nos actes ne meurent pas, car ils se perpétuent dans leurs conséquences infinies. Passants d'un jour, nos pas laissent dans le sable de la route des traces éternelles. Rien n'arrive qui n'ait été déterminé par ce qui l'a précédé, et l'avenir est fait des prolongements inconnus du passé. Quel que fût cet avenir, quand bien même (...) la terre abolie s'en irait dispersée dans l'infini cosmique, l'œuvre du Kaw-djer ne périrait donc pas. »

Mais si le *Jonathan* tel qu'il fut publié par Michel nous trompe en ce qui concerne les idées politiques et religieuses de Jules Verne, *Le Secret de Wilhelm Storitz* ne fut pas moins transformé. Michel en garda, il est vrai, le nombre des chapitres, mais il y apporta deux modifications fondamentales. L'une concerne le moment où se place l'action : les dernières années du XIXe siècle dans le manuscrit, 1757 dans la version publiée. Cette dernière date aurait nécessité un changement de milieu social : les personnages sont en effet trop bourgeois (Henri Vidal ingénieur et Roderich médecin) pour la moitié du XVIIIe siècle.

D'ailleurs ce roman, dans sa version originale, avait été inspiré à Jules Verne par deux événements du XIXe siècle : la guerre de 1870 et la haine contre les Allemands, d'une part, et les études sur les rayons Roentgen, d'autre part. Ces deux aspects ne peuvent, évidemment, se retrouver dans un texte dont l'action est placée au XVIIIe siècle.

« Qu'entendez-vous par là ? » interrogea le Kaw-djer (Les Naufragés du Jonathan).

Le manuscrit de *Storitz* avait, en outre, des contenus religieux (ainsi qu'on l'a vu pour le *Jonathan*) qui furent supprimés par Michel. Un long passage nous décrit, par exemple, le moment de l'élévation pendant la messe « alors que toutes les têtes s'inclinent et que montent toutes les pensées vers le ciel ! »

D'autre part, Jules Verne, en écrivant *Storitz,* avait certainement pensé aux contes d'Hoffmann, qu'il cite trois fois dans le manuscrit. Michel conserva l'air de mystère qui plane tout au long du roman et songea même, à un moment donné, à en faire précéder le texte de la préface suivante, qui n'existe pas dans le manuscrit et qui ne fut imprimée que dans les épreuves :

« Le signataire de ce livre n'en est pas le véritable auteur. Un jour, il en a trouvé chez lui le manuscrit, venu il ne sait d'où ni comment. Il lut ce manuscrit, qui lui parut remonter à la seconde moitié du XVIIIe siècle, et, l'ayant estimé à tort ou à raison digne des honneurs de l'impression, il le publie à peu près tel qu'il l'a reçu, en se bornant à supprimer quelques expressions désuètes.

S'agit-il d'une histoire réellement vécue, d'une œuvre d'imagination ou d'une légende ? Certes, l'absence de *métier* du narrateur prouve que celui-ci n'était pas un écrivain de profession, et sa bonhomie plaide en faveur de la sincérité. Mais, d'autre part, les événements qu'il raconte sont si extraordinaires que le septicisme *(sic)* serait des plus naturels. Au lecteur de choisir entre ces trois hypothèses. »

Mais la variante la plus intéressante concerne la fin du roman : on sait que Myra Roderich, devenue invisible à cause de l'intervention de Wilhelm Storitz, récupère, dans la version publiée, sa visibilité au moment de l'accouchement. Or, dans le manuscrit, elle reste à jamais invisible. Est-ce un détail sans importance ? Je crois que non. Comment ne pas mettre en relation, en effet, ce personnage avec celui de la Stilla dans *Le Château des Carpathes ?* Ce sont deux femmes aimées, mais l'une, hélas, est invisible et l'autre, que l'on peut voir et entendre, est morte et n'est qu'une image et une voix.

On a beaucoup parlé du rôle de la femme chez Jules Verne. Sans aborder ici ce sujet, je pense qu'il faut malgré tout réfléchir sur ce point : la femme de Jules Verne n'a pas, en général, beaucoup de féminité, ou, si elle est belle, comme le sont Myra et la Stilla, elle est tout au moins invisible ou morte ! A d'autres de tirer des conclusions de cette particularité.

Mademoiselle Myra se mit au clavecin (Le Secret de Wilhelm Storitz).

Il reste, à mon avis, une question à poser. Pourquoi Michel Verne a-t-il remanié les manuscrits de son père ? Je crois que deux réponses sont possibles. D'une part (et les contrats avec Hetzel nous en donnent la preuve), il s'agissait de rendre plus vivants, plus intéressants et plus attrayants les derniers *Voyages extraordinaires.* C'étaient, en un mot, des raisons commerciales. Mais, d'autre part, il y a aussi une autre explication, peut-être aussi valable : Michel, qui devait avoir toujours subi l'influence de son père, qui devait avoir souffert de sa situation de fils d'un homme célèbre, et qui avait, lui aussi, beaucoup de talent, voulut, quand l'occasion s'en présenta, c'est-à-dire à la mort de son père, je ne dis pas se venger, mais au moins avoir une sorte de revanche sur lui. C'est pourquoi, probablement, il transforma les œuvres posthumes de Jules Verne à un tel point qu'elles risquent, dans leur version définitive, de nous éloigner de la vraie pensée vernienne.

Ce fut l'épouvante qui frappa tous les esprits (Le Secret de Wilhelm Storitz).

Olivier DUMAS.

LES DEUX VERSIONS DE « DIX HEURES EN CHASSE »

Après l'étude des trois versions de *Frritt-Flacc*[1], où se manifestaient les méfaits de la censure d'Hetzel, un autre texte me suggère les mêmes réflexions sur l'éditeur. Dans les œuvres publiées chez Hetzel, il ne fallait pas d'allusions grivoises, ni d'attaques de la religion ou des lois ; il ne fallait pas davantage évoquer l'alcoolisme que les jeunes têtes devaient ignorer. Le couperet tombera donc sur de bien innocents passages de l'amusant récit, « écologique » avant l'heure, *Dix Heures en chasse.*

Dix heures en chasse, « boutade » lue par Jules Verne le 18 décembre 1881, au cours d'une séance de l'Académie d'Amiens, fut imprimée d'abord en 1882 dans les *Mémoires de l'Académie*[2] *;* puis le texte fut repris, remanié, chez Hetzel, la même année, le 24 juillet, avec *Le Rayon vert.*

M. Ch.N. Martin[3] a étudié l'œuvre et pense qu'elle a été écrite en 1859. Si l'action se passe à cette date, tout fait croire qu'elle a été composée plus tard — en 1881 — d'après les souvenirs de l'auteur, pour égayer ses collègues de l'Académie. On y trouve en effet de nombreuses allusions à la vie amiénoise (par exemple, son ami Jeunet) qui ne pouvaient figurer avant l'installation à Amiens et l'entrée à son Académie en 1872. Le style vif, incisif, de la pleine maturité, est adapté à son public d'académiciens. Verne dut, comme nous le verrons, censurer ses propos pour les jeunes lecteurs de la librairie Hetzel. Il ne paraît donc pas possible que ce soit, comme l'écrit M. Martin, « un de ces exercices de style qu'il accumulait dans le tiroir »...

Jules Hetzel.

Il est fort intéressant de comparer les deux versions du récit. M. P. Terrasse, dans un amusant article de 1968[4], avait déjà relevé la suppression dans l'édition Hetzel d'un important paragraphe ; il avait pu l'analyser, car Ch. Lemire[5] commente la nouvelle et cite justement le passage ensuite éliminé. Grâce au volume *Textes oubliés*[6] de F. Lacassin nous pouvons aujourd'hui lire en entier la version de l'Académie d'Amiens et compléter les remarques de P. Terrasse.

Bien entendu, tout en constatant les méfaits de la censure, il est difficile de faire la part entre les coupures voulues par l'éditeur et une possible autocensure de l'écrivain, car les lecteurs n'étaient pas les mêmes.

Le texte de la deuxième version présente diverses corrections de style et une conclusion différente, tous changements vraisemblablement dus à l'auteur. En revanche, les plus importantes coupures seraient l'œuvre des ciseaux hetzéliens et je partage les conclusions de P. Terrasse qui accuse l'éditeur.

Quand on compare les deux versions, on constate, dès le début, que disparaît la deuxième phrase, un peu sadique, du premier texte :

« Est-ce parce que ces gentlemen tuent le gibier de leurs propres mains, — eux à qui il répugnerait, sans doute, de tordre le cou à un poulet dans une basse-cour ou de saigner un veau dans une étable ? »

Ces lignes sont remplacées par :

« Est-ce parce qu'il ne répugne pas à ces gentlemen de tuer le gibier de leurs propres mains, avant de le manger ? »

Dans le chapitre II, une allusion grivoise, assez forte il est vrai, sera censurée :

« Un philosophe fantaisiste[7] a dit quelque part : N'ayez jamais ni maison de campagne, ni voiture, ni *femme*... ni chasses ! Il y a toujours des amis qui se chargent d'en avoir pour vous ! »

La « femme » deviendra des « chevaux » !

De même, à la fin de l'histoire (ch. XI), son ami ne peut « prouver un alibi, — *sans compromettre une de ses plus charmantes élèves* ». Le nouveau texte s'allège de ces derniers mots jugés inconvenants.

Plus loin (ch. IV), une amusante remarque sur l'absence de sobriété matinale des Amiénois sera entièrement biffée. Après : « Il fallut donc attendre que toutes les larmes de l'aurore eussent été bues par le soleil » s'ajoutait dans la première version :

« Combien d'électeurs, dans notre bonne ville, ne sont pas aussi sobres que l'astre du jour, — le lundi, du moins, — et ne se contenteraient pas de cette boisson rafraîchissante, faite des vapeurs condensées de la nuit ! »

Dans le chapitre V, Verne raconte qu'il manque de se faire sauter la cervelle : « Quel fait divers pour les journaux de la localité ! Quel article nécrologique de mon ami Jeunet dans le *Journal d'Amiens !* »

Trop personnelle, la phrase précédente sera supprimée.

Dans le texte de l'Académie, un beau mot inventé évoque les futures créations de *Frritt-Flacc :*... « quel *frrrou* se fait entendre » (ch. VII). Il est piteusement transformé en *frou-frou,* plus adapté aux jupons qu'aux perdreaux !

Enfin, un long paragraphe, analysé par P. Terrasse, développe une curieuse conception de la propriété. Tout le passage est censuré, vraisemblablement par Hetzel. On pouvait lire dans la première version (ch. VIII) ; « un poteau, menaçant les intrus de cette *révoltante* (*mystifiante* chez Hetzel) inscription :

CHASSE RÉSERVÉE

« Réservée ! me disais-je, et pourquoi, réservée ? Après tout, n'est-ce pas là une extension abusive du droit de propriété ? Réservée, sous cet insuffisant prétexte que ce perdreau qui passe a pu manger de votre grain, propriétaire que vous êtes ; que ce lièvre, gîté dans votre sillon, s'est peut-être nourri de votre serpolet ! Mais, prouvez-le donc, avant de me menacer du procès-verbal de vos gardes ! Lorsque les récoltes sont engrangées, est-ce que le sol ne devrait pas appartenir à tout le monde ? Est-ce que, lorsque je n'y peux plus commettre aucun dégât, il ne m'est pas permis de passer sur vos terres ? Allons donc ! Si vous voulez vous « réserver » efficacement, entourez de murs vos terrains de chasse ! Vous serez chez vous alors, et il me sera interdit d'entrer dans votre propriété !

Très sérieusement, en me plaçant au point de vue du droit commun, il me semble que le gibier, comme l'eau des rivières , l'air de l'espace, est à tous et pour tous. Mais je n'aurais point osé formuler cette théorie devant mes compagnons !... Ils m'auraient flanqué des coups de fusil ! »

Tout ceci n'est remplacé que par : « Réservée ? Pas au gibier, à coup sûr puisqu'il n'y en avait point trace ! »

La conclusion, conçue pour des Amiénois, sera également remaniée. Si la première version disait :

« Cette expédition aura été à la fois la première et la dernière de l'auteur, qui, après vous avoir remercié de l'avoir écouté jusqu'au bout, donne rendez-vous aux Nemrods amiénois pour la prochaine ouverture. Mais il a fait ses preuves. Cette fois, il ne les accompagnera que de ses vœux, et se bornera à leur souhaiter bonne chasse, — puisqu'on dit que « ça porte malheur », la seconde version conclut différemment :

« Cette expédition aura été à la fois la première et la dernière de l'auteur, mais il en a conservé un souvenir qui ressemble à de la rancune. Aussi, toutes les fois qu'il rencontre un chasseur, suivant son chien, le fusil sous le bras, jamais il ne manque de lui souhaiter bonne chasse : on dit que ça porte malchance ! »

On peut remarquer, après l'étude des deux textes, que Verne a volontairement éliminé (à la demande d'Hetzel ?) dans la seconde version toutes les allusions amiénoises, pour faire un récit plus neutre, destiné à un public plus général[8]. C'est sans doute la méconnaissance de la première version qui trompe Ch.N. Martin et lui fait dater l'œuvre en 1859. Les particularités amiénoises du premier jet montrent, au contraire, l'écriture occasionnelle[9].

Comme pour *Frritt-Flacc,* une fois de plus, un texte écrit sans la tutelle d'Hetzel donne une plus grande impression de liberté. Le caractère de l'auteur peut s'y livrer sans contrainte et, même si les élucubrations sur la propriété étaient discutables, elles reflétaient une facette de l'auteur et méritaient d'être lues.

NOTES

1. O. Dumas : « Les Versions de *Frritt-Flacc* ou la liberté retrouvée », *BSJV* n° 59, pp. 98-110.

2. Jules Verne : « Dix heures en chasse. Simple Boutade », dans *Mémoires de l'Académie des Sciences, des Lettres et des Arts d'Amiens,* Amiens, 3e série, 8e tome, année 1881. Selon P. Gondolo della Riva : *Bibliographie analytique de toutes les œuvres de Jules Verne,* I, n° 33.

3. Ch. N. Martin : *La Vie et l'Œuvre de Jules Verne,* M. de l'Ormeraie, Paris, 1978, pp. 116-118.

4. P. Terrasse : « Une "boutade" de Jules Verne : *Dis Heures en chasse », BSJV,* n° 7-8, pp. 26-30.

5. Ch. Lemire : *Jules Verne,* Berger-Levrault, 1905, pp. 20-24. Lemire cite approximativement et invente même une phrase de conclusion, dans l'esprit du texte mais que Jules Verne n'a pas écrite : « Moi, j'aime mieux rester tranquillement à écrire dans mon cabinet. »

6. Jules Verne : *Textes oubliés,* série « Jules Verne inattendu », dirigée par F. Lacassin, coll. 10/18, 1979, pp. 197-219.

7. Verne cite incorrectement Balzac où l'on retrouve cette plaisanterie dans *Petites Misères de la Vie conjugale,* 1846, I, ch. 14 : « Nosographie de la ville » (cf. « Verne et Balzac », *BSJV* n° 62).

8. Noter qu'une coquille de l'édition illustrée Hetzel subsistera dans les éditions ultérieures. Il ne s'agit pas (ch. x) de « *rendre* (le nom) d'un de mes vieux camarades », mais plutôt de « *prendre* » le nom ! (première version et édition in-18).

9. M. Terrasse me fait aussi remarquer que Verne parle (ch. ix) de « bouquet d'un feu d'artifice au 14 juillet ». Or, le 14 juillet ne fut fête nationale qu'à partir de 1880. Preuve supplémentaire, s'il en fallait, pour dater l'œuvre en 1881.

Simone VIERNE.

CRITIQUES ET LECTEURS DE JULES VERNE EN FRANCE

Il y a un paradoxe à prétendre que Jules Verne ne fut pas prophète en son pays ; car le seul mérite qu'on lui ait longtemps reconnu, c'est justement d'avoir « prophétisé » toutes les découvertes de la technique moderne, et de récentes expositions, comme les articles qui ont succédé aux exploits des astronautes américains autour de la lune n'ont fait qu'accentuer cette manière bien ambiguë de l'apprécier. En outre, catalogué comme un « écrivain pour la jeunesse », dès le début de sa carrière, puisqu'il écrivait pour le « Magasin d'Education et de Récréation » et les collections pour la jeunesse d'Hetzel, son éditeur et ami, on ne lui accorda jamais qu'une attention un peu condescendante, sur le plan littéraire, comme si rien n'était plus difficile que de bien écrire pour les enfants !

La popularité de son œuvre aurait pourtant dû intéresser en France la critique depuis longtemps, comme elle l'a fait à l'étranger, en U.R.S.S. et aux U.S.A. notamment où la valeur de Jules Verne n'est pas seulement celle d'un précurseur génial de la science moderne et de la science-fiction.

Les plus récentes anthologies françaises, qui donnent des extraits d'A. Dumas et d'E. Sue, méprisent un auteur qui fut pourtant lu, dans leur jeunesse, par tout ce que la France compte de grands poètes et de grands écrivains — et jusqu'à une date récente, puisqu'un J.-M. Le Clézio s'écrie : « Ces scènes sont pour moi aussi importantes que les mythes, que les images de la poésie homérique. » Car au fond de cette œuvre se trouve toujours la Grande Aventure Mythique : « la lutte du bien et du mal, de l'homme contre l'infini ».

Cependant, il n'est pas question ici de parcourir, même rapidement, tous les ouvrages consacrés à Jules Verne ; car depuis quelques années, reconnaissons-le, quelques critiques se sont aperçus de l'importance littéraire de Jules Verne. Nous nous bornerons à ceux qui ont su l'envisager de la façon la plus originale.

1. Le mérite d'aborder l'œuvre d'un œil nouveau revient incontestablement à Michel Butor et Michel Carrouges, dans le numéro 15 de la revue *Arts et Lettres* (1949). Le premier, dégageant le thème mythique de la quête vers le Point Suprême et l'Age d'Or, montre à quel point notre sensibilité moderne, façonnée par la lecture de Lautréamont, d'Eluard et de Michaux, est à même de goûter certains morceaux comme le « voyage à travers le diamant creux » dans le *Voyage au Centre de la Terre.* Michel Carrouges essaie d'ordonner l'ensemble des romans autour du mythe de Vulcain. C'est dans cette direction aussi que vont les travaux de M. le professeur Cellier, de M. Corboz.[1]

M. Marcel Moré, lui, dans deux ouvrages dont le premier causa un certain scandale[2], chercha à dégager la personnalité, à vrai dire fort peu connue, de l'auteur des *Voyages extraordinaires.* Mais un certain nombre d'imprudences dans le maniement des renseignements de seconde main, autant que de la psychanalyse, gêne le lecteur qui ne peut guère admettre ses conclusions mal étayées, si séduisantes soient-elles. Néanmoins, la voie était ouverte vers une lecture « psychocritique » de l'œuvre.

Depuis 1965, date à laquelle la librairie Hachette, qui avait racheté le fonds Hetzel en 1914, se décida enfin à rééditer l'œuvre dans son texte intégral, en livre de poche, mais avec les gravures d'origine, de très nombreux articles ont paru : souvent très rapides, ils n'ouvrent guère de perspectives nouvelles, sauf ceux qui ont été groupés dans le n° 29 de la revue l'*Arc,* parmi lequels on fera une place spéciale à l'article de Michel Foucault, l'« Arrière-Fable ».

Enfin, l'Université elle-même s'intéresse à Jules Verne. Une thèse de 3e cycle a été soutenue à Bordeaux par Mlle Huet, intitulée « La machine à modifier le Temps ou les Voyages extraordinaires de Jules Verne ». S'appuyant sur la vision que Jules Verne avait des grands problèmes sociaux et politiques de son temps, Mlle Huet montre une très intéressante évolution de l'attitude de Jules Verne, qui affecte tout autant les sujets choisis que les directions prises par l'imagination, dont ces sujets ne sont que le tremplin. Et c'est bien l'étude de l'Imaginaire qui a conduit M. Cellier à mc proposer le sujet de thèse d'Etat sur lequel je travaille actuellement : Jules Verne, romancier initiatique.

2. Car c'est cette « substance imaginaire » qui a séduit les enfants, futurs poètes et romanciers, et, paraphrasant Baudelaire, je dirais volontiers : l'importance de Jules Verne n'a jamais été suffisamment affirmée, comme « germe des étranges rêveries de l'homme adulte, et, disons mieux, de son génie ».

Un seul peut-être ne fut pas sensible à son charme : Jean Giono s'en prend violemment à notre auteur, dans la préface d'une édition de Virgile en 1943. A la lecture de *L'Ile mystérieuse,* il fut « blessé comme d'un buisson de fer ». Car cette île est la terrifiante image de la société industrielle moderne, où la masse obéit avec une admiration consternante à M. L'Ingénieur. Giono ne pardonne surtout pas à l'auteur d'avoir, à la fin du roman, sauvé la masse et son directeur. Or, nous savons, par les lettres de J. Verne à Hetzel, que cette fin fut imposée par l'éditeur, soucieux de ménager la sensibilité de ses jeunes lecteurs. On le sent bien d'ailleurs à la lecture : le dénouement est expédié en une page sèche. Décidément, nous le verrons plus loin, Giono est vraiment un cas à part, car la liste des lecteurs célèbres et enthousiastes de Jules Verne est longue et nous n'avons pas eu la prétention d'être exhaustif.

Pour rendre compte, dans la mesure du possible, de l'influence de Jules Verne, il faut lui accorder, au regard de la littérature, la qualité qu'on lui accorde si généreusement envers la Science et la Technique : celle d'un « éveilleur » qui fournit à l'imagination la secousse nécessaire aux recherches et aux trouvailles. En ce sens, trois grands domaines me semblent concernés :

- la technique romanesque,
- le rêve poétique et les images,
- les mythes.

TECHNIQUE ROMANESQUE

Apparemment, Jules Verne n'a fait que mettre au point, avec un soin qu'attestent ses lettres à Hetzel, la technique déjà bien courante du roman d'aventures.

Son importance ne réside pas là, mais dans deux aspects dont il n'avait sûrement pas une conscience claire, et qui expliquent l'attrait qu'éprouvent pour lui certains auteurs du nouveau roman. Ses descriptions, d'une part, avec leur minutie, leur parti-pris par exemple de donner les dimensions d'une montagne, d'un bateau, plutôt que de leur accoler des épithètes de valeur subjective, préfigurent étrangement ce que Robbe-Grillet disait à propos de Kafka : « Rien n'est plus fantastique, en définitive, que la précision. »

D'autre part, la manière scrupuleuse dont il jalonne l'écoulement du temps romanesque confère aux mesures du temps une singulière présence poétique, qui faisait dire à Jean Cocteau, à propos du *Tour du Monde en quatre-vingts jours :*

« Ce voyage n'est pas dédié au décor, mais au temps. A des héros d'une entreprise abstraite qui met en œuvre l'heure, la distance, la longitude, les méridiens, la géographie, la géométrie. »

En outre, cette sorte de hantise des horaires a fasciné aussi l'un des plus fervents admirateurs modernes de J. Verne, Michel Butor. Au point qu'il ne serait pas impossible de voir une parenté entre la technique de *Degrés* ou de *La Modification,* bâtis sur un emploi du temps de professeur, ou la superposition de divers voyages de Paris à Rome, et celle du *Testament d'un Excentrique.* Dans ce dernier roman vernien, en effet, les six héros, afin de conquérir un problématique héritage, parcourent au hasard des coups de dé, comme un gigantesque jeu de l'Oie, les divers États de l'Union. La grille du romancier, pour être plus rudimentaire que celle dont se sert Butor, demeure très stricte, afin de permettre au lecteur de suivre les voyageurs, dont les aventures se superposent dans le temps tout en s'éparpillant, mais non sans recoupements, dans l'espace.

RÊVE POÉTIQUE

Nous touchons d'ailleurs par ce biais au second rôle de l'œuvre ; réservoir de rêveries poétiques et d'images, elle justifie bien toute l'admiration que lui portait Cocteau ; pour lui, le célèbre *Tour du Monde* était bien autre chose qu'un roman sur un impossible pari. « On touche du doigt, précise-t-il, à la notion conventionnelle du temps. » Et de rappeler alors la parole qu'il prête à Anubis dans *La Machine infernale :* « Le temps, c'est de l'éternité pliée. » Ajoutons que Cocteau a vécu les rêves suscités en lui, en son enfance, par la lecture du roman, puisqu'il écrivit tout ce qui précède en effectuant le fameux tour du monde en 80 jours, pour le quotidien *Paris-Soir,* en 1936.

Si nous ne pouvons être sûrs que ces récits d'aventures incitèrent au départ le jeune Rimbaud revenu de la poésie, comme le suggère M. le professeur J.-H. Borneque[3], du moins la démonstration qu'il mène en comparant *Vingt Mille Lieues sous les mers* et le *Bateau ivre* de Rimbaud est-elle extrêmement convaincante, d'autant plus qu'elle éclaire le sens du célèbre poème, tout en présentant le travail de l'imagination rimbaldienne. Nous renvoyons à cet article, et nous suggérons en outre d'autres rapprochements : les « Florides » du vers 25 pourraient bien venir du roman *De la Terre à la Lune.* Car la Floride, si elle est célèbre aujourd'hui par son climat autant que par la base de fusées de Cap Kennedy, n'était à l'époque qu'une région désertique passablement malsaine. De même, les Maelstroms du vers 82 peuvent aussi bien venir de Poe que de Jules Verne, lui-même grand admirateur de Poe.

L'influence de la lecture de Jules Verne est en tout cas évidente et expressément reconnue par Blaise Cendrars.

Outre sa fugue vers la Russie, dont le but peut bien, au moins en partie, avoir été influencé par certains romans de J. Verne, l'œuvre elle-même témoigne de ce qu'elle doit précisément à *Michel Strogoff, César Cascabel,* et *Claudius Bombarnac,* dont les décors sont russes.

Dans *La Prose du Transsibérien,* qui relate poétiquement l'aventure de Cendrars, celui-ci nous dit en effet :

« Nous avions volé le trésor de Golconde.
Et nous allions, grâce au Transsibérien, le cacher de l'autre côté du monde,
Je devais le défendre contre les voleurs de l'Oural qui avaient attaqué les saltimbanques de Jules Verne... »

Il s'agit d'un épisode de *César Cascabel,* où il est en outre question d'un trésor. A *Michel Strogoff* renvoient les évocations du voyage autour du lac Baïkal, la foire de Nijni-Novgorod, les litanies de noms qui marquent les étapes, et qui ont aussi chanté dans le voyage transasiatique de *Claudius Bombarnac.* Il n'est pas jusqu'à la petite Jeanne de France qui ne ressemble curieusement à la silencieuse Nadia de *Michel Strogoff.* En outre, d'autres échos verniens s'éveillent à l'évocation de la Patagonie[4] ; le mot,

Documentation Roger-Viollet

Jean Cocteau, par Lipnitzki.

cryptogramme dans *Les enfants du capitaine Grant,* les entraîne dans les Mers du Sud, et joue avec le mot « agonie », dont la tonalité rejoint les sentiments exprimés par Cendrars.

Plus nettement encore, l'admiration de Raymond Roussel pour Jules Verne s'exprime en un véritable dithyrambe : « C'est lui et de beaucoup, le plus grand génie littéraire de tous les siècles ; il restera quand tous les autres seront oubliés depuis longtemps », s'écrie-t-il dans une lettre à son homme d'affaires, Eugène Leiris. Etant donné la manière particulière dont Roussel compose ses œuvres[5], il n'est pas étonnant de retrouver sans cesse des réminiscences de ses lectures. Ainsi, on pourrait suivre, dans la pièce intitulée *Etoile au Front,* les images tirées d'une dizaine de romans de J. Verne, qui se succèdent selon les rapports libre d'homophonie, de métagrammes, de double ou de triple sens. Systématiquement libérée, l'imagination de Roussel s'épanouit et rebondit à partir de l'œuvre la plus admirée par ce poète surréaliste, dont on commence seulement à découvrir l'importance.

On pourrait multiplier sans doute les images poétiques dont la source naquit dans la lecture des *Voyages extraordinaires.* J'oserais suggérer, même, que certains passages du *Soulier de Satin,* en particulier les descriptions de continents (IIe journée), la « mer de lait » (Ire journée, sc. 2), le cri « La Mer libre !... » (IIe journée sc. 7) sont nés des lectures enfantines de Claudel. Et ce rapprochement est moins hasardeux qu'il n'y paraît. Claudel, en effet, nous a donné lui-même l'exemple d'une interprétation mythique de Jules Verne.

MYTHOLOGIE

Dans la Préface qu'il écrivit en 1925 pour le livre de Jacques Rivière, *A la trace de Dieu,* Claudel, pour faire comprendre l'attitude de Rivière devant les mystères de la religion, attitude de quête attentive, cite en une sorte de parabole « cet admirable roman de Jules Verne, *L'Ile mystérieuse* ». Simplement, pour Claudel, la quête de l'ingénieur Smith aboutit à une découverte dérisoire, alors que Rivière aboutit à Dieu. En réalité, et sans entamer ici une discussion sur la pensée religieuse de J. Verne, la fin de *L'Ile mystérieuse* est beaucoup plus symbolique que ne le laisse entendre Claudel. La mystérieuse Providence qui sauve les naufragés à plusieurs reprises, et que les esprits les plus simples du groupe avaient fini par se représenter sous les traits du Bon Dieu peint naïvement dans les églises, est un Homme — et il se nomme Nemo... Il n'en

Documentation Roger-Viollet

Blaise Cendrars.

reste pas moins que pour Claudel, l'homme à la recherche de Dieu est symbolisé par le personnage de Cyrus Smith. On voit ainsi comment naissent les mythes à partir d'une œuvre en apparence anodine.

Et l'œuvre de J. Verne est riche de telles résonances. Signalons celle des Iles, qui fascina en son enfance l'un des plus fidèles amis et disciples de Mallarmé, André Fontainas[6] ; celui du Labyrinthe, qui attire Butor au point que *Le Château des Carpathes,* mythique et fabuleux, revient en leitmotiv dans l'autobiographie poétique qu'il a intitulée *Portrait de l'Artiste en jeune singe* (Gallimard, 1967). Pour l'un des plus jeunes auteurs modernes, J.-M. Le Clézio, les œuvres de Jules Verne furent « ce que furent l'Iliade et l'Odyssée pour les jeunes Grecs ». La destinée de l'œuvre elle-même prend une allure mythique, dans un ton plus léger dans la pièce d'Alexandre Rivemale, *Nemo*, que vient de reprendre récemment la Télévision française.

Enfin, et sans prétendre aucunement être exhaustif, nous aimerions signaler un dernier lecteur passionné de Jules Verne, Saint-Exupéry ; car son admiration est assez caractéristique de notre propos. On s'attendrait en effet à le voir admirer ce prestigieux précurseur des aviateurs que fut Robur-le-Conquérant. Or, voici ce que, grâce à l'obligeance d'une collègue, j'ai découvert dans une interview accordée au Harper's Bazar, en avril 1941 : le roman qui impressionna le plus le romancier, vers sa dixième année, ce fut *Les Indes noires,* roman qui se passe dans une mine d'Ecosse. « L'atmosphère fantastique de ce livre persistant dans ma mémoire fut à l'origine de mon propre *Vol de Nuit*, qui est lui-même une exploration des ténèbres. » Il est particulièrement remarquable que ce soit précisément l'œuvre de Jules Verne qui éclaire, non le roman d'aventure, mais le sens poétique et mythique de l'œuvre de Saint-Exupéry...

Ainsi, de Rimbaud à Claudel, de Saint-Exupéry à Michel Butor, l'importance de Jules Verne, pour n'être pas reconnue très évidente. Son rôle est essentiellement poétique, c'est-à-dire créateur, sans doute parce que cette œuvre touche aux grands archétypes de notre inconscient[7]. Le génie de Jules Verne me semble précisément avoir consisté en ce qu'il a répondu à cet obscur appel, en un temps où régnait, plus encore qu'aujourd'hui, l'absolue croyance en la Science, capable de résoudre tous les problèmes de la vie et toutes les énigmes du monde. Jules Verne a tenté de remplir le vide laissé par la disparition des mythes, ces mythes que notre monde, revenu d'un positivisme décevant, appelle maintenant à nouveau avec angoisse.[8]

NOTES

1. M. Cellier a consacré à Jules Verne un cours public à la Faculté des Lettres de Grenoble en 1963. Voir, aussi, son article sur le roman initiatique au temps du romantisme dans les *Cahiers Internationaux du Symbolisme,* 1964, n° 4, éd. Engelson, Genève. M. Corboz a étudié plus spécialement le *Voyage au Centre de la Terre* dans son article : « Au loin j'ai vu le soleil resplendir » in *Action et Pensée* n° 3, 37ᵉ année, Genève.

2. *Le très curieux Jules Verne* (Gallimard, 1960). *Nouvelles explorations de Jules Verne* (id., 1963).

3. *Revue des Sciences humaines,* janvier-mars 1954.

4. La Patagonie sert de cadre assez sinistre à deux romans : *Le Phare du Bout du monde* et *Les Naufragés du Jonathan.*

Notons en outre que « le train qui fait un saut périlleux » et « le train avance et le soleil retarde » évoquent irrésistiblement *Le Tour du Monde en 80 jours.*

5. *Comment j'ai écrit certains de mes livres.* On y trouve encore l'admiration pour Jules Verne, « homme d'incommensurable génie ». « Il s'est élevé aux plus hautes cimes que puisse atteindre le verbe humain » (éd. Pauvert, p. 26).

6. *Confession d'un poète,* Mercure de France, 1936. Mallarmé lui-même parlait du « très curieux Jules Verne ».

7. Dans sa thèse, « le Cosmos et l'Imagination » Corti éd., Mme Tuzet remarque que le style de Jules Verne devient « nerveux et dense » dès qu'il touche aux archétypes. N'en est-il pas de même pour tous les poètes ?

8. Signalons, du point de vue de la critique vernienne, les articles de Michel Serres, dans la revue *Critique,* éd. de Minuit, n° 263 et n° 272, et de Roland Barthes, une très intéressante étude structuraliste dans le premier numéro de la revue *Poétique,* éd. du Seuil, « Par où commencer ? ».

Piero Gondolo della Riva.

JULES VERNE ET L'ACADÉMIE FRANÇAISE*

En général, on sait que Jules Verne ne fut jamais membre de l'Académie, mais on sait moins qu'il songea plusieurs fois à s'y présenter.

A ce sujet, Mme Allotte de La Fuÿe nous dit, dans sa biographie, que « Claretie et Dumas décident presque [en 1885] leur bon camarade à poser sa candidature à l'Académie. Il est tenté, puis recule. Faire des visites ? Ganter de chevreau ses mains boucanées ? Et puis... est-il réellement un homme sérieux ? »

Charles Lemire n'en dit pas davantage. Après avoir regretté que Jules Verne n'ait pas fait partie de l'Académie, il nous dit qu'en 1901 le publiciste Pierre Giffard essaya inutilement de le décider à poser sa candidature. Lemire cite aussi une phrase qui, paraît-il, a été prononcée par Alexandre Dumas fils : « Puisque *papa* n'a pas fait partie de l'Académie française, Verne, ce Dumas scientifique, devrait bien y entrer. Il me semblerait qu'on vote pour mon père. » Cependant, comme je ne trouvais pas satisfaisants ces témoignages, j'ai cherché ailleurs des éléments nouveaux concernant ce problème et j'ai eu la chance d'en trouver une fois de plus, dans la correspondance inédite de Jules Verne.

Tout d'abord, il faut remarquer que dans plusieurs lettres de Jules Verne à Hetzel, lettres qui font partie du fonds Hetzel de la Bibliothèque nationale, il y a des allusions à l'Académie. Mais,

---

*Communication faite à l'Assemblée générale de la Société Jules Verne, le 5 février 1972, publiée dans le *Bulletin de la Société Jules Verne*, nouvelle série, n° 53, 1er trimestre 1980.

Documentation Roger-Viollet

L'Institut et la passerelle des Arts.

surtout j'ai été très surpris de trouver, toujours à la Nationale, mais non dans le fonds Hetzel, toute une correspondance concernant Verne-Dumas fils[1]. Il m'est impossible de citer tout ce que j'ai trouvé sur les rapports entre Jules Verne et l'Académie. Je me bornerai, donc, à indiquer les étapes les plus importantes de cette curieuse histoire.

En juin 1867, l'Académie couronna le *Magasin d'Education et de Récréation*. Les romans de Jules Verne qui y avaient paru furent, par conséquent, couronnés eux aussi.

Ensuite dans la séance du 8 août 1872, l'Académie couronna les romans de Jules Verne qui n'étaient pas inclus dans le couronnement du *Magasin*. M. Patin, secrétaire perpétuel de l'Académie, fit l'éloge des *Voyages extraordinaires,* en soulignant que « les merveilles usées de la féerie y sont remplacées par un merveilleux nouveau, dont les notions récentes de la science font les frais ».

Jules Verne fut très content de ce prix et, dans une lettre à Hetzel (qui avait reçu, lui aussi, un prix de l'Académie pour sa *Morale familière*), lui proposa d'entremêler leurs couronnes et, plus loin, de les frotter l'une contre l'autre.

Cependant, Jules Verne ne se contenta pas de ce prix. Il aurait aimé entrer à l'Académie et il en parla à Hetzel à partir de 1876.

En cette année-là il lui écrivait : « Je vous rappelle, *pour mémoire*, que voilà deux places vacantes à l'Académie. Vous m'avez un peu mis l'eau à la bouche. Vous avez beaucoup d'amis dans l'illustre corps. Suis-je arrivé à la situation voulue pour remporter... un échec honorable ? »

N'ayant pas réussi en 1876, il essaya de nouveau en 1877, en écrivant à Hetzel :

« Il y a une dizaine de jours à Paris, à l'hôtel des Ventes, j'ai rencontré Dumas fils. Il est venu à moi, et m'a immédiatement parlé, de *lui-même*, de l'Académie. Il m'offre de me pousser très fort, si j'en ai le désir. Il croyait à un succès, *ses* amis joints *aux vôtres*, me disant qu'ils ne se confondent pas tout à fait. Il a été très pressant, et très chaud. Est-ce uniquement par sympathie pour moi, ou - Oh ! cœur humain, - craint-il que Sardou, qu'il déteste, ne se présente, et veut-il m'opposer à lui ? C'est la question.

« Néanmoins, il y a là une ouverture directe, qui n'est pas à dédaigner, et que je tenais à vous faire connaître. Dans ces conditions-là, la lutte ne serait peut-être pas trop impossible avec Sardou. Mais il faut attendre qu'une vacance *littéraire* se présente. Pensez à cela, mon cher Hetzel, et rappelez-vous bien que je n'ai aucunement provoqué les offres de Dumas fils. En outre, je n'ai encore parlé de cela à personne. »

Sardou posa, en effet, sa candidature. Jules Verne en informa son éditeur, et lui demanda : « Qu'allons-nous faire ? Sardou a des amis à l'Académie, c'est évident, mais des ennemis aussi... » Ces ennemis, cependant, n'empêchèrent pas Sardou d'entrer à l'Académie justement en 1877.

Mais Jules Verne ne se découragea pas trop ; le 17 avril de la même année il écrivit à Hetzel : « Les questions académiques ne me tracassent aucunement. Vous pouvez me croire à ce sujet. Il y avait une occasion qui pouvait être favorable, si Legouvé n'eût pas fait campagne pour Sardou. Maintenant attendons une autre vacance. Je vous assure que je n'en perds ni une bouchée, ni une phrase. »

Jules Verne ne renonça pourtant pas à l'idée d'entrer à l'Académie. En 1883, il essaie à nouveau, en insistant, avec Dumas fils. Seize lettres témoignent de l'assiduité de Jules Verne. Il est décidé à poser sa candidature, bien qu'il craigne celles de Daudet et d'About. Dumas et Sardou soutiennent sa candidature ; Verne se rend aussi chez le duc de Broglie. Voici ce qu'il dit de cette visite à Dumas fils, dans une lettre du 1er juillet 1883 :

Photo J.-P. Vieil.

Réception d'Alexandre Dumas fils à l'Académie française, par H. Meyer.

« Le duc de Broglie m'a fait très bon accueil ; mais j'ai compris que bien avant qu'il fût question de moi, quelques-uns de ses amis avaient effectivement pensé à Coppée. Coppée, ayant déjà eu à l'Académie un certain nombre de voix, leur paraissait pouvoir être opposé à About avec quelques chances de succès. »

Avec la mort du Comte de Chambord, Jules Verne pense que les choses vont changer en sa faveur. Philippe d'Orléans, Comte de Paris, qu'il appelle *le nouveau roi* dans une lettre du 4 juillet 1883, lui a toujours montré de la sympathie. Mais, au moment où il croyait pouvoir enfin poser sa candidature avec succès, un fait très grave a lieu. La pièce de *Kéraban-le-têtu* reçoit un mauvais accueil de la part de la critique[2]. Voici la description qu'en donna Jules Verne à A. Dumas :

[8 septembre 1883]

« Mon cher ami,

Vous avez vu quel accueil une certaine partie de la presse a fait à notre pauvre Kéraban ! Cette animosité, nous aurions dû la prévoir, car nous savons d'où elle vient. Nous avons eu des preuves *absolues* de la pression faite pour obtenir de mauvais articles. Avoir osé se passer de collaboration : quel crime ! Je ne sais si la réaction se fera et si la pièce pourra se relever. Cependant, on s'y amuse, et elle n'avait d'autre prétention que d'amuser le public autant par les yeux que par les oreilles ! Enfin, l'éreintement a été le premier ordre !

« Dans ces conditions, mon cher ami, étant donné la campagne qui a été faite contre moi, vous penserez sans doute que mieux vaut abandonner en ce moment toute prétention à devenir votre collègue à l'Académie. Ce fauteuil serait encore plus difficile à enlever et je ne voudrais pas que toute la peine que vous auriez à vous donner encore fût en pure perte.

« Je suis donc revenu dans mon coin, et me suis remis à mon travail de simple conteur, qui n'excitera pas à ce point, je l'espère du moins, la haine de la critique.

« Si l'événement, auquel vous faisiez allusion, s'est produit, si le Comte de Paris est devenu chef de la maison de France, je crains bien que le mauvais vouloir de ces odieux républicains ne rende sa situation extrêmement difficile. Peut-être n'est-ce donc guère le moment de l'entretenir de projets qui me sont purement personnels. »

Je considère cette lettre très importante au point de vue politique[3]. Il est tout au moins curieux de voir Verne se préoccuper des conséquences que « le mauvais vouloir de ces odieux républicains » pourrait avoir sur l'activité du Comte de Paris...

Ayant donc encore échoué, Jules Verne se retira à Amiens ; plus tard, cependant il essaya, encore une fois, d'être admis à l'Académie. Les lettres à Dumas du mois de décembre 1883 et de l'année 1884 nous en donnent la preuve. Jules Verne se déclare prêt à tout. « Au premier signe que vous me ferez, j'irai vous voir », écrit-il à son correspondant - et, dans une autre lettre, se dit prêt à se joindre « à la foule des candidats même au risque d'être écrasé ».

Je me suis souvent demandé pourquoi Jules Verne avait déclaré, dans la dédicace de *Mathias Sandorf* à Dumas fils, que ce roman était le *Monte-Cristo des Voyages extraordinaires.* La réponse à cette question me paraît maintenant très simple : lorsqu'il écrivit *Mathias Sandorf*, lorsqu'il le publia, il briguait l'Académie, comme nous l'avons vu, en comptant surtout sur l'aide de Dumas. C'est pourquoi il voulut lui démontrer publiquement sa reconnaissance, sans en révéler, naturellement, les vraies raisons.

Mais, hélas, en 1885 Jules Verne n'eut pas plus de chances à l'Académie que les années précédentes. Puis ce fut 1886, l'année de l'attentat, la période la plus triste de la vie du romancier. Il ne songea plus à l'Académie, et, enfoui au fond de sa province, comme il le disait souvent, il acheva modestement la tâche qu'il s'était proposée.

NOTES

1. Bibliothèque nationale, Cabinet des Manuscrits, NAF 24639, ff. 563. à 591.

2. Cf. : R. POURVOYEUR « Kéraban au théâtre » *(Bulletin de la Société Jules Verne,* n° 44, pp. 111 et s.), nouvelle série, n° 44, 4e trimestre 1977.

3. Cf. A. CARRE « Jules Verne et les Princes d'Orléans » in : *Bulletin de la Société Jules Verne,* nouvelle série, n° 53, 1er trimestre 1980.

Jacques R. LECLERCQ.

LE PRIX JULES VERNE

Le Prix Jules Verne fut originellement fondé par les « Lectures pour tous » en avril 1926. Son jury, présidé par René Doumic, secrétaire perpétuel de l'Académie française, comprenait Henry Bordeaux, Pierre Benoit, Georges Lecomte, tous trois également de l'Académie française, le général Ferrié, de l'Académie des Sciences, le docteur Charcot, le professeur Berget, E. Belin, Louis Bréguet, Noëlle Roger, Joseph Kessel, A. Marchard et Jean Jules-Verne.

Ce prix fut attribué aux ouvrages suivants :

— 1927 : *La Petite fille de Michel Strogoff,* par Béliard
— 1928 : *Le Secret des Sables,* par Gaston Pastre
— 1929 : *Quand le mammouth ressuscita,* par Bégouen
— 1930 : *L'Ether Alpha,* par Bailly
— 1931 : *L'Ile aux Sables verts,* par Vallerey
— 1932 : *L'Etrange Menace du Dr Ioachkoff,* par de Peslouan
— 1933 : *Les Vaisseaux en flammes,* par Jean-Toussaint Samat.

Mis ensuite en sommeil, il fut rétabli par le « Rayon Fantastique » en juin 1958. Son jury, présidé par André Maurois, de l'Académie française, comprenait : Jean Rostand, le général Lionel, M. Chassin, Jean Luc, Robert Kanters, Jacques Bergier, Georges H. Gallet, Pierre Gruénais, Maurice Renault, France Roche, Stéphen Spriel.

Le Prix fut attribué aux ouvrages ci-dessous :

— 1958 : *L'Adieu aux Astres,* par Serge Martel
— 1959 : *Surface de la Planète,* par Daniel Drode
— 1960 : *La Machine du Pouvoir,* par Albert Higon
— 1961 : *Le Subespace,* par Jérôme Sériel
— 1962 : *Le Ressac de l'Espace,* par Philippe Curval
— 1963 : *Métro pour l'Enfer,* par Vladimir Volkoff.

Ces différents « Prix Jules Verne » n'auraient guère laissé de traces dans l'histoire de la littérature française si le lauréat de 1963, Vladimir Volkoff *(Métro pour l'Enfer),* n'avait confirmé son très grand talent en publiant, seize ans plus tard, *Le Retournement* qui allait devenir, en quelques mois, un « best-seller » mondial.

Il obtient en 1982 le Grand Prix du Roman de l'Académie française pour *Le Montage.*

Photo J. Bruller

Vladimir VOLKOFF

Luce COURVILLE.

LES 32 BONNES ADRESSES DE JULES VERNE

Ce « carnet d'adresses » n'a d'autre prétention que d'être un constat. A de plus savants d'en tirer les conclusions qui en découlent.

Le fait est qu'en parcourant l'ensemble des romans qui constituent les *Voyages extraordinaires,* j'ai relevé trente adresses.

Trente adresses qui peuvent se lire de plusieurs façons.

Selon les pays d'abord, y en a-t-il de plus favorisés que d'autres ?

Selon les romans, la domiciliation des personnages est-elle le fait d'un ou deux romans plutôt que de l'ensemble de l'œuvre ?

Selon les dates, est-ce une habitude de l'écrivain ou une intention précise qui apparaît seulement à un moment précis ?

Selon la personnalité du personnage domicilié et en particulier sa profession, y a-t-il un rapport entre le fait que certaines adresses soient de préférence celles de notaires ou de médecins ?

Enfin, plus généralement, qu'apporte à l'action ou à la « situation » du personnage, la précision de l'adresse ?

Il ne faudrait pas non plus omettre de replacer cette habitude dans le cadre des procédés d'écriture des écrivains du XIXe siècle, en particulier Balzac.

Classé par pays, ce recueil d'adresses apparaît ainsi :

ALLEMAGNE - Hambourg
LIDENBROCK (Prof. Otto), 19 Königstrasse.
(Voyage au centre de la Terre)

AUTRICHE - Vienne
JAEGER (Karl Dragoch), 43 Leipzigerstrasse.
(Le Pilote du Danube)

CANADA - Montréal
NICK (Me Nicolas Sagamore), place du Marché Bon-Secours.
(Famille sans nom)
SKIM (Summy), 29 rue Jacques-Cartier.
(Le Volcan d'or)

ETATS-UNIS - Baltimore
GUN-CLUB, 21 Union Square.
(De la Terre à la Lune)
BARBICANE (Impey), 3 Republican Street.
(De la Terre à la Lune). Cette adresse devient : 95 Cleveland Street dans *Sans dessus dessous.*
MASTON (J.T.), 179 Franklin Street.
(Sans dessus dessous)

Chicago
BUCHANAN (Dr S.), Franklin Steet.
(Le Testament d'un Excentrique)
CRABBE (Tom), 7 Calumet Street.
(Le Testament d'un Excentrique)
KYMBALE (Harris T.), 213 Milwaukie Av.
(Le Testament d'un Excentrique)
RÉAL (Max), 3997 South Halsted Street.
(Le Testament d'un Excentrique)
TITBURY (Hermann), 77 Robey Street.
(Le Testament d'un Excentrique)
TORNBROCK (Me), 17 Sheldon Street.
(Le Testament d'un Excentrique)
URRICAN (Hodge), 73 Randolf Street.
(Le Testament d'un Excentrique)
WAG (Miss Lissy), 19 Sheridan Street.
(Le Testament d'un Excentrique)

New York
ARONNAX (Pierre), Prof. au Muséum de Paris, Fifth Av. Hotel.
(Vingt mille lieues sous les mers)

San Francisco

Salle des Ventes, 10 rue Sacramento.
(L'Ecole des Robinsons)

Washington

Strock (John), 34 Long Street.
(Maître du Monde)

FRANCE - Paris

Durrien (Mme), rue de Varenne.
(L'Épave du « Cynthia »)
Sarrasin (Octave), 32 rue du Roi-de-Sicile.
(Les Cinq Cents Millions de la Bégum)
Méré (Cyprien), 104 rue de l'Université.
(L'Etoile du Sud)
Xirdal (Zéphyrin), rue Cassette.
(La Chasse au météore)

Saint-Malo

Antifer (Pierre), 3 rue des Hautes-Salles.
(Mirifiques Aventures de Maître Antifer)

GRANDE-BRETAGNE - Edimbourg

Starr (James R.), 30 Canongate.
(Les Indes noires)
Tyrcomel, esq. (Révérend), 17 North Bridge Street.
(Mirifiques Aventures de Maître Antifer)

Londres

Ardagh (Julian), 314 Oxford Street.
(Bourse de voyage)
Fogg (Phileas), 7 Saville-Row, Burlington Gardens.
(Le Tour du Monde en quatre-vingts jours)
Gramond (Marquis de), 25 Cannon Street.
(L'Agence Thompson and C°)
Sharp (M. William Henry), 93 Southampton Row.
(Les Cinq Cents Millions de la Bégum)

ITALIE - Trieste

Zathmar (Comte Ladislas), 89 av. de l'Aquedotto.
(Mathias Sandorf)

YOUGOSLAVIE - Raguse (Dubrovnik)

Bathory (Mme), 17 rue Marinella.
(Mathias Sandorf)

Enfin, la plus touchante des adresses :

> Le Docteur ANTÉKIRTT, Aux bons soins de Dieu.
> *(Mathias Sandorf)*

Il apparaît immédiatement qu'un pays est plus favorisé que les autres : 14 adresses pour les Etats-Unis. Viennent ensuite la Grande-Bretagne (6 adresses), la France (5 adresses), puis le Canada (2 adresses), enfin l'Allemagne, l'Autriche, l'Italie et la Yougoslavie sont ex-aequo avec une seule adresse.

Il est intéressant de regarder quels sont les romans « privilégiés ». Sera-t-on surpris d'apprendre que celui qui totalise le plus de « domiciliations » est *Le Testament d'un Excentrique ?* Curieuse coïncidence puisque ce roman est fondé sur la règle du jeu de l'oie, c'est-à-dire sur un jeu qui repose précisément sur la domiciliation, chaque adresse ayant une valeur symbolique.

Ce roman dépasse de très loin *De la Terre à la Lune* qui ne compte que 3 adresses, après viennent *Mirifiques Aventures de Maître Antifer, Mathias Sandorf, Les Cinq Cents Millions de la Bégum* (2 adresses), comme si les grands voyages appelaient irrésistiblement la nécessité de quelques points fixes, surtout quand ils sont interplanétaires !

Une seule adresse apparaît dans 15 autres romans, ce qui porte à 20 le nombre de romans... à bonnes adresses. Soit seulement un peu moins du tiers de l'œuvre.

On peut sans risque d'erreur affirmer, en regardant les dates des romans, qu'il s'agit là d'une constante dans l'écriture vernienne : dès 1864 *(Voyage au centre de la Terre)*, jusqu'aux romans posthumes, Jules Verne ressent le besoin de préciser les adresses de tel ou tel de ses héros.

L'examen des liens entre l'adresse et la personnalité du personnage est plus difficile à faire. Sur 32 adresses, on trouve bien deux professeurs, deux notaires, un médecin et un prêtre ; ne faut-il pas amarrer solidement à un point fixe ce qui symbolise les racines de l'être : la vie, la mort, l'au-delà, le savoir, le pouvoir ? Mais restent les autres personnages, ils méritent tous un examen approfondi de leur cas. C'est pourquoi, il faudra bien que quelqu'un tire les conclusions de ce constat.

Regardons seulement le cas de Phileas Fogg. Dès le début du *Tour du Monde,* à la première ligne, nous savons que celui qui va incarner le plus parfaitement la mobilité dans l'œuvre de Jules Verne a un point fixe qui est : « la maison portant le numéro 7 de Saville Row, Burlington gardens », et Jules Verne ajoute : « maison dans laquelle Sheridan mourut en 1814 », intention malicieuse de l'auteur qui ajoutera, douze pages plus loin, que cette maison « devait être le temple du désordre à l'époque de l'illustre mais dissipé Sheridan ».

On saisit le jeu de l'écrivain qui en fait la « coquille » du très rigoureusement méthodique Philéas Fogg, le dieu de l'ordre et de la précision dans « le temple du désordre ». L'homme-machine (« une véritable mécanique ») chez l'Irlandais brouillon, drôle et farceur.

Oui, l'adresse de Phileas Fogg a son importance, a sa place, joue un rôle dans le roman. Il est permis de supposer qu'en d'autres cas, il en est de même. Mme Durrien habite à Paris, une rue où beaucoup sont « de quelque chose », en tout cas Mme Jegou d'Herbeline, nantaise d'origine, à qui l'on doit un portrait au crayon de Jules Verne croqué « dans son salon », habitait, elle, 24 rue de Varenne.

Ce qui paraît acquis également, c'est que toutes ces adresses peuvent être vérifiées, rues et places existent réellement.

On a tellement dit et redit l'importance du cadre balzacien qui sécrète en quelque sorte le personnage, qu'on peut être tenté de se demander si la lecture de Balzac n'a pas, là encore, comme en bien d'autres points qui mériteraient une démonstration, influencé Jules Verne.

Le souci de précision de Jules Verne est tel que sur 32 adresses, 26 sont chiffrées. Ajoutons pour les amateurs de symboles que dans le choix de ces chiffres, les chiffres 1 et 3 apparaissent onze fois, le chiffre 7 neuf fois et le chiffre 9 huit fois. Un, trois, sept, neuf : poésie des chiffres sacrés et des nombres impairs !

Les 32 bonnes adresses de Jules Verne seraient-elles à verser au dossier des voyages initiatiques plutôt qu'à celui des influences romanesques ?

Portrait de Jules Verne, par Mme Jégou d'Herbeline. Collection Pichelin.

Jules Verne à l'époque où il écrivait
« Le Tour du monde en quatre vingts jours »
croqué dans notre salon rue de Varenne, 24
E. Jégou d'Herbeline Pichelin

Olivier DUMAS.

LE SECRET DU « VILLAGE AÉRIEN »

Monsieur Verne, quel est le sujet du *Village aérien ?*

« J'essaie d'y reconstituer la race intermédiaire entre le plus parfait des singes et le plus parfait des hommes, répond Jules Verne et, en tout cas, je suis loin d'arriver à la conclusion de Darwin dont je ne partage pas le moins du monde les idées. » « ... Mon livre... est une description de la vie familiale du Chaînon Manquant... »

En première lecture, l'histoire peut paraître simple et même puérile. Cependant, dans la littérature, la postérité des hommes-singes sera nombreuse, du *Monde perdu* de Conan Doyle aux aventures de *Tarzan* d'Edgar Rice Burroughs, sans oublier le beau roman de Vercors, *Les Animaux dénaturés*. En réalité, l'œuvre est beaucoup plus complexe qu'elle n'apparaît d'abord : c'est une parodie et une caricature des *Voyages extraordinaires* dans laquelle Verne enferme un secret qui dut attendre la lecture éclairée de Marcel Moré[1], cinquante-neuf ans plus tard,pour être enfin compris.

Parodie et caricature, car si Verne prend, en partie, le même sujet que celui du *Capitaine de quinze ans,* un voyage dans la forêt africaine, il ne garde plus que l'apparence de la véracité. Dans une autre étude[2], j'avais montré combien l'aventure du *Capitaine de quinze ans* était calquée sur la réalité historique et combien l'étude géographique, botanique et ethnologique s'appuyait sur une documentation exacte, et qui d'ailleurs caractérise l'œuvre vernienne. Comme le précise Verne lui-même en 1895 : « Quant à l'exactitude de mes descriptions, elle est due à ce fait que depuis longtemps, bien avant d'écrire des romans, j'avais pris l'habitude de recueillir de nombreuses notes dans les livres, les journaux, revues scientifiques de tout genre... ».

Autant dans *Un Capitaine de quinze ans* Verne respectait les coutumes et gardait jusqu'au nom des véritables protagonistes, autant dans *Le Village aérien,* il donne une apparence de roman vernien et se livre uniquement à sa fantaisie. Là, pas de savantes descriptions botaniques ni de commentaires scientifiques sur les pays traversés. Toutes les énumérations imaginaires sont là pour créer une ambiance fantastique ou sont prétexte à jeux de mots et évocations érotiques. Verne peut s'y livrer sans crainte d'être blâmé par Hetzel ; si certaines de ses pulsions sont peut-être inconscientes au niveau de l'écriture, elles lui deviennent visibles à la lecture puisque Verne corrige son texte après une première publication.

Ainsi décrit-il à deux reprises (ch. V et XII) l'arbre éjaculateur :

« Certains spécimens, à branches épineuses... doublées d'une écorce à *substance laiteuse*[3] et dont la noix, lorsque le fruit est mûr, fait explosion en projetant la *semence*[3] de ses seize compartiments » (ch. V).

Cet arbre n'existait d'ailleurs qu'en Amérique.

A propos de singes, l'énumération devient tellement scabreuse que Verne se censurera lui-même dans les éditions suivantes :

« Les singes anthropomorphes n'ont ni *queues,* ni *bourses* à joues, ni callosités *fessières*[3]. » (*Mag.* p. 266).

Ce dernier mot disparaît dans l'édition de librairie (Gr. in-8°, nov. 1901, ch. XIV) et ne se trouve que dans l'édition pré-originale du *Magasin d'Education et de Récréation,* parue sous le titre *La Grande forêt* de janvier à juin 1901. Les différences entre ces deux éditions successives sont très nombreuses, dans tous les chapitres ; Elles portent surtout sur des modifications de style mais certaines, comme la précédente, sont significatives et indiquent en tout cas l'attachement de Verne pour ce texte puisqu'il l'a modifié à toutes les pages et jusqu'au titre entre deux publications. Il faut opposer ironiquement cette correction minutieuse aux propos tenus par Honorine Verne, quelques années plus tôt :

« Mon mari n'a jamais relu un seul chapitre de ses romans.

Quand les épreuves sont corrigées, son intérêt pour ses héros cesse aussitôt, bien qu'il ait porté souvent pendant des années une intrigue, une invention avant de les utiliser dans son roman. »

Au Collège de Cerisy, dans une communication sur la Race noire dans l'œuvre de Jules Verne, j'ai cité en exemple *Le Village aérien* car on y trouve, comme dans *Un Capitaine de quinze ans,* trois catégories de noirs africains :

Au plus bas, les sauvages, décrits les plus farouches possible, car ils doivent faire peur. Certains ont accusé Jules Verne de racisme quand il traite les anthropophages de « fauves à face humaine » ; ce racisme, s'il existe, reste discret par rapport à la littérature du temps.

Parmi ces primitifs Verne retrouve les affreux Niam-Niam de *Cinq Semaines en ballon* pour faire une plaisanterie grivoise :

« Les Niam-Niam, ces hommes à *queue,*[3] qui, il est vrai, ne possèdent aucun appendice caudal » (ch. V).

Ils l'avaient naturellement ailleurs !

Ensuite, deuxième groupe, la classe des serviteurs. Les deux héros du roman, Cort et Huber, ont un jeune protégé, Llanga, qui devient leur serviteur et avec lequel ils ont des rapports ambigus, « séduits par son affection caressante » (ch. I). Quand « Llanga alla se blottir près de Max Huber » (ch. IV), Verne trahit-il cette homosexualité latente, analysée par Marc Soriano ?[4] Ce jeune éphèbe, qui figure sur les illustrations de l'édition Hetzel en négrillon très noir, Verne l'avait décrit comme *blond* à l'instar de *La Négresse blonde* de Fourest :

« Il avait le teint presque clair, la chevelure *blonde*[3] et non la laine crépue des noirs, le nez aquilin et non écrasé, les lèvres fines et non lippues » (ch. I).

Ce jeune garçon devait être mangé par les Denkas : « Quel sort l'attendait, on le devine » (ch. I) « Entre la dixième et la seizième année, les enfants servent de nourriture... et certains chefs ne s'alimentent que de cette jeune chair » (ch. II). Le comportement de ces sauvages envers de jeunes adolescents rappelle celui du sadique Gilles de Rais.

Enfin, dernier type de noirs, un africain accompagne les héros, sans discrimination et, de ce fait, ne se remarque pas. Khamis, noir du Cameroun, d'où son nom, donne toujours des avis com-

C'était un concert qui succédait aux exercices chorégraphiques
(Le Village aérien).

pétents. Il n'est jamais ridicule et son comportement intelligent et sympathique montre bien que Verne ne cherche aucunement à abaisser un homme pour la couleur de sa peau mais le considère comme un être humain parmi d'autres.

Le « maillon manquant », dont la description, selon Verne, serait le but du livre, se révèle être des hommes-singes proches du bon sauvage. La famille Li-Maï est très unie et exemplaire. La vie au village paraît idyllique. Là encore, Verne s'amuse avec les mots. Li-Maï s'écrit d'abord Li-Mai dans le *Magasin,* d'où la famille Li-Mai, Lo-Mai donne en inversant les termes, Mai-Li, Mai-lo ; quant à la mère, La-Mai ou Mai-La, cela peut s'entendre de diverses façons.

Dans cet univers onirique, je note encore que Verne trouve le moyen de faire naviguer ses héros et de leur trouver refuge dans une grotte.

Sous couvert d'une descente aux enfers vers les origines de l'homme, après un dépouillement progressif, apparaîtra la véritable figure de Dieu, tragédie dérisoire, témoin de l'angoisse vernienne. Le secret de l'œuvre, une violente satire religieuse, cachée derrière des mots ambigus, ne se dévoilera que dans la dernière partie.

Les héros s'enfoncent de plus en plus profondément dans la *Grande forêt,* pénétration sombre, chaude et humide qui en évoque d'autres, « forêt, impénétrée jusqu'alors, sinon impénétrable » (ch. IV). Après plusieurs étapes, où ils perdent peu à peu tous leurs biens, a lieu une dernière plongée dans l'inconscient. Ils sont emportés dans un tourbillon « au milieu des eaux mugissantes ». Puis, comme Richard Droin l'a remarqué dans d'autres romans[5], le récit principal commence après un symbolique évanouissement. Le réveil a lieu dans l'obscurité totale : « seraient-ils donc au fond d'une caverne, en un lieu impénétrable à la lumière diurne ? » (ch. XII).

Dans cet antre fœtal une mystérieuse lumière les guidera. Première allusion religieuse, cette lueur étrange, « c'est l'étoile des rois Mages... et quand arriverons-nous à Bethléem ? » (ch. XII) demande sans ironie Max Huber.

Les symboles religieux s'accumuleront derrière chaque mot à l'arrivée dans le lieu saint, le village aérien, centre du monde et cité céleste, paradis éloigné de la terre, au propre et au figuré, où

Khamis et ses compagnons purent envoyer un dernier adieu
(Le Village aérien).

vivent les hommes-singes, les Wagddis, êtres perdus qui divaguent en syllabes inversées avec un W darWinien, créatures physiquement inférieures aux hommes mais supérieures par leurs mœurs. Ils craignent tous leur Dieu souverain, Msélo-Tala-Tala.

Marcel Moré, le premier, a eu le mérite de deviner les allusions cachées, d'interpréter les mots à double sens et de comprendre l'amère satire religieuse.

La fête à la gloire de Dieu débute par un concert joué sur un *orgue* de Barbarie, « un instrument sacré » ; que joue-t-il ? : une chanson, *A la grâce de Dieu.* Lorsque le soleil s'abaisse « derrière des cimes du couchant » le souverain daigne « enfin sortir de sa divine invisibilité » :

« ... Presque aussitôt apparut un trône, — un vieux divan drapé d'étoffes et de feuillage — soutenu par quatre porteurs et sur lequel se pavanait Sa Majesté.

... La foule se courbait jusqu'à terre, silencieuse, comme hypnotisée par l'auguste présence de Msélo-Tala-Tala.

... A peine s'il daignait remuer la tête en signe de satisfaction. Pas un geste, si ce n'est à deux ou trois reprises pour se gratter le nez — un long nez que surmontaient de grosses lunettes, — ce qui justifiait son surnom de Père Miroir.

... Mais... c'est un homme !... affirma John Cort.

— Un homme ?... répliqua Max Huber.
— Oui... un homme... et... qui plus est... un blanc !...
— Un blanc ?... » *(Mag.* p. 327, ch. XVI).

Marcel Moré fait remarquer que l'*orgue* se joue aussi dans les églises, que *La grâce de Dieu* désigne également un cantique et qu'enfin le Souverain *blanc,* « représentant qualifié de la race humaine », ne peut être que le Souverain pontife. Pour être encore plus clair, si cela ne suffisait pas, Verne ajoute : « Ce qu'on promenait là sur sa *sedia gestatoria,* c'était un être différent. » On sait que ces mots latins désignent uniquement la chaise sur laquelle est promené le pape.

A ce déchiffrage suffisamment explicite, j'ajoute quelques éléments qui viennent compléter le tableau satirique, habilement camouflé cependant puisque les contemporains n'ont pas su lire entre les lignes.

Pour voir leur dieu « apparaître dans toute sa gloire », les Wagddis mettent leurs « habits du dimanche » et sont donc « endimanchés[6] ». S'agit-il de « rendre hommage à un dieu quelconque », ils se dirigent « processionnellement » pour qu'il leur « soit permis de contempler enfin sa face auguste ». Ce Dieu reste invisible car « on ne se figure pas ce que l'invisibilité donne de prestige à un monarque ».

Voici enfin Msélo-Tala-Tala, Sa Majesté le Père Miroir[7], le père aux lunettes. Pourquoi *Père Miroir* signifierait porter des verres ? parce que *Père Verres* aurait été trop compréhensible.

Dans Msélo-Tala-Tala, Moré a voulu lire pour Msélo[8], Missel ou Messe et pour Tala, les *Tala,* ceux qui vont à la messe, en argot des grandes écoles.

Pour moi, je traduis Msélo par *S.M. Léo,* Sa Majesté Léon, et quel Léon, sinon Léon XIII, le pape de l'époque. Comme par hasard, le mot Msélo-Tala-Tala, créé par Verne, est composé de treize lettres !

En connaissance de cause doit-on lire différemment l'interrogation sur Msélo-Tala-Tala : « A moins que cet homme ne soit en bois ou en *pierre*[3] » (ch. XVI).

Cette pitoyable figure de représentant de Dieu ne vaut finalement pas mieux qu'une idole de pierre, puisqu'il s'agit d'un fou, incapable de parler, d'un être déchu qui ne règne que sur des sous-hommes. Propos bien désabusés pour un vieillard au terme de sa vie qui n'a pas encore retrouvé la foi de son enfance.

Le Village aérien, c'était une métaphore du paradis dans les airs et de son Dieu souverain. Quelle cruelle désillusion ! Dieu est implacable et sourd à nos prières. Il ne reste plus qu'à fuir.

Seule certitude dans ce monde, le retour à l'origine de la vie, la mère « Ngora ». Ngora, ce mot revient comme un leitmotiv tout au long de l'œuvre ; ce sera le dernier cri de l'enfant-singe, avant qu'il ne s'éloigne dans le temps et dans l'espace.

NOTES

1. M. MORÉ : *Le très curieux Jules Verne,* Gallimard, 1960.

2. Dumas : « 1978 : Centenaire du ''Capitaine de quinze ans'' », *BSJV*. n° 46, p. 164.

3. Souligné par nous.

4. SORIANO (M.) : *Jules Verne,* Julliard, Paris, 1978.

5. DROUIN (R.) : « Les rêves extraordinaires de Jules Verne », *BSJV* n° 42, p. 50.

6. La cérémonie a lieu un 15 avril qui, en 1900, année de la composition, est non seulement un *dimanche* mais le jour de *Pâques !* La parodie n'en est que plus cruelle et plus évidente.

7. Avec un grand P dans le *Magasin* (pp. 264 et 239) et un petit p dans l'édition corrigée (ch. XIII, et ch. XVIII).

8. Presque tous les mots, dit Verne, commencent par Ms, Ng, d'où Msélo, Ngora, Ngala, etc. (ch. XIV) ; cela pour justifier l'unique exemple, Msélo.

Simone VIERNE.

L'AUTHENTICITÉ DE QUELQUES ŒUVRES DE JULES VERNE

Jules Verne a envoyé à son éditeur et ami P.J. Hetzel, puis, à la mort de celui-ci en 1886, à son fils L.J. Hetzel, plus de huit cents lettres. Michel Verne, le fils de l'écrivain, a lui aussi correspondu avec L.J. Hetzel. Toutes ces lettres ont été confiées à la Bibliothèque nationale par la petite-fille du grand éditeur, Mme Bonnier de la Chapelle, et elle a eu la bonté de me les laisser consulter, avec l'aide précieuse de Mme Cordroc'h, conservateur de la Bibliothèque nationale. Ces lettres et dossiers du « fonds Hetzel » m'ont permis, tout en étudiant la genèse de l'œuvre de Jules Verne, de résoudre le problème de l'attribution à Jules Verne d'un roman de X. Nagrien, pseudonyme sous lequel, parfois, on prétend voir notre auteur[1]. Mais en outre, j'ai eu la surprise de découvrir que deux romans, parus du vivant de l'auteur, sous son nom, dont un fort célèbre, n'étaient que des adaptations et transformations de deux romans de Paschal Grousset.

*
* *

Si l'on a souvent contesté l'authenticité des œuvres posthumes, on a parfois attribué à Jules Verne un livre paru chez Hetzel en 1867, intitulé *Prodigieuse découverte et ses incalculables conséquences sur les destinées du monde,* par X. Nagrien[2]. On pouvait penser, à la rigueur, qu'étant donné l'allure trop fantastique de l'œuvre, Hetzel avait hésité à la laisser paraître sous le nom de son véritable auteur, alors cantonné dans un genre différent qui lui assurait le succès. Mais, dans une lettre à Hetzel du 9 juillet 1866, j'ai retrouvé ce témoignage décisif : « J'ai lu *Prodigieuse découverte.* C'est de l'Edgar Poe pour l'insuffisance des moyens physiques, moins le génie de cet étrange conteur. En somme, je ne trouve pas cela fameux. » Exécution rapide et... fort exacte. Lorsque Jules Verne se laisse aller à son penchant pour le fantastique, comme dans *Le Sphinx des glaces* ou *Le Secret de Wilhelm Storitz,* il est autrement convaincant.

Nous devons à Mme Cordroc'h l'identification complète du mystérieux Nagrien (Communication à la Société Jules Verne en février 1969). Les papiers Hetzel, je l'avais remarqué, paient le prix de *Prodigieuse découverte* à un M. Audoy : il s'agit du futur préfet de la IIIe République, qui publia plus tard des ouvrages politiques (*La République et sa raison d'être,* Paris, Lechevallier, 1873) et qui ne tenait sûrement pas à voir son véritable nom divulgué à propos d'œuvres de fantaisie. On remarquera d'ailleurs que *Prodigieuse découverte...* est avant tout un pamphlet politique et non une œuvre de fiction scientifique...

*
* *

Mais c'est en étudiant les lettres de l'année 1878 de Verne à son éditeur que je fis la plus étrange découverte : je trouvai diverses allusions à un certain « roman de l'Abbé, *L'Héritage de Langevol* », puis une critique serrée de ce manuscrit, avec de telles précisions sur les épisodes et les noms (Marcel, le Dr Sarrasin, Schultz) que le doute n'était plus permis : Jules Verne n'avait pas inventé les *Cinq cents millions de la Bégum !*

C'est le dossier Paschal Grousset, du fonds Hetzel, qui allait me donner la clé de l'énigme. Paschal Grousset, en littérature Philippe Daryl ou André Laurie et même plus tard Tiburce Moray (!), fut membre de la Commune de Paris, envoyé après sa condamnation en Nouvelle-Calédonie avec son ami Rochefort, avec qui il s'évada aux Etats-Unis, puis en Angleterre. C'est de là qu'il commença à correspondre avec Hetzel, par l'intermédiaire de l'abbé de Manas (?), 25, rue Notre-Dame-de-Lorette. Grousset avait de grosses difficultés financières — il en eut du reste toujours ! — et l'abbé cherchait à placer les œuvres de son protégé, en particulier une série de Vie de Collège qui eut un grand succès dans le *Magasin d'Education et de Récréation d'Hetzel et Macé.*

Le 22 juin 1877, l'abbé rappelait à Hetzel qu'Hébrard, du *Figaro*[3], lui avait fait tenir un roman « à trame scientifique et patriotique », *L'Héritage de la Bégum.* D'après les lettres de Jules Verne de 1878, et celles de Hetzel à l'abbé de Manas, on comprend que l'éditeur soumit le manuscrit à Verne, qui, nous le verrons, ne ménagea pas ses critiques. Aussi Hetzel proposa-t-il à l'abbé de faire revoir l'ouvrage par un autre auteur « qui le rendrait possible ». Mais il faudrait alors que l'auteur primitif en cédât la propriété. Un arrangement eut lieu d'abord de vive voix, lors d'un passage de Verne à Paris, puis un traité de cession fut rédigé, avec cette clause : « Cet écrivain devra accepter de mettre le livre en état de paraître à ses risques et périls, sous son seul nom et sans que celui de l'auteur primitif de l'œuvre à refaire puisse jamais avoir à y reparaître sous un titre quelconque. Cet écrivain pourra être M. Jules Verne auquel M. Hetzel pense à offrir ce travail de préférence à tout autre. » Une lettre de P. Daryl (Grousset) confirme que « M. de Manas a tous les pouvoirs pour céder à M. Hetzel la propriété de son petit roman *L'Héritage de Langevol* au prix net de quinze cents francs ». Il faut croire que cet « abandon d'enfant » ne désola pas outre mesure Grousset puisqu'il se chargea de fournir des photographies du British Museum sur l'usine Krupp et d'autres documents en vue de l'illustration du roman. Bien plus, il accepta une nouvelle fois de « vendre » à Jules Verne un de ses romans : en juillet 1880, il annonce à Hetzel qu'il prépare *Le Diamant Bleu,* qui devient *L'Etoile du Nord* puis *L'Etoile du Sud* dans les lettres suivantes. Hetzel semble avoir critiqué sévèrement l'ouvrage et proposé le même arrangement que pour *Les Cinq cents millions de la Bégum.* Le 4 décembre 1883, une lettre de Grousset précise : « Vous vous rappelez d'autre part que la moitié du prix complémentaire de *L'Etoile du Sud,* cédée par moi à M. Jules Verne (soit 2 000 francs), ne m'a pas été comptée en espèces mais en amortissement... ». En 1886, *L'Epave du Cynthia* parut avec la double signature de J. Verne et A. Laurie. Il faut avouer qu'à la mort d'Hetzel, Grousset, toujours à court d'argent, essaya d'obtenir des compensations plus importantes pour la cession des deux premières œuvres, en menaçant de révéler la part qu'il y avait prise, et en contestant celle de Verne dans *L'Epave du Cynthia.* Mais L.-J. Hetzel, fort des contrats en bonne et due forme, ne se laissa pas faire...

Quelle a donc été la part de Jules Verne dans les deux premières œuvres ? Malgré l'absence des manuscrits primitifs les lettres de Jules Verne à Hetzel durant l'année 1878 permettent de s'en faire une idée, au moins pour le premier roman.

Au départ, Jules Verne ne fut pas, c'est le moins qu'on puisse dire, enthousiasmé par ce qu'il croit être le « roman de l'abbé ». Dans une première lettre de 1878, il affirme partager les vues d'Hetzel qui avait dû joindre au manuscrit une feuille d'observation : « L'auteur n'est pas romancier. » Peu à peu, dans les lettres du 8 et du 17 septembre (?), les critiques et suggestions se précisent. Si les personnages sont visiblement les mêmes dans le roman primitif et celui de Jules Verne, et aussi les épisodes principaux. Jules Verne entend les traiter tout autrement. On peut grouper ainsi l'essentiel de ses remarques :

1. — Le roman manque d'action. La lutte annoncée entre le canon et la torpille (celle-ci était l'arme du Dr Sarrasin ; Jules Verne s'en débarrassera !) n'a pas lieu. « L'abbé me monte la tête avec son engin nouveau... et je ne vois rien fonctionner. » Qu'importe le mariage de Jeanne et de Marcel à côté de cette attente déçue !

2. — Aussi l'intérêt est-il très mal soutenu. « Il n'y a pas cet élément de curiosité, très bête si vous voulez, mais qui fait que le lecteur veut aller au-delà, élément qui s'obtient par de petits procédés que l'auteur ne songe pas à employer. » Par exemple, les situations tendues n'aboutissent pas : Schultz est asphyxié — et son canon ne part pas ; Marcel est condamné à mort — et il s'en tire avec une lime. Emporté par son imagination. Verne s'écrie : « Et, mon Dieu, il aurait fallu le faire exécuter, ne fût-ce que par le fameux canon, et qu'il sortît de là sain et sauf, et se trouvât hors de l'usine ! » On voit qu'il renonça à cet étrange projet[4]...

3. — Le contraste entre la ville du Bien-être et la ville allemande n'est pas assez marqué, d'autant que la première est à peine décrite par un article de revue, tandis que l'autre l'est par Marcel qui s'y promène. Par cette opposition, « j'ai compris que l'auteur voulait traiter une question politique et philosophique. Seulement, suivant moi, il a voulu le faire, mais il ne l'a pas fait ».

4. — Le canon manque totalement de vérité scientifique, les obus à gaz asphyxiant sont loin d'être nouveaux.

5. — Jules Verne songe même, au début, à reprendre le caractère de Schultz : « Le directeur de l'usine à canons aurait dû être Nemo et non un pareil bonhomme qui est ridicule. »

Sans doute le temps et le goût lui manquèrent-ils pour refaire l'ouvrage de fond en comble. Quoi qu'il en soit, il accepta le travail et fournit le 16 octobre le nouveau plan de ce qui est encore *L'Héritage de Langepol*. Il résume assez bien les limites de son travail et des personnages, « (il) ne fai(t) que pousser les situations jusqu'au bout ». Cela concerne en particulier la condamnation et l'évasion de Marcel, et la mort solitaire de Schultz dans son laboratoire. Ces épisodes, il faut le dire, sont parmi les meilleures pages du roman.

Le travail effectué sur *L'Etoile du Sud* demeure plus obscur. Hetzel avait reproché à Grousset que le « roman de son roman » — autrement dit l'histoire d'amour — fût bien froid. Sur ce point, c'est Hetzel qui a dû faire lui-même les retouches, car Jules Verne disait déjà en 1863 : « Je suis très maladroit à exprimer les sentiments d'amour (...) Je sens très bien ma gaucherie et je me tortille pour n'arriver à rien ». Pour le roman lui-même, l'une des lettres de 1883 annonce qu'il va tout changer. « Je tiens à prolonger jusqu'au bout l'affaire du faux diamant artificiel. L'intérêt y gagnera beaucoup. » Dans une autre lettre, il annonce : « Je garde l'épisode de l'autruche et du diamant avalé tel qu'il est. » Mais il modifie celui du filet aux oiseaux, qui n'enlèvera qu'une seule personne, quelques secondes seulement, et servira à amener la mort de « ce coquin de Pantalacci » au lieu de ne servir à rien.

On voit que Jules Verne apportait aux romans de Paschal Grousset sa technique, désormais bien au point. Mais en même temps, plus ou moins consciemment, son imagination infléchissait la trame qui lui était fournie, de sorte que ces œuvres ne sont pas profondément différentes des siennes propres.

*
* *

Faut-il donc regretter que l'une des œuvres les plus célèbres de Jules Verne n'ait pas été conçue par l'auteur ? Si l'on étudie Jules Verne, non pas comme un « auteur de science-fiction à l'usage des enfants », ce qui réduit considérablement sa valeur et sa portée, mais sur le plan des archétypes et des mythes, grâce auxquels son imagination parvient à éveiller en nous autre chose que la simple curiosité, le problème se pose autrement. Les modifications apportées par Jules Verne, en tout cas au premier roman, infléchissent le sens profond : au lieu d'une lutte entre deux nations incarnées par deux héros antithétiques, ou du moins au-delà — ce qui semblait bien le dessein de Grousset, on a d'une part une incarnation du Mal absolu — Herr Schultz est un Nemo qui a choisi d'aller au bout du mal, comme plus tard Robur-le-Conquérant. Sa mort mystérieuse, solitaire et glacée, qui est de la main de Jules Verne, le grandit aux dimensions d'un héros noir. En modifiant le dénouement, d'autre part, Jules Verne fait en sorte que Marcel devienne une sorte de Héros initiatique, qui sort vainqueur de l'épreuve de mort. Même s'il ne combat pas directement le « monstre » Schultz, c'est lui qui le découvre mort[5].

Ces constantes de l'imaginaire humain expliquent d'ailleurs que Michel Verne ait pu si bien « imiter » son père mais dans une tonalité encore plus désespérée. La valeur de l'œuvre de Jules Verne n'en est pas diminuée, bien au contraire. Mais cela oblige à la lire autrement que comme une œuvre de « science-fiction » : comme l'expression, à sa date, de mythes que nous pouvons lire encore aujourd'hui, sans crainte de les voir vieillir.

NOTES

1. La question des œuvres posthumes, telle que la correspondance entre le fils de Jules Verne, Michel, et L.-J. Hetzel, tendait à le faire croire — c'est-à-dire une simple mise au point par Michel, a depuis la parution de cet article été résolue par les découvertes de M. Piero Gondola della Riva : Michel Verne a non seulement écrit entièrement *L'Eternel Adam,* mais il a même corrigé beaucoup *Le Secret de Wilhelm Storitz* (notamment en donnant au roman un décor du XVIIIe siècle, mais en changeant le dénouement). Il faut aussi lui attribuer *L'Agence Thompson and C°,* et une part très importante dans *Les Naufragés du Jonathan, Le Volcan d'or,* et *L'Etonnante Aventure de la Mission Barsac.*

2. Autre œuvre fantastique et pamphlétaire publiée chez Lahure en 1869 : *Un Cauchemar.*

3. Avant de se lancer dans la politique, et le journalisme, Grousset, ancien externe des hôpitaux de Paris, avait écrit des articles touchant à la science et aux savants pour *Le Figaro* — d'où le rôle d'intermédaire d'Hébrard. En outre, un autre célèbre communard, déporté en même temps que lui et évadé avec lui, Rochefort, était le filleul d'Hetzel (voir Parménie et Bonnier de la Chapelle, *Un éditeur et ses auteurs,* P.-J. Hetzel, Paris, Albin Michel, 1953, p. 515).

4. Mais l'année suivante, il travaille à *La Maison à vapeur,* et il se souviendra de cette idée (IIe partie — ch. 12).

5. On commence enfin à s'en apercevoir. Le n° 29 de la revue l'*Arc* (1966) consacre divers articles aux thèmes mythiques et initiatiques de l'œuvre de Jules Verne. Mais, contrairement à ce que l'on pourrait croire en lisant la revue, et le compte rendu qu'en fait *Le Monde* le 18 juin 1966, cet aspect avait déjà frappé non seulement MM. BUTOR et CARROUGES (*Arts et Lettres*, n° 15 — 1949) et M. MORE (*Le très curieux Jules Verne — Nouvelles explorations de Jules Verne* — Gallimard, 1960 et 1963) auxquels la Revue se réfère, mais aussi un chercheur suisse, M. CORBOZ, qui consacre une étude passionnante au *Voyage au centre de la Terre,* dans Action et Pensée, n° 3, septembre 1961, et Léon CELLIER, professeur à la Faculté des Lettres de Grenoble. Ce dernier, à l'occasion de ses recherches sur le roman initiatique chez les romantiques, fut frappé par la présence de thèmes initiatiques dans l'œuvre de Jules Verne (il leur consacra un cours public en 1963 et rappela cet aspect de l'œuvre dans un article des Cahiers internationnaux du Symbolisme — 1964, n° 4, p. 31). C'est ainsi qu'il me proposa le sujet de ma thèse, déposé début 1965, avant la « vogue » provoquée par la réédition de l'œuvre en Livre de Poche, sur « Jules Verne, romancier initiatique ». Cette thèse a été soutenue en 1972, et publiée en 1973 aux éditions du Sirac.

Jacques R. LECLERCQ.

NE NOUS FROISSONS PAS

En plus des inévitables coquilles typographiques, petites erreurs de calcul, curieux changements de noms (le juge Izar Rona qui, dans *Le Pilote du Danube,* devient Frantz Richter), les *Voyages extraordinaires* présentent quelques faiblesses qui auraient pu être signalées à l'auteur.

Je n'en donnerai qu'un exemple tiré de *Nord contre Sud.*

La brave Zermah a été enlevée en compagnie de la petite Dy. Elles sont retenues prisonnières dans un ancien wigwam indien par le méchant Texar.

Une nuit, Zermah entend parler dans la pièce voisine. Elle se place derrière la porte et, l'oreille tendue, écoute.

« Si, jusqu'alors, Zermath ne comprenait rien à cette conversation, elle ne devinait pas non plus qui pouvait être cet hôte inattendu du wigwam. Il y avait là certainement deux hommes qui parlaient et il semblait que ce fût un seul homme qui fît demandes et réponses.

« Zermah essayait vainement de regarder à travers quelque interstice de la porte. La chambre faiblement éclairée ne permettait pas de distinguer le moindre objet. La métisse dut donc se borner à surprendre le plus possible de cette conversation qui pouvait être d'une extrême importance pour elle.

« En ce moment, Zermah crut entendre le froissement de deux mains qui venaient de se serrer. »

Zermath, l'oreille tendue, écoutait (Nord contre Sud).

Zermah a l'oreille vraiment fine : reconnaître le « froissement de deux mains qui se serrent » ! N'importe ! Elle a maintenant la conviction qu'il y a, dans la pièce voisine, deux hommes qui ont le même timbre de voix.

Un peu plus tard d'ailleurs, elle en aura une preuve supplémentaire :

« La conversation fut interrompue un instant. Le choc des verres apprit à Zermah que l'Espagnol et « l'autre » buvaient ensemble. »

Le choc de ces verres était un indice suffisant. Jules Verne aurait pu supprimer le froissement des deux mains qui prête à sourire.

Jean-Michel MARGOT.

JULE VERNE ET LA PHILATÉLIE

Les timbres Croix-Rouge française 1982 sont les 99e et 100e timbres émis dans le monde en hommage à Jules Verne, romancier le plus traduit et un des meilleurs ambassadeurs de la culture française. Le philatéliste désireux de se constituer une collection thématique précise, limitée et prestigieuse trouvera dans les lignes et tableaux qui suivent les indications nécessaires à un tel effort.

Les timbres-poste eux-mêmes sont relativement faciles à se procurer, à moins qu'il ne s'agisse d'émissions sans caractère postal, comme les timbres en argent ou or de Mauritanie ou de Guinée ou le « timbre en relief » (!) du Bhoutan, ou enfin les essais de couleur et les non-dentelés des pays d'expression française

Des recherches persévérantes et opiniâtres seront nécessaires pour réunir les oblitérations consacrées à Jules Verne et à son œuvre. Le cachet le plus ancien est celui du ravitailleur de sous-marins *Jules Verne* où une agence postale a fonctionné à bord du 5 mai 1935 au 23 août 1953. Dès septembre 1976 lui a succédé le cachet du bâtiment-atelier polyvalent *Jules Verne* où une agence postale dispose d'un cachet à date normal.

A côté des oblitérations « premier jour », trois pays seulement ont honoré le grand écrivain au moyen de cachets commémoratifs temporaires : la France, avec onze cachets dont quatre en 1978 (année du cent cinquantième anniversaire du romancier), l'Allemagne fédérale avec deux cachets lors des vols Apollo et la Suisse avec la fiche-réclame postale de mai 1982 utilisée par l'office postal d'Yverdon-les-Bains lors de l'Assemblée générale de la Société Jules Verne. On le voit, Jules Verne et son rayonnement culturel constituent le noyau d'une collection thématique riche par ses aspects nouveaux ou inattendus, comme son œuvre dont la critique universitaire découvre de nouvelles facettes depuis une vingtaine d'années.

Les timbres illustrant cette rubrique ont été aimablement communiqués par M. Jacques Wolf, 18, rue Drouot, à Paris.

PHILATELIE JULES VERNE		OBLITERATIONS			PAGE 0 1
PAYS	**DATE**	**LIEU**	**MANIFESTATION**	**DIAMETRE EN MM**	**REMARQUES**
FRANCE	1935 à 1953	En mer	Ravitailleur J.V. Agence à bord		
FRANCE	11.10.47	NANTES	Journée JV.		
FRANCE	3.6.55	NANTES	Premier jour FDC	30	
FRANCE	3.6.55	PARIS	Premier jour FDC	36	
FRANCE	3.6.55	AMIENS	Premier jour FDC	27	Timbre à date ordinaire
MONACO	7.6.55	MONACO	Premier jour FDC	35	
FRANCE	25.3.66	PARIS	Exposition "Hier et Demain"	35	
FRANCE	20-21.4.66	PARIS	Hommage des cosmonautes à J.V.		
CENTRAFRICAINE	24.10.66	BANGUI	Premier jour FDC	30	
ALLEMAGNE FEDERALE	15.4.70	DORTMUND	105 ans J.V. "De la Terre à la Lune"	35	
MALI	4.5.70	BAMAKO	Premier jour FDC	29	
GABON	10.6.70	LIBREVILLE	Premier jour FDC	30	
TCHECOSLOVAQUIE	31.8.70	PRAGUE	Premier jour FDC	28	
ALLEMAGNE FEDERALE	12.4.72	HAMM. WESTF. 1	De J.V. à Apollo	45×34	
FRANCE	31.3.73 1.4.73	ROSNY-SOUS-BOIS	Journées J.V.	35	

PHILATELIE JULES VERNE		OBLITERATIONS			PAGE 0 2
PAYS	DATE	LIEU	MANIFESTATION	DIAMETRE EN MM	REMARQUES
FRANCE	30.9.73	AMIENS	Centenaire de l'ascension en ballon de J.V.	355	
FRANCE	4.5.74	PANTIN	Inauguration de la bibliothèque municipale	36	
MALI	7.4.75	BAMAKO	Premier jour FDC	29	
CONGO	30.6.75	BRAZZAVILLE	Premier jour FDC	35	
FRANCE	24-25.4.76	AMIENS	De J.V. à Concorde	36	
FRANCE	5.2.78	AMIENS	150ᵉ anniversaire	36	
MONACO	2.5.78	MONACO	Premier jour FDC	35	
FRANCE	2.6.78	AMIENS	Foire exposition de Picardie	36	
HONGRIE	21.8.78	BUDAPEST	Premier jour FDC	29	
FRANCE	23.9.78	NANTES	150ᵉ anniversaire	36	
FRANCE	7-8.10.78	ROSNY-sous-BOIS	Journées J.V.	36	
FRANCE	1.9.76	En mer	Bâtiment Atelier Polyvalent J.V. Agence à bord	28	
SUISSE	1.5.-31.5.82	YVERDON-les-BAINS	Semaines Jules Verne	40×20	Fiche-réclame postale, flamme rectangulaire.

Lieu et date de la plongée

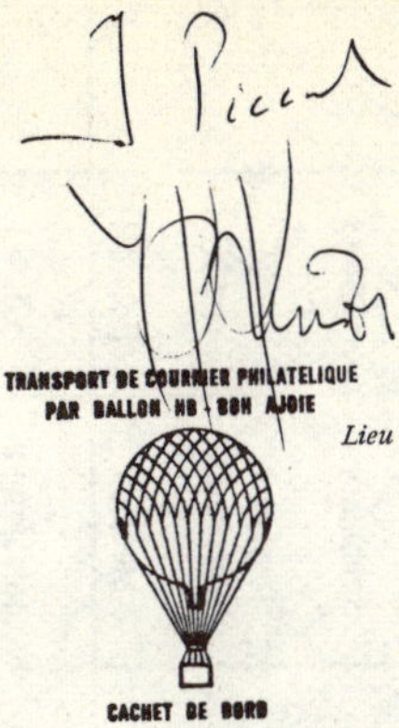

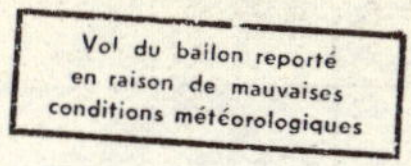

Lieu et date de l'envol

Lieu et date de l'atterrissage

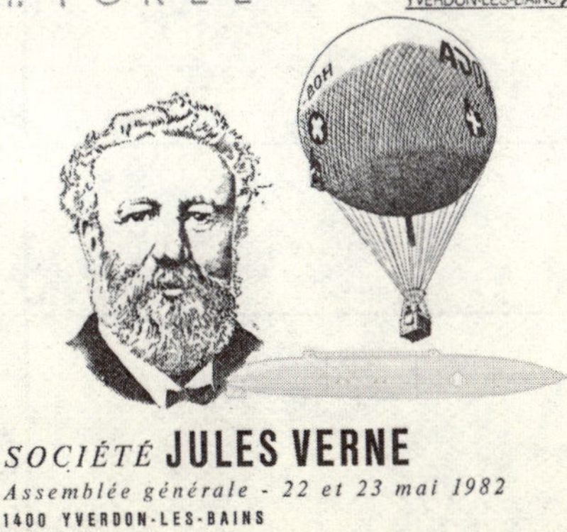

PHILATELIE JULES VERNE				TIMBRES			PAGE T 1
PAYS	DATE D'EMIS.	Nbre de timbres	VALEURS	SUJET	COULEUR	Numéro Yvert	**REMARQUES**
FRANCE	3.6.55	1	30 F	J.V. et Nautilus	bleu/noir	1026	existe en : — non dentelé, — tirage d'artiste, — essai de couleur.
MONACO	7.6.55	11	1 F	5 Semaines en ballon	brun/noir	427	existent — non dentelés, — essais de couleur.
			2 F	Une Ville flottante	bleu/noir	428	
			3 F	La Maison à vapeur	brun/noir	429	
			5 F	Michel Strogoff	rouge/noir	430	
			6 F	Les 500 Millions de la Bégum	brun/noir	431	
			8 F	Le Superbe Orénoque	vert/bleu	432	
			10 F	Voyage au centre de la Terre	bleu/noir	433	
			15 F	Le Tour du Monde en 80 jours	rouge/brun	434	
			25 F	Vingt mille lieues sous les mers	vert/noir	435	
			30 F	USS. Nautilus	vert/brun	436	
			200 F	De la Terre à la Lune	bleu/noir	P.A. 60	
REPUBLIQUE CENTRAFRICAINE	24.10.66	1	200 F	De la Terre à la Lune	polychrome	P.A. 41	

POSTES
MONACO
1F
5 SEMAINES EN BALLON

MICHEL STROGOFF
MONACO
5F
POSTES

JULES VERNE
1828-1905
MONACO
POSTES
2F
UNE VILLE FLOTTANTE

MONACO
POSTES
6F
LES 500 MILLIONS DE LA BEGUM

JULES VERNE
1828-1905
MONACO
POSTES
3F
LA MAISON A VAPEUR

PHILATELIE JULES VERNE				TIMBRES			PAGE T 2
PAYS	DATE D'EMIS.	Nbre de timbres	VALEURS	SUJET	COULEUR	Numéro Yvert	**REMARQUES**
PANAMA	67	3	0.01 B 0.10 B 0.21 B	J.V. et Nautilus J.V. et canon géant J.V. et obus lunaire	rouge/vert/noir rouge/violet/noir rouge/bleu/noir	444 P.A. 416 P.A. 417	
HONGRIE	69	1	40 F	Obus lunaire	polychrome	P.A. 309	Existe en non-dentelé (—.80)
MALI	4.5.70	3	50 F 150 F 300 F	De la Terre à la Lune Autour de la Lune Retour de la Lune	polychrome polychrome polychrome	P.A. 90 P.A. 91 P.A. 92	Ces 3 timbres ont été surchargés plus tard dans l'année avec : APOLLO XIII EPOPEE SPATIALE 11-17 avril 1970
GABON	10.6.70	1 Bloc de 3 timbres	200 F 25 F 100 F 200 F	Obus lunaire Icare Leonard de Vinci J.V. et obus lunaire	rouge/bleu/noir polychrome	P.A. 96 B.F. 15	Le 3e timbre du bloc est semblable au timbre isolé.
MALI	70	3	50 F 150 F 300 F	De la Terre à la Lune Autour de la Lune Retour de la Lune	polychrome polychrome polychrome	P.A. 97 P.A. 98 P.A. 99	Timbres semblables à ceux émis le 4.5.70, mais surchargés : APOLLO XIII EPOPEE SPATIALE 11-17 avril 1970

MONACO
POSTES
JULES VERNE
1828-1905
25F
VINGT MILLE LIEUES SOUS LES MERS

MONACO
POSTES
15F
LE TOUR DU MONDE EN 80 JOURS
15F

MONACO
JULES VERNE
1828-1905
POSTE AERIENNE
200F
DE LA TERRE A LA LUNE

LE SUPERBE ORENOQUE
MONACO
POSTES
8F

MONACO
POSTES
JULES VERNE
1828-1905
10F
VOYAGE AU CENTRE DE LA TERRE

PHILATELIE JULES VERNE — TIMBRES — PAGE T 3

PAYS	DATE D'EMIS.	Nbre de timbres	VALEURS	SUJET	COULEUR	Numéro Yvert	REMARQUES
TCHECOSLOVAQUIE	31.8.70	1	1.80 Kćs	Canon et obus lunaire	polychrome	1793	
BHOUTAN	71	1	2 CH	Obus lunaire	brun/jaune/noir	281	Timbre de carton épais dit "en relief"
GUINÉE	71	1	300 F	J.V. et obus lunaire	argent		
MAURITANIE	25.2.74	2	70 UM	J.V. et obus lunaire	argent	P.A. 144-145	
			250 UM	J.V. et obus lunaire	or	P.A. 146-147	Se tenant avec un timbre de même valeur consacré à Skylab.
AJMAN		1		Portrait de J.V.	polychrome		Fait partie d'une feuille de timbres (16) dont 8 à (à gauche) sont de 1 riyal et les 8 autres (à droite) sont des portraits (dont J.V.) sans valeur faciale. Titre de la feuille : History of Space.

DE LA TERRE A LA LUNE
JULES VERNE
200F
POSTE
AERIENNE
REPUBLIQUE CENTRAFRICAINE
PIERRE BEQUET
DELRIEU

PANAMA
B/O.01
SEMANA FRANCESA EN PANAMA · 25 DE SEPTIEMBRE A 2 DE OCTUBRE DE 1.966
1828
1905
JULIO VERNE
DE LA RUE DE COLOMBIA
C ALONSO

MONACO
JULES VERNE
1828-1905
USS NAUTILUS
30F
POSTES

PANAMA AEREO B/O.21
SEMANA FRANCESA EN PANAMA · 25 DE SEPTIEMBRE A 2 DE OCTUBRE DE 1.966
1828
1905
JULIO VERNE
DE LA RUE DE COLOMBIA
C ALONSO

PHILATELIE JULES VERNE				TIMBRES			PAGE T 4
PAYS	DATE D'EMIS.	Nbre de timbres	VALEURS	SUJET	COULEUR	Numéro Yvert	REMARQUES
MALI	7.4.75	4	100 F	Voyage au centre de la Terre	polychrome	P.A. 239	
			170 F	De la Terre à la Lune	polychrome	P.A. 240	
			190 F	Vingt mille lieues sous les mers	polychrome	P.A. 241	
			220 F	Une Ville flottante	polychrome	P.A. 242	
CONGO	30.6.75	2	40 F	Cinq Semaines en ballon	rouge/bleu jaune/noir	A 204	
			50 F	Le Tour du Monde en quatre-vingts jours	rouge/bleu noir/jaune	A 205	
CONGO	76	2	20 F	Great Eastern	bleu/noir	A 230	Le même dessin pour les deux timbres.
			60 F	Great Eastern	violet/noir	A 220	
MONACO	2.5.78	8	0,05 F	L'Ile mystériuse	brun/violet	1125	
			0,25 F	L'Ile mystérieuse	bleu/violet	1126	
			0,30 F	L'Ile mystérieuse	bleu/brun	1127	
			0,80 F	Robur-le-Conquérant	orange/noir	1128	
			1,00 F	Maître Zacharius	bleu/brun	1129	
			1,40 F	Le Château des Carpathes	brun/vert	1130	
			1,70 F	Les Enfants du Capitaine Grant	bleu/noir	1131	
			5,50 F	Portrait de J.V.	violet/noir	1132	

·REPUBLICA DE PANAMA·
CORREOS NACIONALES
TEMAS DE ASTRONAUTICA INTERNACIONAL
PANAMA AEREO B/0.10
1828
1905
JULIO VERNE
PANAMA AEREO B/0.21
1828
1905
JULIO VERNE
Homenaje a Julio Verne 1828 - 1905
0220

VERNE GY. 1828-1905 „UTAZÁS A HOLDBA ÉS A HOLD KÖRÜL"
40f
LÉGIPOSTA
MAGYAR POSTA

PHILATELIE JULES VERNE — TIMBRES — PAGE T 5

PAYS	DATE D'EMIS.	Nbre de timbres	VALEURS	SUJET	COULEUR	Numéro Yvert	REMARQUES
HONGRIE	21.8.78	1	20 Ft	J.V et l'obus sur la lune	brun/noir	Bloc 137	Existe aussi en non-dentelé. Emis en feuillet polychrome avec un timbre. (40.—)
CAMEROUN	78	2	250 F	De la Terre à la Lune	bleu/jaune	623	
			400 F	Vingt mille lieues sous les mers	bleu/jaune	A 290	
HAUTE-VOLTA	78	2	60 F	J.V. et Apollo XI	polychrome		
			200 F	Cinq Semaines en ballon	vert/bleu/violet	A 224	
NICARAGUA	78	7	1 c	Michel Strogoff	polychrome	1104	La dernière valeur (20$) est émise sous forme d'un feuillet polychrome contenant un timbre. Le portrait de J.V. figure sur ce feuillet.
			2 c	L'Ile mystérieuse	polychrome	1105	
			3 c	Voyage au centre de la Terre	polychrome	1106	
			4 c	Cinq Semaines en ballon	polychrome	1107	
			90 c	Vingt mille lieues sous les mers	polychrome	A 910	
			10 $	Le Tour du Monde en quatre-vingts jours	polychrome	A 911	
			20 $	De la Terre à la Lune	polychrome	B 140	

300F POSTE AERIENNE
REPUBLIQUE DU MALI
JULES VERNE
1828 1905
RETOUR DE LA LUNE
P. LAMBERT
DELRIEU

150F
REPUBLIQUE DU MALI
POSTE AERIENNE
JULES VERNE
1828 1905
AUTOUR DE LA LUNE
P. LAMBERT
DELRIEU

REPUBLIQUE DU MALI
50F
JULES VERNE
1828 1905
DE LA TERRE A LA LUNE
P. LAMBERT
DELRIEU

PHILATELIE JULES VERNE				TIMBRES			PAGE T 6
PAYS	DATE D'EMIS.	Nbre de timbres	VALEURS	SUJET	COULEUR	Numéro Yvert	REMARQUES
EMPIRE CENTRAFRICAIN	79	1	1 500 F	J.V. et Année internationale de l'enfant	polychrome et or	Bloc 33	Emis sous forme d'un feuillet de fond bleu avec un timbre doré.
GRENADE	79	4	18 c	Le Tour du Monde en quatre-vingts jours	polychrome	853	
			35 c	Vingt mille lieues sous les mers	polychrome	854	
			75 c	De la Terre à la Lune	polychrome	855	
			3 $	Maître du Monde	polychrome	856	
GRENADINES	79	5	18 c	Vingt mille lieues sous les mers	polychrome	289	La dernière valeur (4 $) est émise sous forme d'un feuillet polychrome avec un timbre. Le portrait de J.V. figure sur ce feuillet.
			38 c	De la Terre à la Lune	polychrome	290	
			75 c	Autour de la Lune	polychrome	291	
			3 $	Cinq Semaines en ballon	polychrome	292	
			4 $	Le Tour du Monde en quatre-vingts jours	polychrome	B 43	
GRENADE	79	1	4 $	Maître du Monde	polychrome	B 78	Feuillet polychrome.

Verne
BHUTAN
2 CH

REPUBLIQUE POPULAIRE DU CONGO
JULES VERNE 1828-1905
POSTE AERIENNE
1975
50F
COMBET
CARTOR

REPUBLIQUE UNIE DU CAMEROUN
UNITED REPUBLIC OF CAMEROON
POSTES
DE LA TERRE A LA LUNE
250F
1828 JULES VERNE 1905
DINO
CARTOR

REPUBLIQUE UNIE DU CAMEROUN
UNITED REPUBLIC OF CAMEROON
POSTE AERIENNE
20000 LIEUES
SOUS LES MERS
400F
1828 JULES VERNE 1905
DINO
CARTOR

PHILATELIE JULES VERNE				TIMBRES		PAGE T 7	
PAYS	DATE D'EMIS.	Nbre de timbres	VALEURS	SUJET	COULEUR	Numéro Yvert	REMARQUES
GUINÉE	8.11.79	7	1 $	Vingt mille lieues sous les mers	polychrome	633	
			3 $	Les Enfants du capitaine Grant	polychrome	634	
			5 $	L'Ile mystérieuse	polychrome	635	
			7 $	Un Capitaine de quinze ans	polychrome	636	
			10 $	L'Etonnante Aventure	polychrome	637	
				de la mission Barsac	polychrome	A 137	
			20 $	5 Sem. en ballon			
			25 $	Robur-le-Conquérant	polychrome	A 138	
MALI	79	1	430 F	10e anniversaire du débarq. sur la Lune	bleu/noir/jaune	A 362	
COOK ISLAND	80	4	20 c	Prodigieuse Découverte de X. Nagrien	vert et or	564	
		1 bloc de 4 timbres	20 c	Le train lunaire	brun/or	565	Le bloc contient les 4 timbres émis séparément, (B 1.05, 7.–)
			30 c	L'obus lunaire	rose/or	566	
			30 c	Le coup de feu du départ de l'obus	bleu/or	567	
MEXIQUE	80	1	5.50	Portrait de J.V. 75e anniversaire de sa mort	brun	A 527	Poste aérienne.

1828 - JULES VERNE - 1905
200F
CINQ SEMAINES EN BALLON
POSTE AERIENNE
REPUBLIQUE DE HAUTE-VOLTA

REPUBLIQUE DE HAUTE-VOLTA
60F
Poste Aerienne
APOLLO 11
20 Juillet 1969
JULES VERNE
Un petit pas pour l'homme un grand bond pour l'humanite
VERET-LEMARINIER
EDILA

"ANNEE INTERNATIONALE DE L' ENFANT 1979"
1500F
POSTE AERIENNE
ANNEE INTERNATIONALE DE L'ENFANT 1979

PAYS	DATE D'EMIS.	Nbre de timbres	VALEURS	SUJET	COULEUR	Numéro Yvert	REMARQUES
MALI	80	4	100 F	Le Tour du Monde en quatre-vingts jours	brun/vert	A 393	Timbres triangulaires attenant à une vignette triangulaire sans valeur.
			100 F	Le Tour du Monde en quatre-vingts jours	brun/vert	394	
			150 F	De la Terre à la Lune	bleu/violet	A 395	
			150 F	De la Terre à la Lune	vert/brun	A 396	
TOGO	80	6 et un bloc	30 F	Portrait de J.V.	polychrome	986	Les timbres de 100 F et 200 F sont réunis en un bloc-feuillet avec le portrait de J.V. et la mention du 75ᵉ anniversaire de sa mort en bordure. Bloc = 4.— N° 139 FS
			50 F	Vingt mille lieues sous les mers	polychrome	987	
			60 F	De la Terre à la Lune	polychrome	A 423	
			80 F	Le Tour du Monde en quatre-vingts jours	polychrome	A 424	
			100 F	De la Terre à la Lune	polychrome	A 425	
			200 F	Vingt mille lieues sous les mers	polychrome	A 426	
DJIBOUTI	80	1	130 F	De la Terre à la Lune	polychrome		
CUBA	81	1	1 c	Jules Verne avec deux scientifiques	polychrome	2256	Premier timbre d'une série de 7 valeurs.

RÉPUBLIQUE TOGOLAISE
75ème ANNIVERSAIRE
DE LA MORT DE JULES VERNE
PREMIER JOUR D'EMISSION F. D. C. ERSTAUSGABE
PREMIER JOUR
75ème ANNIVERSAIRE DE LA MORT DE JULES VERNE
14 JUIL. 80
LOME
75e ANNIVERSAIRE DE LA MORT DE JULES VERNE
60F
50F
80F
200F
100F
80F
REPUBLIQUE TOGOLAISE

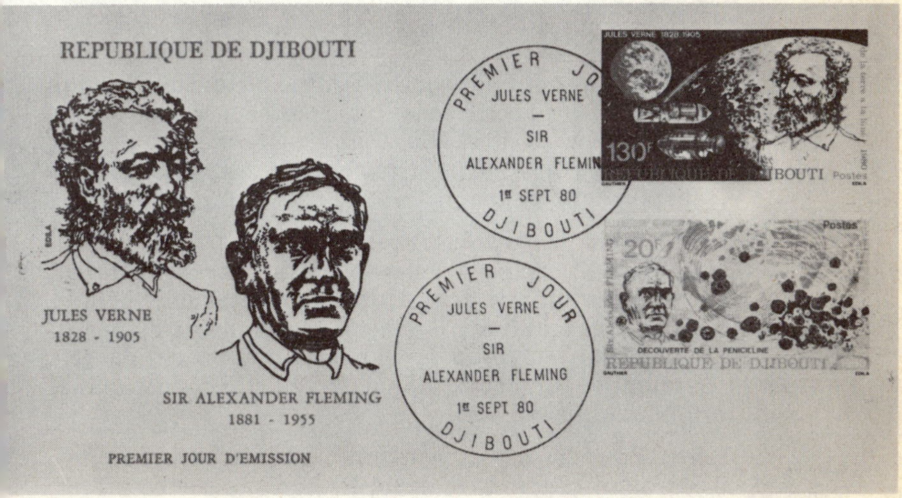
REPUBLIQUE DE DJIBOUTI
JULES VERNE
1828 - 1905
SIR ALEXANDER FLEMING
1881 - 1955
PREMIER JOUR D'EMISSION
PREMIER JOUR
JULES VERNE
—
SIR
ALEXANDER FLEMING
1er SEPT 80
DJIBOUTI
JULES VERNE 1828-1905
130F
REPUBLIQUE DE DJIBOUTI
Postes
20F
DECOUVERTE DE LA PENICILLINE
REPUBLIQUE DE DJIBOUTI

Cécile COMPÈRE.

« MAROUSSIA », SŒUR DE « MICHEL STROGOFF » ?

Ayant relu dernièrement le roman de Stahl, *Maroussia,* j'ai été surprise de constater combien le thème et le sujet offrent des ressemblances avec ceux de *Michel Strogoff,* Stahl étant, comme on le sait, le pseudonyme de Hetzel. Cela m'a profondément intriguée et m'a amenée à rechercher à quelle époque ces deux livres ont été écrits et à examiner la correspondance entre l'écrivain et l'éditeur afin de voir si l'un avait influencé l'autre ou s'il s'agissait d'une pure coïncidence.

1. *Les ressemblances.*

Les deux romans ont pour cadre l'Europe orientale et l'action a un rapport avec une guerre de la Russie. Mais si celle de *Michel Strogoff* se déroule en 1860, l'histoire de *Maroussia* se passe, d'après Hetzel, « il y a bien longtemps, 100 ans, 200 ans peut-être », sans plus de précisions.

Dans *Maroussia,* le sujet du roman est la lutte pour l'indépendance d'un pays occupé par l'ennemi. Deux maîtres se partagent l'Ukraine : l'un est du côté des Russes (l'ennemi), l'autre hésite à se rallier aux Polonais. Les Ukrainiens, partisans de l'indépendance, désirent faire pression sur lui et le prévenir des dangers pour l'Ukraine de se soumettre à l'un ou à l'autre des deux pays, mais surtout à la Russie.

Le Héros Tchetchevik, souvent surnommé « l'envoyé », doit donc aller trouver le grand Attaman, Pedro Dorochenko à Tchiguirine afin de l'avertir. Pour cela, il va, incognito, traverser le pays occupé avec tout ce que cela comporte de dangers et d'embûches.

Poursuivi par les soldats ennemis il se réfugie chez les parents de Maroussia. Il y a là une très belle scène au cours de laquelle les parents de la fillette tentent de gagner du temps pendant que l'envoyé s'enfuit. Maroussia comprend le regard que lui lance son père et qui signifie : « Fais tout ce qu'il faut pour que cet homme puisse accomplir sa mission. » Et elle part à son tour.

Il y a donc déjà une première similitude avec Michel Strogoff qui est « envoyé » par le czar au grand-duc son frère pour l'avertir du complot tramé contre lui et contre la ville d'Irkoutsk, et qui doit parcourir une longue route à travers le pays envahi.

Pour l'un comme pour l'autre c'est la Patrie qu'il faut sauver. Le thème de la Patrie domine les deux romans. On assiste dans *Maroussia* à un échange d'adieux au cours duquel le mot d'ordre est « tout pour la Patrie ».

Dans *Michel Strogoff,* dès le début, Jules Verne nous apprend que « le czar a raison de croire au patriotisme de ceux que sa politique tient momentanément éloignés ». Il s'agit des déportés politiques.

Jules Verne parle aussi de « la haine provoquée par l'asservissement », et nous précise plus loin que « la sûreté et l'intégrité du territoire passent avant tout ».

L'intégrité du territoire c'est ce qui compte aussi pour les Ukrainiens dans *Maroussia.*

Accomplir une mission périlleuse à travers un pays soulevé par des rebelles ou envahi par l'ennemi, c'est un devoir pour Tchetchevik. C'en est un aussi pour Michel Strogoff. Jules Verne nous parle d'« un devoir à accomplir », et plus loin d'« un devoir sacré », « plus sacré »,s'il peut en être un « que celui qui lie le fils à la mère ».

Il est donc important pour Michel Strogoff comme pour Tchetchevik de ne pas être reconnu. Pour l'un la compagnie de Nadia détournera les soupçons. Pour l'autre ce sera celle de Maroussia. Elles sont une aide, un guide même ; elles servent de « couverture » au héros. Ce rôle de guide, Maroussia le joue tout au long de l'histoire, et Nadia guidera Michel lorsqu'il sera devenu aveugle.

Le courage des deux jeunes filles va de pair. Nadia dit à Michel Strogoff : « Si tu entends une plainte s'échapper de mes lèvres, laisse-moi en route et continue seul ton voyage. » Et lors de la scène chez le maître de poste, elle s'interpose entre Ogareff et Michel Strogoff afin de protéger ce dernier.

Maroussia, voyant les yeux des soldats ennemis fixés sur elle, pense que tout est perdu. Mais elle se dit : « Je dois être comme lui », et elle reprend courage.

Plus tard, lorsqu'il s'agit de savoir si elle va continuer à accompagner l'envoyé, elle répond : « Que dirait mon père, que dirait ma mère si je ne faisais que la moitié de mon devoir ? »

Un vieillard lui objecte alors : « Sais-tu qu'il va où l'on peut mourir et qu'il n'est pas probable que l'on puisse revenir sain et sauf ? » Maroussia répond : « N'est-ce pas pour cela même que je serais lâche de le quitter ? »

Ce courage surprend même chez une enfant. L'âge de Maroussia n'est pas précisé, mais Stahl indique que « c'est une toute petite fille ». On peut donc supposer qu'elle a de dix à douze ans, mais d'après sa conduite on la penserait plus âgée.

Quant à Nadia, elle a dix-sept ans.

Physiquement nos héroïnes se ressemblent : « Maroussia est une vraie fillette ukrainienne, vrai type de la race », tandis que Nadia « présente le type slave dans toute sa pureté ».

Toutes deux ont les cheveux blonds, de grands yeux.

Tchetchevik remarque surtout les yeux de Maroussia : « Il aperçut deux yeux étincelants fixés sur lui. Il découvrit que ces deux yeux ardents étaient ceux d'une simple et gracieuse enfant. »

Nadia a « des yeux bruns au regard velouté et d'une douceur infinie », mais lorsque, à bord du *Caucase,* elle regarde vers l'est, « ses yeux brillent extraordinairement ».

Nadia a perdu sa mère et cherche à rejoindre son père. Maroussia laisse ses parents et ses frères, mais a la nostalgie de sa maison natale et espère toujours pouvoir y retourner lorsque la mission sera accomplie. Michel Strogoff lui-même renie sa mère pour accomplir sa mission.

Les héros présentent aussi bien des points communs. Tous les deux sont des « envoyés » ; tous les deux ont une dangereuse mission à accomplir et feront tous les sacrifices pour la mener à bien. Tous les deux traversent un pays envahi ou infesté de rebelles. Tous les deux ont quelqu'un à prévenir d'un danger. Tous deux sont accompagnés d'une jeune fille.

Physiquement tous deux sont grands : « Tchetchevik est de grande taille, de si grande taille qu'il fut obligé de baisser la tête pour entrer. » Michel Strogoff est « haut de taille, vigoureux (...). Il a un regard, franc, inaltérable ».

Tchetchevik a les yeux noirs. « Son visage était un de ces nobles visages sur lesquels les regards les plus insouciants s'arrêtent avec un sentiment de respect. Chacun est obligé de dire en les regardant : "Cet homme doit être un homme entre tous les hommes". »

Que dit le czar en parlant de Michel Strogoff ? « C'est un homme, en effet. »

Tchetchevik dira lui-même en parlant de l'Attaman fidèle : « Celui-là est un homme et si tous étaient comme lui rien ne serait perdu. »

Pour conduire Tchetchevik à travers le pays occupé et lui permettre d'échapper aux soldats ennemis qui le poursuivent, Maroussia use d'un stratagème : tandis qu'elle conduit un chariot de balles de paille, l'envoyé s'y cache et par un trou peut entendre ce que disent les soldats ennemis qui escortent l'attelage.

Un chariot joue aussi un rôle dans *Michel Strogoff*.

Et l'on peut rapprocher Tchetchevik à l'écoute sous ses balles de paille, de l'attitude de Michel Strogoff sur la route dans la steppe lorsque, dissimulé dans les hautes herbes, il écoute la conversation entre les Tartares qui le poursuivent.

Plus loin, c'est sous un déguisement que l'envoyé et Maroussia traversent une partie de la région : un vieux musicien et une petite mendiante.

Et c'est sous l'apparence de Nicolas Korpanoff et de sa sœur que Michel et Nadia feront une partie du voyage.

Quant à Ivan Ogareff c'est sous un déguisement de Tzigane qu'il se déplace mêlé à la troupe de Sangarre.

On trouve aussi dans *Maroussia* une attaque par un loup qui rappelle faiblement celle qui figure dans *Michel Strogoff*. Le loup est tué à coups de bâton. Et l'on retrouve aussi une scène au cours de laquelle l'officier ennemi cingle de son knout les épaules d'un Ukrainien partisan de l'indépendance, et également la figure d'un autre.

Chez le maître de poste, c'est Ogareff qui frappe l'épaule de Michel Strogoff avec le manche de son fouet tandis que, au camp tartare, Michel Strogoff, arrachant le knout de la main du bourreau, en cingle la figure d'Ivan Ogareff.

Finalement l'un et l'autre des héros mènent à bien leur mission. Mais si pour Michel et Nadia tout se termine favorablement, il n'en va pas de même pour Maroussia. Elle meurt et devient un être de légende.

2. L'écriture des deux romans.

Que faut-il penser de ces ressemblances ? L'un des auteurs a-t-il pu influencer l'autre ?

La première question que l'on se pose est celle de savoir à quelle époque furent écrits ces deux romans et dans quelles circonstances. Comment l'idée est-elle venue à l'un et à l'autre des auteurs ?

La lecture du livre de Parménie et Bonnier de la Chapelle[1] ainsi que l'examen attentif de la correspondance de Jules Verne à Hetzel, permettent de donner une réponse. Et l'on s'aperçoit que ces deux romans ont été écrits au même moment, après la guerre de 1870, alors que la France était accablée par la défaite et pensait avec tristesse à ses deux provinces perdues : l'Alsace et la Lorraine.

On sait que Hetzel, dont le père est alsacien, a beaucoup souffert de voir sa petite patrie occupée par l'ennemi. Il écrit en septembre 1871 : « Cela me serre le cœur d'y penser à cette pauvre Alsace qui n'est plus nôtre. »

Et il écrit à Tourgueniev le 21 août 1875, en parlant du livre qu'il est en train d'écrire : « J'ai voulu faire de ce petit roman quelque chose de suffisamment intéressant pour nous Français (...). Savez-vous ce qui m'a donné le courage de faire ce travail ? C'est que je me suis dit que nos Alsaciens et Lorrains pourraient y rêvasser une analogie d'avenir avec leur propre situation, y puiser l'amour d'une insurrection, au bon moment. »

Or le livre qu'il écrit, c'est *Maroussia.*

Maroussia est une légende ukrainienne, traduite par Mme Marcovitch à l'intention de Hetzel. Cette dame traduisait en effet les livres parus en Russie et qui lui semblaient devoir intéresser les lecteurs français. Hetzel avait fait d'elle son intermédiaire entre son représentant Swonaref et lui-même. Et Mme Marcovitch (dont le pseudonyme était Marco Vovtchok) traduisait aussi en russe les romans de Jules Verne.

C'est en juin 1873 que Mme Marcovitch écrit à Hetzel que la traduction de *Maroussia* est finie. Elle la lui envoie et Hetzel y travaille aussitôt. En effet, le 1er avril 1875, étant à Monaco, il écrit à sa femme : « Je viens de mettre le mot fin à mon histoire. Je la dédierai aux enfants de l'Alsace et de la Lorraine parce que j'ai pensé à eux pendant tout le temps en écrivant cette légende de l'Ukraine, un pays qui a été libre, qui a eu le sort de la Pologne, de l'Alsace et de la Lorraine, et qui s'y est fait, malheureusement. »

Mais au mois d'août cependant, il y travaille encore. Le 3 de ce mois il écrit à Mme Marcovitch qui, entre-temps, a fait une brève apparition à Paris. « J'ai refait en entier *Maroussia* en français et de façon que cela pût aller à notre public ; il a fallu, ma foi, en prendre à son aise avec le texte, si vague, si vague et souvent si impossible à comprendre dans votre traduction hâtive que, en s'en tenant à la lettre, rien n'aurait été compris chez nous. »

Et Hetzel précise qu'il a gardé le point de départ et d'arrivée, le sentiment, tout ce qui est charmant, mais qu'il a donné de la précision au caractère trop flou des personnages. Il est satisfait de son travail : « J'y ai été de tout mon cœur », écrit-il.

Hetzel a bien voulu écrire un roman patriotique avec même l'intention d'insuffler aux jeunes lecteurs une idée de revanche possible un jour ou l'autre. Il ne s'en cache pas.

Mais où en est Jules Verne à ce moment-là ?

Il a abandonné momentanément *Le Monde solaire* qui deviendra *Hector Servadac,* et, dans une lettre datée du 29 mars 1875, au moment même où Hetzel indique qu'il met le mot fin à *Maroussia,* Jules Verne, parlant du nouveau roman qu'il écrit, dit ceci : « Le sujet est magnifique et il donne des situations qui me paraissent bien belles. J'ai conçu le thème d'une façon toute particulière. »

Ce roman qu'il écrit, c'est *Le Courrier du Czar.*

On constate donc que Jules Verne a choisi lui-même son sujet et imagine le roman à sa propre manière.

Est-ce un roman patriotique ? Nous avons vu que l'idée de devoir envers la patrie apparaît dès les premières pages. Et si l'on admet que « les personnages de Jules Verne sont des tendances incarnées, Michel Strogoff est le patriotisme même[2] ».

Dans une lettre d'avril 1875, Jules Verne écrit à Hetzel : « J'apporterai la première livraison avant deux mois... » Il précise : « C'est un roman plus tartare et sibérien que russe » et ajoute : « Il faudra le faire lire à Tourgueniev sur épreuves. »

Le 21 mai 1875, il écrit : « J'apporterai le premier volume dans quelques jours », et il l'apporte en effet à Hetzel le 25 mai.

Le 20 août de la même année, il remet à l'éditeur le second volume.

Les lettres du Fonds Hetzel de la Bibliothèque nationale nous apprennent que Hetzel, après avoir lu le roman, désire, comme il en a l'habitude, apporter une petite modification. Ce changement concerne la rencontre entre Nadia et Marfa Strogoff au camp tartare.

Jules Verne y consent. Il répond en septembre 1875 : « Je prendrai ce que vous m'envoyez », et il indique : « Cela amènera tout naturellement le mariage à la fin ».

Il ne s'agit pas du caractère des personnages ni d'un fait très important, mais on reconnaît là le souci de Hetzel de procurer aux romans une fin heureuse.

Hetzel envoie donc le texte de sa modification à Jules Verne qui réécrit à sa manière le passage désiré.

Vers les mois de septembre ou octobre, *Le Courrier du Czar* est imprimé et envoyé à Tourgueniev. Celui-ci répond qu'il trouve le livre amusant *(sic)*.

Avant de publier *Le Courrier du Czar* dans le « Magasin d'Education et de Récréation », Hetzel, pris de scrupules en songeant à ses abonnés russes, s'adresse au prince Orloff, ambassadeur du Tzar à Paris, pour lui demander son avis.

Et le 23 novembre, Jules Verne écrit à Hetzel pour demander s'il a reçu les remarques qu'un ami du prince Orloff devait faire. Le 24, Hetzel répond qu'il les a justement reçues le 22.

Ces remarques consistent en peu de chose : le titre est jugé indésirable. *Le Courrier du Czar* prend donc le nom de son héros et devient *Michel Strogoff.* Le critique regrette que le sujet porte sur une invasion tartare. Il propose d'enlever tout ce qui peut être attribué au Tzar actuel ou à son père, et quelques autres menus détails.

Dès le lendemain, Jules Verne répond que son droit de romancier est de choisir son sujet. Quant au reste, il y a si peu de choses à changer que le 28 novembre, soit trois jours après avoir eu connaissance des critiques, Jules Verne envoie les épreuves corrigées.

Dans le même temps, Tourgueniev avait lu *Maroussia* et écrit qu'il trouvait le récit faible, mais qu'il pensait que la petite Maroussia pouvait plaire comme allégorie.

Maroussia paraît en décembre 1875 dans *Le Temps* et, en janvier 1876, ce roman vaut à Hetzel un compliment inattendu. Charles Blanc transmet à l'auteur « les compliments les plus vifs au sujet de Maroussia de la part de plusieurs personnes appartenant à la noblesse polonaise ». Il signale notamment : « Mme de Balzac, originaire de l'Ukraine, a été particulièrement touchée de vos peintures. »

En 1876, *Michel Strogoff* paraît dans le « Magasin d'Education et de Récréation ». Le premier tome du livre sort en août 1876 et le second tome en novembre de la même année.

Maroussia paraît en 1878 dans le « Magasin d'Education et de Récréation », et en volume le 17 décembre 1878.

3. *Déduction.*

On constate d'abord que, avant la parution de *Maroussia* dans le journal *Le Temps* en décembre 1875, Jules Verne n'a pas eu connaissance de ce roman. Rien d'ailleurs dans la correspondance ne montre qu'il ait connu cette légende, ni même qu'il ait su que Hetzel en écrivait une adaptation.

A cette date de décembre 1875, *Michel Strogoff* est déjà en cours d'impression et Jules Verne a précisé lui-même que son droit est de choisir son sujet et qu'il a conçu le thème d'une façon toute particulière.

Au contraire, il est curieux de constater que Hetzel, qui dit en avril : « J'ai mis le mot fin à Maroussia », écrit en août qu'il a refait le livre en entier, n'a gardé que le point de départ et d'arrivée et donné de la précision au caractère des personnages. Ces personnages qui ressemblent tant à Nadia et à Michel !

La coïncidence des thèmes est, je crois, une preuve de l'accord parfait existant entre l'éditeur et l'auteur, les faisant choisir, sans le savoir, un même sujet patriotique au moment opportun.

Mais en ce qui concerne les ressemblances, on est un peu troublé en s'apercevant qu'à la fin de son livre, Hetzel cite en quatre pages la légende de Marko Vovzog, et en deux autres pages la tradition populaire qui la complète.

Le texte de cette légende est en effet très vague et n'a presque aucun rapport avec l'histoire telle qu'elle est racontée par Stahl. Il reste bien un point de départ : l'occupation russe, et l'arrivée : mort de Maroussia et asservissement de l'Ukraine. Mais, en brodant sur ces quelques pages, Hetzel a imaginé les 264 premières pages qui forment l'histoire de Maroussia.

On se souvient alors qu'avant de refaire le livre en entier, entre les mois de mai et d'août, il a eu entre les mains le roman de Jules Verne.

Il est donc permis de penser que Hetzel est encore sous l'influence de sa lecture du manuscrit de *Michel Strogoff* au moment où lui-même remanie son livre et que c'est ainsi que des situations semblables s'y retrouvent. Ainsi s'expliquent aussi toutes les ressemblances que j'ai relevées.

D'autant plus que l'on trouve aussi, dans *Maroussia,* une autre scène ressemblant à un passage tiré d'un autre livre de Jules Verne. Lorsqu'un seigneur russe veut poignarder le grand Attaman, il y a à ce moment-là un violent orage. La lame agitée par l'imprudent au milieu des éclairs sert de conducteur à la foudre et le noble seigneur tombe foudroyé.

Cette scène semble sortie tout droit d'*Une Ville flottante* paru bien avant, en 1871.

Ni Jules Verne ni Hetzel ne semblent avoir remarqué ces ressemblances.

On peut constater par ailleurs que les romans les plus connus de Hetzel, parus sous le pseudonyme de Stahl, sont en réalité des adaptations :

— *Maroussia* est tirée d'une légende ;

— *Les Patins d'argent* est une adaptation d'un roman de Mary Dodge et Hetzel y a supprimé toutes les longueurs sur la Hollande ;
— *Les Quatre Filles du Docteur Marsh,* adapté par Hetzel, paru d'abord sous la signature de Stahl, sort actuellement dans la Bibliothèque Verte sous celle de son véritable auteur : Luisa ALCOTT ;
— *Le Nouveau Robinson suisse,* de Rudolph Wyss, sortit, sans nom d'auteur, avec cette mention : « revu, corrigé et mis au courant de la science par Stahl » (en volume in-8° Jésus illustré, ed. 1883 « STAHL et MULLER ») ;
— *Mon premier voyage en mer,* est une adaptation.

Hetzel doit donc davantage son succès à ses adaptations qu'à ses créations originales.

Il faut signaler, toutefois, que *Maroussia* sera, le 30 mars 1879, couronné hors concours par l'Académie française, ce qui ne s'était jamais vu jusqu'alors. Et d'autres ouvrages de Stahl ont également reçu cette consécration.

Il ne faudrait surtout pas croire que *Maroussia* reproduit entièrement l'histoire de *Michel Strogoff.* C'est un roman différent et qui s'adresse à des lecteurs plus jeunes. La personnalité de la petite Maroussia est très attachante et c'est même plutôt elle qui est la véritable héroïne, laissant quelque peu dans l'ombre celui qu'elle protège.

Le choix d'un thème commun est donc une pure coïncidence fort compréhensible si l'on se replace dans la période historique. Mais dans le détail Hetzel a certainement subi l'influence de sa lecture de *Michel Strogoff.*

Maroussia et Michel Strogoff sont de la même race, de la même famille.

Et Maroussia ressemble à Michel Strogoff de la même manière qu'une petite sœur ressemble à son grand frère. Du visage de celui-ci, elle reproduit quelques traits.

1. *Histoire d'un éditeur et de ses auteurs, P.-J. Hetzel (Stahl),* Albin Michel, 1953.

2. D. COMPÈRE, *Jules Verne, homme de son temps,* conférence-débat à la Maison de la Culture d'Amiens, le 18 janvier 1972.

François RIVIÈRE.

JULES VERNE S'AVANCE MASQUÉ

Le fait que peu avant sa mort, notre bourgeois d'Amiens ait jeté au feu tous ses papiers intimes et sa correspondance « privée », ne nous laissant que de maigres et profondément dérisoires souvenirs d'enfance, ne peut laisser indifférent. Jules Verne, légendaire de son vivant, patriarche à l'air impassible et faussement serein, figure de proue d'une œuvre apparemment limpide - *mièvre* aux yeux d'observateurs mal dessillés - ce Jules Verne de distribution de prix et d'enfance sage en cache un autre... L'inconnu ! Derrière ses masques, retranché pour mieux comploter la mystérieuse trajectoire de ses voyages du texte, irrépressible dérive de rêveur, derrière le paravent du *bon ton* et de la malicieuse retenue, se contorsionne un être blessé par la vie et les passions furieuses du *dedans*, un être voué à la mise en scène de voyages impossibles...

Ce qu'on sait de la biographie de Verne, à travers un amas de photographies jaunies par le temps, déformées aussi par la perspective historique littéraire, la correspondance anodine, pieusement conservée et analysée par ses zélés thuriféraires, tout le *musée familial* du mythe vernien, respectable ô combien, ne surgit là que pour servir de garde-fou au bord d'un abîme de doute, de souffrance, d'immaturité et d'insatisfaction, les composantes d'une œuvre de la frustration, mais de la frustration sublimée - génialement. Verne a usé son corps au combat redoutable qui l'opposait à l'ultime désespoir d'une existence passée à créer par les mots une vie qu'il lui était impossible de faire coïncider avec ses rêves d'enfant. Trop de gens oublient facilement qu'un être hypersensible trace dès ses premières années les sché-

Dernier portrait de Jules Verne dans sa bibliothèque d'Amiens.

mas de sa vie et que, chez certains, l'œuvre à venir (la création) n'est somme toute que la figuration d'une *menace* terrible pesant sur cette vie.

La vie de l'œuvre joue avec l'incohérence entre vécu et créé, au fil d'inventions chargées de tout le pathétique d'une telle entreprise... L'art de Jules Verne pourrait bien résider dans cette façon incomparable qu'il eut de n'engendrer son « roman familial » (on peut jouer sur les mots sans nulle honte) qu'à partir d'un mode de récit essentiellement enfantin, au sens noble et merveilleux du terme. Les *Voyages extraordinaires*, à tous les sens de cette expression, sont ceux du petit garçon qui promettait à son père, au lendemain d'une fugue héroï-comique : « *Je ne voyagerai plus qu'en rêve* ». Ils sont aussi et surtout les pérégrinations sous de symptomatiques et souvent géniales contraintes structurelles, d'un imaginaire formé très tôt à toutes les possibilités du langage, ce véhicule merveilleux appris et discipliné dès le premier conte de fées. « *Il était une fois...* » Le jeune rêveur avide de lointaines croisières s'ancre subitement dans le port équivoque d'une destinée vouée aux livres : là se résument les voyages vécus et racontés par les autres (*Les grands voyageurs du XVIII*e *siècle*), tandis que se dessinent les nombreux archétypes de ses œuvres propres. Le *trip* de Verne, c'est la mission du verbe !

L'adolescence l'éblouit — la sienne, d'abord, puis celle plus mystérieuse et sublimée entre les lignes, qu'il mettra en scène avec une fougue étrange et cette « mysogamie » prononcée qu'il est possible d'interpréter à loisir. Et l'adhérent malicieux du *Club des Onze sans Femmes*, devenant avec l'âge l'époux lugubre d'une bourgeoise de province, se fait aussi mentor d'un lecteur aux caractéristiques fort ambiguës. Adolescent lui aussi, ce miroir de la fiction vernienne n'est ni l'enfant ébloui ou ennuyé, parfois, par les immenses steppes romanesques qu'on lui offre en pâture, ni non plus l'érudit désireux de confronter sa passion des voyages à l'ampleur évocatrice du maître. Non, c'en est un autre, plus secret, enfermé peut-être même au fond de chaque lecteur véritable, innocent et pervers aussi, quelque peu, appliqué à recréer un autre roman familial...

Les masques de Verne sont d'abord ceux de la *commedia dell'arte* : formé à l'école du théâtre lyrique, ce qu'on oublie trop souvent de dire, Verne applique à des scénarios pullulant d'artifices les procédés d'écriture auxquels, plus tard, ses romans feront un sort grandiose. Et là, avec acharnement, sans génie croit-on d'abord — et ce sera aussi la pensée de Hetzel lorsque le jeune romancier lui apportera le manuscrit de *Cinq Semaines en ballon* — , le démiurge inspiré par un amour tragique du monde et des êtres accorde sa pratique aux besoins de son être le plus intime : cette activité textuelle renferme un entrelacs de désirs inavoués, de visions romanesques douées de sourdes connivences dont l'attrait demeure inchangé, par-delà ce purgatoire que son éditeur prédisait à Verne. Les images génératrices du songe vernien, l'un des plus obsédants qui soient - son seul succès durable en fait foi - , ces tableaux d'un monde créé selon des lois originales, dépourvus d'artefacts psychologiques, sont les emblèmes d'une *innocence* totale, d'une victoire éclatante de l'adolescent sur les attraits morbides de l'existence, cauchemar changé en mélodie, âprement sans doute mais pour le plus grand bonheur de tous ses frères secrets, spectateurs fascinés de cette rédemption.

Le jeune garçon qui rêvait à la mer a gagné son pari.

Pierre TERRASSE.

UN MONUMENT JULES VERNE AU CAP CANAVERAL

Sur l'initiative de M. Malcom E. McLouth, Commissioner Distric V à la Canaveral Port Authority, une « association pour le mémorial Jules Verne » a été, en 1972, créée aux U.S.A. pour ériger, au Cap Canaveral, un monument destiné à commémorer la matérialisation du roman de Jules Verne : *De la Terre à la Lune* à la suite des exploits des astronautes en 1968 et en 1969.

Un membre de la Société Jules Verne, M. le docteur Anthony R. Michaelis, correspondant scientifique du *Daily Telegraph* de Londres, avait émis le vœu de voir s'élever en Floride un monument de ce genre. M. McLouth s'est rapproché de M.R. Michaelis pour concrétiser son idée.

La maquette du futur monument est l'œuvre de M. Walt Whippo, peintre et ingénieur en aérospatiale ; celui-ci a groupé trois éléments verticaux, le chiffre trois étant destiné à rappeler le nombre des voyageurs de Jules Verne, celui des astronautes, les trois étages de la fusée lunaire, les trois phases de toute œuvre humaine (conception, préparation, réalisation), les trois phases du vol lunaire (suborbital, orbital, extra-terrestre). Enfin les trois hauteurs des éléments (120, 74 et 45 pieds 6 pouces) sont dans la proportion 1,615 à 1, pour rappeler la « section d'or ». Au total, le monument, très élancé, symbolise les aspirations humaines qui sont fondées sur une solide réalité mais qui deviennent de plus en plus fragiles au fur et à mesure que l'homme vise de plus en plus haut.

Ce mémorial, portant une plaque commémorative dont le texte sera rédigé en accord avec la Société Jules Verne, doit être érigé dans l'enceinte du Jetty Park, au Cap Canaveral. L'emplacement a été offert par la Canaveral Port Authority. Une souscription sera lancée aux U.S.A. pour couvrir les frais du monument.

M. Bill Clark, émissaire de M. McLouth, était venu, à l'époque, prendre contact à ce sujet avec la Société Jules Verne à Paris. Mais, jusqu'à présent, ce projet n'a pas été réalisé. Bien entendu, la Société Jules Verne s'efforcera d'être représentée le jour de l'inauguration.

Luce COURVILLE.

LE MUSÉE JULES VERNE A NANTES

L'idée d'un musée Jules Verne est née à Nantes en 1955, lors des manifestations du cinquantenaire de la mort de l'écrivain. Nommée à la direction de la bibliothèque de cette ville en 1962, j'eus l'occasion de reprendre l'idée lors de l'exposition, réalisée en 1963, à la bibliothèque, par M. Antoine Bloch-Michel, archiviste-paléographe, et à l'époque mon plus proche collaborateur. En effet, à cette date, un don aussi important que généreux fut fait à la ville de Nantes par les héritiers de Maxime Guillon-Verne.

En 1969 la municipalité sanctionnait officiellement ce projet lors d'une réunion du conseil municipal, et le Centre d'études verniennes commençait à fonctionner.

Le choix fut arrêté d'installer le futur musée dans une maison pittoresque, qui appartenait à la ville, datant du XIXe siècle et dominant le port de Nantes. La municipalité de Nantes décida, en 1978, l'accélération des travaux pour que tout soit prêt pour les fêtes du cent cinquantenaire. Avec beaucoup de générosité, M. Jean Jules-Verne a fait des dons importants qui permettent de mieux évoquer la vie et l'œuvre de l'écrivain. Mme Michel Verne et M. le docteur Georges Verne ont également contribué à l'enrichissement du futur musée.

Le musée Jules Verne de Nantes dépend donc du Centre d'études verniennes de la bibliothèque municipale de cette ville. Il a été inauguré par M. Alain Chenard, député maire de Nantes, le samedi 8 avril 1978, sur la colline de Chantenay, quartier du port de Nantes, en face des chantiers de construction navale.

Le musée Jules Verne est l'exposition permanente d'une partie des collections du centre d'études verniennes de la bibliothèque qui est riche de plus de 800 éditions Hetzel grand format avec toutes les variétés de cartonnages Hetzel puis Hachette, de 150 livres édition Hetzel petit format dont plusieurs dédicacés de la main de Jules Verne, de la collection complète du « Magasin d'Education et de Récréation ». Il dispose aussi d'une centaine d'affiches Hetzel annonçant la sortie des livres de Jules Verne, ainsi que d'affiches théâtrales et cinématographiques concernant les œuvres de l'écrivain. Parmi les collections existent également une centaine d'autographes de l'écrivain nantais, des éditions préoriginales parues en feuilleton dans les journaux de l'époque, des meubles et objets lui ayant appartenu (son salon, sa pendule, le globe terrestre sur lequel il étudiait les parcours des *Voyages extraordinaires),* des portraits et bustes de Jules Verne et sa famille.

On peut aussi voir, à l'exposition permanente du musée, les romans lus par Jules Verne enfant, les palmarès des collèges où il fut élève, de nombreux objets et jeux suscités par son œuvre : assiettes, encriers, plaques de lanterne magique, loto, jeux de l'oie, jeux de cubes, maquettes, etc. Les livres scientifiques et géographiques de son temps, ainsi que les romans qu'il a inspirés par la suite, sont également présentés.

Une photothèque de 600 pièces permet déjà aux chercheurs et aux journalistes de bénéficier des richesses de cette documentation. Un service de renseignements par correspondance fonctionne depuis 1966 et, depuis 1975, une exposition itinérante Jules Verne qui circule dans toute la France fait connaître l'écrivain.

Une salle de projections, installée à l'intérieur du musée, est un des éléments les plus importants de l'animation permanente qui y sera assurée pour mieux faire découvrir aux visiteurs Jules Verne, homme de l'espace, homme de la mer, mais aussi homme de son temps, grand écrivain, et le Jules Verne inconnu : parolier de chansons désuètes et admirateur de Walter Scott.

Le Centre d'études verniennes est ouvert, tous les mardis, pour ceux qui désirent consulter l'ensemble des ouvrages critiques français et étrangers sur Jules Verne. Il existe aussi, à l'université de Nantes, un Centre universitaire de recherches verniennes, qui travaille en étroite relation avec la bibliothèque municipale et le musée Jules Verne.

Dès le début, la Société Jules Verne a soutenu et encouragé les projets nantais ; le musée abrite d'ailleurs la belle collection du président Laissus acquise par la ville de Nantes, il y a quelques années.

Enfin, en 1981, la ville de Nantes a pu acquérir, avec le soutien financier du Conseil Général de Loire-Atlantique et de la Fondation de France, la quasi-totalité des manuscrits de Jules Verne dont plusieurs inédits. Un catalogue du fonds Jules Verne a été publié, en 1978, par Françoise Decré, membre de la Société Jules Verne, et secrétaire générale de la Société des Amis de la bibliothèque. Le musée, 3, rue de l'Hermitage, est ouvert tous les jours sauf les mardis et jours fériés. Visites commentées par Colette Gallois.

Salon de Jules Verne reconstitué dans le musée de Nantes.

Colette GALLOIS.

NOUVELLES DU MUSÉE

Et que pensent les visiteurs... ?

En trois ans le musée Jules Verne de la bibliothèque de Nantes a reçu 56 000 visiteurs, ce qui fait une moyenne annuelle de plus de 19 000 visiteurs français et étrangers, de pays plus ou moins lointains, enfants ou adultes, venus en groupe ou individuellement.

Tous semblent apprécier la disposition, la richesse, la diversité des collections.

Bien sûr les réactions sont différentes selon qu'il s'agit d'enfants ou de personnes plus âgées, mais chacun semble y trouver de quoi satisfaire ses goûts.

Ce qu'ils aiment souvent c'est l'anecdote, par exemple la reconstitution du salon de Jules Verne avec les objets, les meubles lui ayant appartenu, le portrait de sa femme, ou encore la chambre de Jules Verne enfant regardant par la fenêtre passer les bateaux sur la Loire (j'ai souvent noté un mouvement de surprise devant le mannequin habillé représentant Jules Verne).

Les enfants surtout s'extasient devant les différentes maquettes des bateaux, des avions et aussi celles des décors de théâtre du *Tour du Monde en quatre-vingts jours.* Ils restent bouche bée devant les animaux prêtés par le Muséum illustrant plusieurs vitrines même s'ils sont indifférents devant les livres. Cette petite fille de dix ans à qui l'on demandait ce qu'elle avait préféré, nous répondit avec enthousiasme : « La tortue. »

Mais les plus anciens, eux, retrouvent leur jeunesse, devant les éditions rouges Hetzel, ce sont les livres de prix de leur enfance et ils regrettent souvent de les avoir vendus ou donnés ou perdus ; ceux qui les ont gardés précieusement expliquent avec beaucoup de détails les illustrations, les couvertures, à ceux, envieux, qui ne peuvent lire ces romans que dans une collection récente.

Certains découvrent au fur et à mesure de leur visite des romans ignorés d'eux, prennent des notes, veulent savoir où les acheter (mais certains amateurs de beaux livres aimeraient trouver « de belles éditions », à cause des gravures !).

Vitrines du musée.

Ce qui excite unanimement l'admiration, ce sont les magnifiques affiches publicitaires en couleur d'Hetzel : on en admire le graphisme, les couleurs pastel, l'humour des dessinateurs qui mettent en scène des enfants ou des animaux. Beaucoup de visiteurs voudraient acheter des originaux (ce qui est impossible) ou des posters. Les plus âgés rêvent devant les affiches de théâtre et se souviennent d'avoir vu enfants *Michel Strogoff* ou *Le Tour du Monde* au Châtelet ou bien au théâtre de la Renaissance à Nantes.

Enfants et adultes manient avec un plaisir non dissimulé les boutons du planisphère lumineux retraçant l'itinéraire de neuf voyages des héros de Jules Verne. Le montage audio-visuel sur la vie de l'écrivain a beaucoup de succès ; on n'hésite pas à le demander, et puis il permet de s'asseoir pour se reposer... !

Quant aux adultes, ils regrettent le petit nombre de lettres personnelles et de manuscrits de Jules Verne et s'étonnent de ne pas pouvoir se procurer des cartes postales ou des diapositives du musée.

Chacun voudrait repartir avec « un souvenir » car tous ont eu l'impression d'avoir eu rendez-vous avec leur jeunesse pendant une heure, et c'est peut-être de cette émotion-là, si vive, si personnelle, qu'est fait le succès du musée Jules Verne.

Monument de Jules Verne à Nantes.

Dans la région nantaise le nom de Jules Verne est souvent évoqué, comme en témoigne cette originale étiquette de « Muscadet »...

Daniel COMPÈRE.

L'ATTENTAT DU 9 MARS 1886

Toute vie humaine est marquée d'événements dont la cause échappe souvent. Rédigeant la vie d'hommes célèbres, les biographes cherchent cependant à tout expliquer. Pour eux chaque fait est relié aux autres dans un ensemble logique. Bien souvent le biographe se transforme ainsi en romancier et son sujet, en personnage imaginaire. Lorsqu'il s'agit d'écrire la vie d'un écrivain, la tentation est grande aussi de relier sa vie à son œuvre.

Jules Verne n'a pas échappé à cette récupération. La plupart des biographes ont voulu retrouver des rapports entre sa vie et ses écrits. C'est ignorer que tout écrivain établit une série de « filtres » entre son existence et son œuvre : celui qui raconte un roman n'est pas celui qui l'écrit, et celui qui écrit n'est pas non plus celui qui est.

Ces considérations générales nous semblent nécessaires pour aborder un événement de la vie de Jules Verne : l'attentat dont il fut victime le 9 mars 1886. Tel biographe romance cet épisode en oubliant de dire l'essentiel, à savoir que cet attentat fut commis par le neveu de l'écrivain : Gaston Verne. Tel autre imagine une véritable liaison amoureuse entre l'oncle et le neveu dont la jalousie serait la cause de son acte.

Avant d'interpréter, il faut examiner les documents de l'époque, c'est-à-dire la correspondance dans l'entourage de J. Verne et la presse. *L'Echo de la Somme* du 12 mars 1886 raconte l'attentat : « Vers 6 heures du soir, au moment où il rentrait chez lui, M. Jules Verne a été l'objet d'un inexplicable attentat. Un de ses

Jules Verne en 1886, dans son jardin après sa blessure au pied. Archives Hachette.

parents a tiré sur lui deux coups de revolver. La seconde balle a atteint M. Verne à la jambe et s'est logée entre le pied et la cheville. »

Le *Journal d'Amiens* du 11 donne plus de détails et ajoute :

« Un de ses voisins, M. Gustave Frézon, qui passait en ce moment avec sa famille n'hésita point à accourir à son aide, tandis que d'autres personnes fuyaient. Le bruit avait également attiré le domestique de M. Jules Verne. En un instant le tireur fut désarmé et arrêté. On juge de l'émotion douloureuse du blessé quand il reconnut son neveu, M. Gaston Verne, qui l'affectionnait beaucoup, mais dont le cerveau était dérangé depuis quelques mois.

« Employé au ministère des Affaires étrangères, M. Gaston Verne avait dû rentrer dans sa famille pour soigner la monomanie de la persécution dont il était atteint. On le surveilla de près et on l'entoura de soins pendant longtemps. Comme il paraissait avoir définitivement recouvré la possession de lui-même, son père, M. Paul Verne qui habite Blois, n'hésita pas lundi à l'emmener à Paris pour assister à un mariage.

« Mardi matin son fils disparaissait et prenait à la gare du Nord le train pour Calais et Douvres. Chemin faisant l'idée lui vint de descendre à Amiens pour faire une manifestation, a-t-il dit. Deux fois dans l'après-midi, il se présenta au Cercle de l'Union et demanda son oncle. Ne l'ayant pas trouvé, il alla l'attendre à sa porte. »

La raison donnée ici, « faire une manifestation », se retrouve dans une lettre de Paul Verne, père du jeune homme : « Il dit qu'il a voulu attirer l'attention sur son oncle afin de le faire entrer à l'Académie — c'est la seule explication qu'on ait pu obtenir de lui. »

Aujourd'hui nous savons que la cause de la folie n'est pas dans le malade, mais dans son entourage, dans sa société. La folie est le signe d'un malaise plus général. Travaillant au ministère des Affaires étrangères, Gaston Verne a vu mieux qu'un autre l'évolution du XIXe siècle marqué par la mort symbolique du Père : un siècle qui débute sur l'exécution de Louis XVI et s'achève sur la découverte du complexe d'Œdipe par Freud, en passant par la grande vague des assassinats : le président Sadi Carnot, le roi Humbert Ier en Italie, l'archiduc François-Joseph d'Autriche, Jean Jaurès et le tzar de Russie.

C'est dans ce complexe d'une civilisation entière que s'inscrit la maladie de Gaston Verne qui, pour traduire son malaise, a voulu abattre cette image du Père que représentait son oncle Jules Verne. Notre interprétation est confirmée par le fait que le début de l'année 1886 est marqué par une série d'attentats au revolver : un nommé Mariotti tire sur le ministre Freycinet ; Pronier tire au travers de la Chambre des députés ; Gallo décharge son arme en pleine Bourse de Paris. Chacun est qualifié par la presse parisienne de l'époque de « monomane », « halluciné », « insensé » ou « enragé ».

Chercher d'autres raisons à l'attentat du 9 mars, chez Jules Verne en particulier, serait hypothétique.

François COMPÈRE.

VRAI OU FAUX ?

Bon nombre de propos courent sur la personnalité ou la vie de Jules Verne ; nous avons essayé ici de faire la part du vrai et du faux.

Jules Verne est né à Amiens :
Faux. Jules Verne est né à Nantes le 8 février 1828.

Jules Verne est fils unique :
Faux. Il avait un frère et trois sœurs.

Jules Verne était ingénieur :
Faux. Il a fait des études de droit et a été agent de change avant de devenir homme de lettres.

Jules Verne a été député d'Amiens ou Préfet de la Somme :
Faux. Il a été conseiller municipal d'Amiens.

Jules Verne était un « ours » et ne voyait personne :
Faux. Il a participé activement à la vie de la ville d'Amiens puisqu'il était membre de plusieurs sociétés et a été pendant 16 ans conseiller municipal. Il sortait tous les jours, assistait aux réceptions que donnait sa femme et a lui-même donné deux bals auxquels furent invitées des centaines de personnes.

Jules Verne a fait partie de l'Académie française :
Faux. Jules Verne était membre de l'Académie d'Amiens et *Les Voyages extraordinaires* ont été couronnés par l'Académie française.

Jules Verne travaillait dans la tour de sa maison 2, rue Charles-Dubois :

Faux. Il ne pouvait travailler dans la tour qui est un escalier et dont le sommet est une terrasse. Son cabinet de travail était situé au deuxième étage de la maison, à l'angle donnant sur le boulevard.

Jules Verne n'a jamais voyagé :

Faux. Il est allé aux États-Unis sur le *Great Eastern* lors de l'un des derniers voyages de ce bateau. A voyagé en Scandinavie, en Ecosse, et a possédé successivement trois bateaux : les *Saint-Michel I, II* et *III* avec lesquels il fit de nombreuses croisières.

Jules Verne a fait le tour du monde en 80 jours :

Faux. C'est le titre de l'un de ses romans.

Jules Verne était un juif polonais :

Faux. C'est une légende tenace, qui réapparaît périodiquement. La généalogie de Jules Verne est bien établie. Il descend d'une famille d'*armateurs* bretons et d'hommes de loi parisiens ou lyonnais.

Jules Verne boitait à la suite d'un accident de voiture :

Faux. C'est son neveu Gaston Verne qui l'a blessé d'un coup de pistolet.

Jules Verne a écrit *Moby Dick, Ben-Hur, Le Comte de Monte Cristo, Les Cinq sous de Lavarède :*

Faux. Ils ont été écrits respectivement par :

Herman Melville, Lewis Wallace, Dumas père, Paul d'Ivoi.

Jules Verne n'a écrit que des romans :

Faux. Il a écrit plusieurs pièces de théâtre, des chansons, des poèmes, des études historiques ou géographiques, outre ses 62 romans et 2 recueils de nouvelles.

Tous les romans de Jules Verne contiennent des machines :

Faux. La plupart n'en contiennent pas.

Jules Verne est le pseudonyme d'un groupe d'auteurs :

Faux. Il a écrit lui-même ses romans, et quelques posthumes ont été achevés par son fils.

Jules Verne est un prophète qui a tout prévu :

Faux. Ces inventions existaient déjà mais il a su les utiliser et parfois les extrapoler.

Jules Verne a inventé :

— le sous-marin dans *Vingt mille lieues sous les mers* (1870) :
Faux. Fulton en avait déjà fabriqué un en 1796,

— la fusée lunaire dans *De la Terre à la Lune* (1865) :
Faux. C'est un obus tiré par un canon géant.

— le ballon dans *Cinq Semaines en ballon* (1863) :
Faux. Les frères Montgolfier ont effectué les premières ascensions en 1783.

— l'hélicoptère dans *Robur-le-Conquérant* (1886) :
Faux. Le premier hélicoptère décolla en 1863.

— le char d'assaut dans *La Maison à vapeur* (1880) :
Faux. C'est une locomotive en forme d'éléphant.

— le rayon laser dans *Le Rayon vert* (1882) :
Faux. Il s'agit d'un phénomène naturel, le dernier rayon lancé par le soleil lorsqu'il se couche sur un horizon plat.

— la télévision dans *Le Château des Carpathes* (1892) :
Faux. Il utilise le phonographe d'Edison (1878) combiné au kinétoscope (1890).

— la bombe atomique dans *Face au drapeau* (1896) :
Faux. Il s'inspire d'un explosif qui existait déjà et l'inventeur lui a d'ailleurs fait un procès, au cours duquel Jules Verne fut défendu par le jeune avocat Raymond Poincaré.

A la fin de sa vie, Jules Verne est devenu aveugle :
Faux. Il ne voyait plus beaucoup étant atteint de cataracte, mais n'est pas devenu aveugle.

Jules Verne est mort assassiné par Bernard Blanc :
Faux. Il est mort d'une crise de diabète.

Jules Verne était veuf avec deux enfants lorsqu'il a épousé Honorine de Viane :
Faux. C'est elle-même qui était veuve et avait deux petites filles.

etc., etc., etc., etc., mais il faut bien terminer.

Cécile Compère.

JULES VERNE
ET LA MISOGYNIE

Jules Verne était-il misogyne ? Comme pour tant d'autres légendes, il faut rechercher si celle-ci est fondée. Disons tout d'abord que nous n'évoquerons pas ici le problème de la misogamie.

Qu'est-ce qu'un misogyne ? Le petit Larousse nous dit : « qui hait la femme ». Jules Verne haïssait-il la femme ?

Pour répondre à cette question, distinguons d'une part l'homme dans sa vie de tous les jours et d'autre part l'écrivain et les personnages de ses romans. Jules Verne est en réalité bien mal connu et beaucoup de partisans de la misogynie n'ont lu que quelques-uns de ses romans et ne connaissent rien ou presque rien de sa vie.

Les lettres de jeunesse sont souvent citées et l'on se complaît à remarquer que le jeune Jules tourne en dérision le mariage et vante l'agrément du célibat car, dit-il : « Je ne connais pas d'état au monde plus heureux pour un homme ». (Lettre du 9 mars 1850.) Ceci ressort plus de la misogamie que de la misogynie.

Mais quel âge a Jules Verne à cette époque ? Né en 1828, il a vingt-deux ans. Quel jeune homme ne s'exprimerait comme lui à cet âge ? Le jeune Jules réagit sainement aux pressions de sa mère qui paraît vouloir le marier à tout prix, sans doute afin de le protéger contre les tentations de Paris, lieu de perdition pour les provinciaux de l'époque, et même considéré encore comme tel vingt-cinq ans plus tard puisqu'on peut lire, dans un magazine de 1886, ce conseil à une mère : « Vous demandez si votre fils peut sans danger être envoyé à Paris ! Il y a de grands dangers à le laisser seul à Paris, surtout dans le quartier latin. Pourquoi, dans votre position de fortune, ne pas le garder près de vous ? »

C'est donc en se replaçant dans l'esprit et les mœurs de l'époque qu'il faut étudier la question.

Jean Jules-Verne voit dans l'attitude de Mme Verne « une thérapeutique » consistant à se guérir de l'amour que l'on peut avoir avec une femme en en aimant une autre. Voyant Jules déçu par sa cousine Caroline, elle cherche à le marier, « le harcelant coûte que coûte ».

Jules Verne proteste d'abord contre ce projet : « Que t'ai-je fait, ma chère maman, pour vouloir me marier ? » (Lettre du 14 mars 1853.) Puis il paraît céder, mais c'est toujours sur le mode ironique qu'il écrit, le 7 avril 1854 : « Si tu veux t'en mêler, je te jure que tu seras grand-mère avant un an. » Il continue à plaisanter sur le mariage, mais ainsi que l'écrit son petit-fils : « Le cynisme amer de sa plaisanterie est trop brutal pour qu'on puisse le croire. » Pourtant, le jeune homme ne dédaigne pas les jeunes personnes, ainsi que l'a bien démontré Charles-Noël Martin. Dans ses lettres, Jules Verne lui-même cite des noms ou fait allusion à telle ou telle jeune fille. Certes, toujours de façon ironique, mais cette ironie paraît bien cacher la pudeur et la timidité d'un garçon de cet âge.

Il est fréquent aussi d'entendre citer le fameux discours de distribution des prix du 29 juillet 1893 à Amiens. Mais si l'on prend la peine de le lire attentivement, que découvre-t-on ? D'abord, ainsi que l'a souligné Daniel Compère (Bulletin de la Société Jules Verne, nouvelle série, n° 12, p. 67 : « Le rôle de la femme selon Jules Verne »), la première partie consiste en une méditation ironique sur le discours et surtout sur le malheureux orateur. Ensuite, Jules Verne déclare qu'il « vaut mieux inspirer des vers qu'en faire ». Rimer sur l'amour et sur la femme, il l'a lui-même surabondamment fait dans sa jeunesse . Puis Jules Verne met en garde les jeunes filles contre la science, « ce vide sublime où l'homme se perd quelquefois ». Or, qu'a fait, dans toute son œuvre, ce prétendu précurseur scientifique, si ce n'est dénoncer les méfaits de la science mal utilisée dont les abus peuvent être catastrophiques ? *Le Cinq Cents Millions de la Bégum, Face au drapeau, Robur-le-Conquérant,* en sont des exemples frappants. Jules Verne conseille enfin aux jeunes filles de « faire plus tard une application utile et pratique » de ce qu'elles auront appris. Il réclame pour une femme la présidence d'une distribution des prix. Est-ce là le propos d'un homme qui « hait la femme » ?

Et quand vient pour lui l'heure du mariage, il parle avec lyrisme de « la jeune veuve délicieuse » qui a pris son cœur. Il prépare son logement en disant : « Ouf, tout est prêt. Dans trois jours, je serai le plus heureux des hommes. » Cependant, toujours inquiet, il écrit : « Je touche au bonheur, pourvu que rien ne vienne l'anéantir ! »

Ses biographes ont parlé à mots couverts d'une « égérie » dont la voix charmait l'homme déjà mûr, « de l'unique sirène », d'une passion secrète peut-être surtout intellectuelle, et même de plusieurs liaisons amoureuses, alors que Jules Verne était déjà marié. Est-ce là le fait d'un misogyne ?

Sans vouloir les examiner tous, prenons maintenant les personnages des romans. Il n'y a pas de femmes, dit-on. Elles sont cependant plus de 160. Certes, toutes n'ont pas un rôle important, mais il faut se garder de lire superficiellement. Jules Verne répond lui-même alors qu'on lui reproche un jour que les femmes tiennent peu de place dans ses romans : « Je proteste énergiquement contre cette assertion. Voyez Mistress Branican et les charmantes jeunes filles de plusieurs de mes romans... Chaque fois qu'il y a quelque nécessité à introduire l'élément féminin, vous le trouverez chez moi... », et il continue : « L'amour est une passion absorbante qui ne laisse que fort peu de place pour autre chose dans le cœur de l'homme ; mes héros ont besoin de toutes leurs facultés ; la présence de quelque adorable demoiselle pourrait, çà et là, compromettre beaucoup la réussite du but qu'ils poursuivent... »

Si certains personnages féminins sont parfois effacés, ennuyeux, ainsi que l'a fait observer René Escaich *(Voyage au monde de Jules Verne)*, d'autres sont au contraire équilibrés, énergiques, charmants, et plusieurs d'entre les héroïnes sont bien le personnage principal du roman. Héléna Campbell *(Le Rayon vert)*, délicieuse et primesautière, est très féminine, Jeanne de Kermor *(Le Superbe Orénoque)* entreprend un long et dangereux périple pour retrouver son père, Mistress Branican, courageuse, énergique, est le symbole de l'amour conjugal. Mario Turiello soutient que les personnages féminins ont tous quelque chose d'incomplet. On pourrait également prétendre que tous les personnages masculins ne représentent pas non plus l'homme idéal ! Mais tel n'est pas notre propos.

Les héroïnes de Jules ne sont pas des bas-bleus, des femmes savantes, des scientifiques. Nous avons vu que Jules Verne estime que la « Science » ne leur est pas indispensable pour jouer leur rôle dans la vie. Mais certaines d'entre elles entreprennent des expéditions et le font dans un but bien défini. Nous avons cité *Mistress Branican* (qui donne son nom au titre du roman), Jeanne de Kermor, Nadia *(Michel Strogoff)* devient le guide de Michel Strogoff, Mary Grant *(Les Enfants du capitaine Grant),* entraîne son frère puis Lord Glenarvan à la recherche de son père dans un long voyage. Sans elles, l'aventure n'existerait pas puisque c'est leur première démarche qui provoque la suite des événements. Elles sont souvent le sauveur de l'homme, celle dont il ne pourrait se passer, le guide.

Lorsqu'elles n'entreprennent pas elles-mêmes l'expédition, elles y poussent l'homme : Enogate *(Mirifiques Aventures de Maître Antifer) ;* Grauben *(Voyage au centre de la Terre)* par exemple. Elles sont pour l'homme le stimulant, le levier, la force de persuasion. Même le flegmatique Phileas Fogg se laisse émouvoir par Aouda (dont la description occupe presque une page). La Stilla illumine la vie de deux hommes qui se battent pour elle. La douce Gérande *(Maître Zacharius)* s'efforce de vaincre son père, par la religion. La petite Nell *(Les Indes noires)* est très attachante. Hulda *(Un Billet de loterie)* est l'amoureuse-type. Clary de Vaudreuil *(Famille sans nom),* Paulina Barnett *(Le Pays des Fourrures)* dont le physique est moins agréable, sont des femmes de tête. Marfa Strogoff qui tout d'abord risque par son attitude, bien compréhensive pour une mère, de nuire à son fils en le reconnaissant en public, se rachète bien par la suite dès qu'elle a compris le but de celui-ci.

Et que dire de Myra Roderick, héroïne du *Secret de Wilhelm Storitz,* auquel Jules Verne avait donné pour premier titre « L'invisible fiancée », montrant bien par là qu'il la considérait comme le personnage principal du roman.

Quelques personnages effacés ou ridicules, peu importants, jouent cependant un rôle essentiel dans les romans où ils apparaissent : Enogate *(Mirifiques Aventures de Maître Antifer)* qui permet la localisation du trésor de Kamylk-Pacha, Mrs Scorbitt qui est responsable de l'erreur de Maston *(Sans dessus dessous).*

Ne trouve-t-on pas ces types de personnages assez variés dans la vie de tous les jours ?

On a également prétendu que, dès que la femme apparaît, le roman est terminé car le héros en tombe amoureux et l'histoire est finie, mais J.-P. Poncey *(Le Monde,* 14 février 1978) souligne bien que la femme est au centre de l'œuvre. Et même si le roman se termine par un mariage, ce qui n'est pas exact dans tous les cas, n'est-ce pas ainsi que se terminent les contes de fées : « Ils se marièrent, furent très heureux et eurent beaucoup d'enfants » ? C'est bien dans la lignée des contes de fées, du merveilleux, qu'il faut placer Jules Verne qui écrivait pour la famille, parents et enfants. Sans oublier qu'Hetzel, comme beaucoup d'éditeurs à l'époque, conseillait, et parfois imposait la fin de l'histoire. Hetzel qui, lui-même, n'a pas hésité à donner une seconde fin, moins triste que la première, à sa « Maroussia », sur la demande même de ses jeunes lecteurs, attristés par le premier dénouement.

Replaçant Jules Verne à son époque, il faut examiner le rôle imposé à la femme par la société du XIXe siècle et combien peu étaient exploratrices ou aventurières (Mme Blanchard, Alexandra Trine). Tout au contraire, dans la vie courante, la plupart des femmes étaient confinées à la cuisine, uniquement consacrées au ménage ou à l'éducation des enfants. Celles qui exerçaient une profession le faisaient le plus souvent par nécessité tandis que les femmes qui choisissaient un métier donnaient parfois lieu à critique. La place de la femme dans la société était très secondaire. Par exemple, lors de la messe de Sainte-Cécile, à l'église Saint-Eustache, le 22 novembre 1886, les femmes furent exclues des chœurs et soli par ordre des autorités ecclésiastiques. On peut lire aussi dans le petit courrier d'un magazine de la même année, « qu'une jeune fille ne reçoit pas seule les visites de messieurs ». On précise à une veuve : « A cause de votre qualité de veuve vous devez vous abstenir de rendre visite seule à un homme, à moins que ce ne soit pour affaires ; si ces visites sont indispensables, faites-vous accompagner par une amie. » Et dans la presse, lorsque l'on cite les exploits de Mme Dieulafoy, exploratrice, qui reçoit la croix de la Légion d'honneur, le 4 novembre 1886, on qualifie son courage de « viril », et l'on souligne que, vêtue en homme, elle a su « sous la haute direction de son mari, conduire à son tour les travaux, etc. », ainsi que Mrs Branican qui verra son mari recevoir les honneurs, après avoir bravé elle-même tous les dangers.

Pourquoi exiger d'un écrivain qu'il donne, dans ses romans, à la femme, une place qu'elle n'a pas dans la société ? C'est alors qu'il faudrait qualifier Jules Verne d'auteur de science-fiction !

Il est intéressant également de lire les auteurs contemporains de Jules Verne et même de plus récents. Beaucoup laissent à la femme les soins du ménage ou ne la considèrent que comme le repos du guerrier quand ils ne la placent pas exclusivement au lit. Les auteurs de romans d'aventures la dédaignent pareillement : Lucien Biart, dans *Les Aventures d'un jeune naturaliste,* dont l'action se place en 1864, met en scène une mère qui prend le parti de l'enfant de neuf ans qui désire accompagner son père dans une expédition, mais le moment du départ arrivé, elle sanglote. On ne sait ce qu'elle devient pendant l'absence des explorateurs, mais à leur retour, elle sanglote encore ! Ce roman de Lucien Biart a pour sous-titre « Les mondes connus et inconnus », édition Hachette, collection Hetzel, Bibliothèque d'éducation et de récréation. Les illustrations sont de Benett (il avait été publié en 1868-1869 dans le « Magasin d'Education et de Récréation »).

Léon Ville, dans *Au Klondyke : la soif de l'or* (1929), met en scène deux femmes auxquelles il ne donne même pas de nom : « la vieille mère » qui attend à la maison que son fils lui rapporte l'argent gagné pendant son expédition, et « la fiancée » qui attend, elle aussi, patiemment le retour du marin. Dans le même ouvrage, lors d'une réception, on peut voir « les hommes distribuant des poignées de main et les femmes distribuant d'aimables et plus ou moins sincères compliments ! ».

Léonce Prache met en scène dans *Les Passagers du Sussex* (1932), une jeune fille « d'une politesse froide, d'une hauteur glaciale ». Si elle sait nager, et manier un fusil, elle se laisse attacher solidement aux montants de la passerelle pendant une tempête, tout comme Miss Herbey *(Le Chancellor),* mais plus de cinquante ans après elle !

Les personnages féminins de Victor Hugo, Alexandre Dumas, ont-ils toujours une valeur égale, sont-ils tous sympathiques, de caractère bien défini ?

Pour trancher le débat, il faudrait étudier attentivement le personnage féminin et son rôle aussi bien dans l'œuvre de Jules Verne que dans celle de ses contemporains. Le résultat permettrait sans doute de détruire une des légendes qui défigurent le grand écrivain.

Arnaud BÉDAT.

JULES VERNE EN BANDES DESSINÉES

Jules Verne en bande dessinée ! Le vénérable romancier s'est-il un jour douté que son œuvre deviendrait l'objet d'un nombre considérable d'adaptations dans le monde entier ? Le vieil écrivain savait-il au moins ce qu'était une bande dessinée ? Mort en 1905, il y a bien peu de chance qu'il ait eu entre les mains le supplément illustré que le *New York American* offrait le dimanche 12 décembre 1897 à ses lecteurs en huitième page — une histoire des « Katzenjammers Kids » (Pim pam poum) — ou celui du *World,* du dimanche 16 février 1896, où apparaissait un marmot aux oreilles en feuilles de chou qui allait devenir très vite célèbre sous le nom de « Yellow Kid ». En tout cas, ces petits rectangles colorés n'ont jamais excité la curiosité de Jules Verne puisqu'ils n'apparaissent jamais, sous une forme ou une autre, dans les romans constituant la série des *Voyages extraordinaires.*

Jules Verne, par contre, connaissait indubitablement les belles images d'Epinal qui ont bercé les rêves d'enfants de la fin du siècle dernier et que les spécialistes considèrent comme les « ancêtres » de la bande dessinée, au même titre que les *Voyages en zig-zag* du Genevois Toëpffer.

Pour notre part, dans cette étude, nous n'avons répertorié que les bandes dessinées à proprement parler. Nous nous sommes tenu à la fameuse définition disant qu'une BD est une suite de dessins comportant des bulles.

Efforçons-nous de bien cerner le problème. Il est en effet agaçant d'entendre parler de BD à propos des fresques d'Altamira, des bas-reliefs égyptiens ou de la « tapisserie » de Bayeux ! La bande dessinée est une « narration figurée », incluant un texte dans l'image, qu'englobent le plus souvent les fameuses « bulles » — les pédants disent les « ectoplasmes » ou encore les « phylactères ».

Le système qui a longtemps prévalu en France d'un texte sous-jacent, que les images ne faisaient qu'illustrer (images d'Epinal, Bécassine, etc.), n'est pas à proprement parler de la bande dessinée. Aussi les Italiens appellent-ils les BD des « fumetti » pour bien mettre l'accent sur le rôle de ces « petits nuages ».

Les premières BD « à bulles » viennent d'Amérique. Elles apparaissent en 1896 dans le *World* et en 1897 dans le *New York American*. Nous les avons citées plus haut.

Jules Verne ne dessinait pas. Enfin... presque pas. On ne connaît à l'heure actuelle que deux croquis de sa main, si l'on excepte les nombreux dessins de cartes géographiques. L'un, bien maladroit et grossier, dépeint l'*Albatros* de Robur-le-Conquérant dans une lettre à son illustrateur, Léon Benett. L'autre, plus habile, représente son yacht, le *Saint-Michel I,* son « bourset maldis » comme dit la légende autographe de sa main.

On ose à peine imaginer la réaction de Jules Verne, aujourd'hui, devant les innombrables BD adaptées de son œuvre. Mais qui sait ? Au siècle dernier, Jules Verne a écrit d'abord dans un « magazine » pour la jeunesse, *Le Magasin d'Education et de Récréation*. S'il vivait aujourd'hui, il y a de fortes chances qu'il collaborerait à une revue pour les jeunes, *Spirou* ou *Tintin*. Ou peut-être délaisserait-il sa plume de romancier contre celle de scénariste ?

BANDES DESSINÉES ADAPTÉES DES ROMANS DE JULES VERNE

LANGUE FRANÇAISE

« 20 000 Lieues sous les Mers », dess. de R. Blondeau, raconté par Marc Déséchal, *1951,* Ed. Hachette (Paris), 32 p. Très bel album en deux couleurs (rouge et bleu), où les bulles sont rares.

« Voyage au Centre de la Terre », s.n. d'auteur, (15 novembre *1957)*, « Classiques illustrés » (Paris), n° 15, 52 p., ill. coul.

« Le Tour du Monde en 80 Jours - L'Etoile du Sud », dess. de Pierre Deggurnay et Jac Rémise, août *1959,* « Samedi-Jeunesse » (Bruxelles), n° 22, 80 p., ill. coul.

« Michel Strogoff », s.n. d'auteur, mars *1961,* « Samedi-Jeunesse » (Bruxelles), n° 41, 80 p., ill. coul. Couverture de Xavier Merto.

« Le Volcan d'Or », s.n. d'auteur, en feuilleton dans « L'Humanité » (Paris), *1961,* du 4 août au 9 septembre, ill. n.b.

« Les Indes noires », s.n. d'auteur, en feuilleton dans « L'Humanité » (Paris), *1961-1962,* du 11 septembre au 26 janvier, ill. n.b.

« L'Ile mystérieuse », roman-photos d'après le film du même nom de Charles H. Schneer, 10 mars *1962,* « Star-Ciné-Cosmos » (Rome), n° 12, 68 p., ill. n.b.

« Maître du Monde », roman-photos d'après le film du même nom de William Witney avec Charles Bronzon, 2 mai *1964,* « Star-Ciné-Cosmos » (Rome), n° 68, 68 p., ill. n.b.

« Mickey Courrier du Tsar », s.n. d'auteur, *1971,* Ed. Edi-Monde (Paris), dans « Mickey-Parade » (Journal de Mickey 990 bis), pp. 193-254, ill. n.b. et coul. Version très libre de « Michel Strogoff ».

« Le (sic) Voyage au Centre de la Terre », s.n. d'auteur, juillet *1972,* « Samedi-Jeunesse » (Bruxelles), n° 177, 72 p., ill. n.b.

« L'Ile mystérieuse », dess. de Franco Caprioli, *1972,* Ed. Paulines (Québec), 90 p., ill. coul.

« *20 000 Lieues sous les Mers* », dess. de Gérard Gasquet, adapt. de François Truchaud, *1975,* Ed. Fernand Nathan (Paris), 48 p., ill. n.b.

« *20 000 Lieues sous les Mers* », dess. de Romy Gamboa et Ernie Patricio, adapt. de Otto Binder, *1976,* Ed. Héritage (Montréal), série « Classiques illustrés », 61 p., ill. n.b.

« *Le Tour du Monde en 80 Jours* », dess. de Ramon de la Fuente, *1976,* Ed. Fernand Nathan (Paris), coll. « Les Œuvres célèbres en bandes dessinées », 64 p., ill. coul.

« *Un Capitaine de 15 Ans* », dess. de Franco Caprioli, adapt. de Claudio Nizzi, *1976,* Ed. du Domino (Paris), 46 p., ill. coul.

« *Les Enfants du Capitaine Grant* », dess. de Franco Caprioli, adapt. de Roudolph, *1976,* Ed. du Domino (Paris), 64 p., ill. coul.

« *L'Ile mystérieuse* », dess. de Franco Caprioli, adapt. de Claudio Nizzi, *1976,* Ed. du Domino (Paris) 94 p., ill. coul.

« *Michel Strogoff* », dess. de Franco Caprioli, adapt. de Roudolph, *1976,* Ed. du Domino (Paris), 58 p., ill. coul.

« *20 000 Lieues sous les Mers* », s.n. d'auteur, des studios Walt Disney, *1976,* Ed. Hachette (Paris), 38 p., ill. coul.

« *Le Serpent de Mer* », dess. de François Bourgeon, adapt. de Bertrand Solet, *1978,* dans « Pif-gadjet », n° 466, pp. 35-46, ill. coul.

« *Voyage au Centre de la Terre* », dess. de Rouge, adapt. de Bertrand Solet, *1978,* dans « Pif-gadjet », n° 463, pp. 21-29, ill. coul.

« *20 000 Lieues sous les Mers* », dess. de Ramon de la Fuente, *1978,* Ed. Fernand Nathan (Paris) coll. « Les Œuvres célèbres en bandes dessinées », 60 p., ill. coul.

« *Voyage au Centre de la Terre* », dess. de Renato Polese, adapt. de Roudolph, *1978,* Ed. Sagedition (Paris), coll. « Aventure et mystère », 52 p., ill. coul.

« *Le Tour du Monde en 80 Jours* », s.n. d'auteur, *1979,* Ed. Elvifrance (Paris), série « Satires », n° 5, mai, 226 p., ill. n.b. Version pornographique et érotique.

20000
LIEUES SOUS LES MERS
D'APRES JULES VERNE • ADAPTATION FRANCOIS TRUCHAUD • DESSINS GERARD GASQUET
FERNAND NATHAN

« *La Maison à Vapeur - Maître du Monde - Le Secret de Wilhem Storitz - Sans Dessus Dessous - Les 500 Millions de la Bégum* », dess. A. Font, F. Bourgeon, Julliard, Franjacq, adapt. de Bertrand Solet, *1979,* « Pif-Parade » Hors série, intitulé « Jules Verne en bandes dessinées », juillet, 66 p., ill. coul.

« *Le Tour du Monde en 80 Jours* », dess. de Didier Bardon, Marc Bellan, Christian Bessière, Giles Tosello, sous la direction de Giovanni Giannini, *1979,* Ed. Michel de l'Ormeraie (Paris), coll. « Les albums Jules Verne », 64 p., ill. coul.

« *Michel Strogoff* », dess. de Franco Caprioli, adapt. de Roudolph, *1979,* Ed. Sagedition (Paris), 58 p., ill. coul.

« *Le Tour du Monde en 80 Jours* », dess. de « Watch 3 » (Serge Danot ?), 15 janvier *1981,* « Le Journal de Jules Verne » (Paris), n° 1, 50 p., ill. coul.

« *20 000 Lieues sous les Mers* », dess. de « Watch 3 » (Serge Danot ?), 15 avril *1981,* « Le Journal de Jules Verne » (Paris), n° 2, 50 p., ill. coul.

« *Michel Strogoff* », dess. de « Watch 3 » (Serge Danot ?), 15 juillet *1981,* « Le Journal de Jules Verne » (Paris), n° 3, 50 p., ill. coul.

« *Les Enfants du Capitaine Grant* », dess. de « Watch 3 », 15 septembre *1981,* « Le Journal de Jules Verne » (Paris), n° 4, 50 p., ill. coul.

Co-Edition 1980

« *Le Tour du Monde en 80 Jours* » (Flammarion - Paris)

« *Il giro del mondo in 80 giorni* » (Mondadori - Milano)

« *In 80 Tagen um die Welt* » (Delphin - München)

« *De reis om de wereld in 80 dagen* » (Elsevier - Amsterdam)

LANGUE ANGLAISE

« *Mysterious Island* » (L'Ile mystérieuse), *1947,* Ed. Gilberton Company (New York), dess. de Robert Hayward Webb and David Heames, adapt. de Manning L. Stockes, série « Classics Illustrated », n° 34, ill. coul.

Pif Parade
HORS SERIE
COMIQUE
JULES VERNE
JULES VERNE
EN BANDES DESSINÉES
La maison à vapeur
Maître du monde
Le secret de Wilhelm Storitz
Sans dessus dessous
Les 500 millions de la Bégum
ROUGE 79
7F

« *Twenty thousand Leagues under the Sea* » (20 000 Lieues sous les Mers), *1949,* Ed. Gilberton Company (New York), série « Classics Illustrated », n° 47, ill. coul.

« *Around the World in 80 Days* » (Le Tour du Monde en 80 Jours), dess. de H.C. Kiefer *1950,* Ed. Gilberton Company (New York), série « Classics Illustrated », n° 69, ill. coul.

« *20 000 Leagues under the Sea* » (20 000 Lieues sous les Mers), s.n. d'auteur, *1954,* Ed. Dell Comic (New York), série « A movie classic », n° 614, Walt Disney production, ill. coul.
A la fin de la b.d., en n.b., le final de « L'Ile mystérieuse ».

« *A Journey to the Center of the Earth* » (Voyage au Centre de la Terre), *1957,* Ed. Gilberton Company (New York), s.n. d'auteur, série « Classics Illustrated », n° 138, ill. coul.

« *Off on a Comet* » (Hector Servadac), s.d. *(vers 1960),* Ed. Gilberton Company (New York), série « Classics Illustrated », n° 149, ill. coul.

« *Tigers and Traitors* » (La Maison à vapeur), *1962,* Ed. Gilberton Company (New York), s.n. d'auteur, série « Classics Illustrated », n° 166, ill. coul.

« *Robur the Conqueror* » (Robur-le-Conquérant), *1961,* Ed. Gilberton Company (New York), s.n. d'auteur, série « Classics Illustrated », n° 162, ill. coul.

« *20 000 Leagues under the Sea* » (20 000 Lieues sous les Mers), dess. de Romy Gamboa et Ernie Patricio, adapt. de Otto Binder, *1973,* Ed. Pendulum Press (New York), ill. n.b.

« *20 000 Leagues under the Sea* » « 20 000 Lieues sous les Mers), dess. de Romy Gamboa et Ernie Patricio, adapt. de Otto Binder, *1979,* Ed. Marvel Classics comics (New York), ill. n.b.

LANGUE ALLEMANDE

« *Die Reise zum Mond* » (De la Terre à la Lune), s.n. d'auteur, *1972,* Ed. Bastei, série « Welt-Bestseller », n° 30, 32 p., ill. coul.

« *Ein Kapitän von 15 Jahren* » (Un Capitaine de 15 ans), dess. de Franco Caprioli, *1979,* Ed. Carlsen Comics (Hambourg), 40 p., ill. coul.

LANGUE ESPAGNOLE

« *La vuelta al mundo en ochenta dias* » (Le Tour du Monde en 80 Jours), dess. de Ramon de la Fuente, *1975,* Ed. Afha International S.A. (Barcelone), ill. coul.

« *20 000 Leaguas de viaje submarino* » (20 000 Lieues sous les Mers), dess. de Romy Gamboa et Ernie Patricio, adapt. de Otto Binder, *1976,* Ed. Travel Classic Comics (Mexico), 62 p., ill. coul.

« *Miguel Strogoff* » (Michel Strogoff), dess. de Juan Quiros, *1979,* Ed. Brugera S.A. (Barcelone), série « Joyas Litterias Juveniles » n° 1, 36 p., ill. coul.

Dans la même collection « Joyas Litterias Juveniles » figure également :

« *20 000 Leagues de viaje submarino* » (20 000 Lieues sous les Mers), n° 4.

« *Los hijos del capitan Grant* » (Les Enfants du Capitaine Grant) n° 9.

« *La Isla Misteriosa* » (L'Ile mystérieuse), n° 10.

« *La Vuelta al mundo en ochenta dias* » (Le Tour du Monde en 80 Jours), n° 17.

« *Viaje al centro de la tierra* » (Voyage au Centre de la Terre), n° 21.

« *Aventuras de tres Rusos y tres Ingleses en el Africa austral* » (Aventures de trois Russes et de trois Anglais en Afrique australe), n° 28.

« *La estrella del Sur* » L'Etoile du Sud), n° 33.

« *Norte contra Sur* » (Nord contre Sud), n° 56.

« *Cinco semanas en globo* » (Cinq Semaines en Ballon), n° 62.

« *La Esfinge de los Hielos* » (Le Sphinx des Glaces), n° 65.

« *Aventuras del capitan Hatteras* » (Voyages et Aventures du Capitaine Hatteras), n° 71.

« *Viaje a la luna* » (Autour de la Lune), n° 72.

« *Por un billete de loteria* » (Un Billet de Loterie), n° 78.

« *El volcan de Oro* » (Le Volcan d'Or), n° 79.

« *El faro del fin del mundo* » (Le Phare du Bout du Monde), n° 91.

« *Un capitan de quince anos* » (Un Capitaine de 15 ans), n° 101.

« *Aventuras de César Cascabel* » (César Cascabel), n° 104.

« *Escuela de Robinsones* » (L'Ecole des Robinsons), n° 108.

« *Robur, el Conquistador* » (Robur-le-Conquérant), n° 112.

« *Dueno del Mundo* » (Maître du Monde), n° 114.

« *A traves de la Estepa* » (Claudius Bombarnac), n° 116.

« *Dos anos de vananciones* » (Deux Ans de Vacances), n° 117.

« *Aventuras de un nino Irlandes* » (P'tit Bonhomme), n° 126.

« *El castillo de los Carpatos* » (Le château des Carpathes), n° 128.

« *El Soberbio Orinoco* » (Le Superbe Orénoque), n° 129.

« *Las Indias Negras* » (Les Indes noires), n° 131.

« *La casa à vapor* » (La Maison à vapeur), n° 134.

« *El Archipielago en limas* » (L'Archipel en feu), n° 135.

« *El rayo Verde* » (Le Rayon vert), n° 142.

« *En el Pais de las Pieles* » (Le Pays des Fourrures), n° 147.

« *Los Hermanos Kip* » (Les Frères Kip), n° 158.

« *Un drama en Livonia* » (Un Drame en Livonie), n° 161.

« *Hector Servadac* » (Hector Servadac), n° 167.

« *Las tribulaciones de un Chino en China* » (Les Tribulations d'un Chinois en Chine), n° 186.

« *Familia sin Nombre* » (Famille sans Nom), n° 187.

« *El Puelbo aereo* » (Le Village aérien), n° 192.

« *La caza del Meteoro* » (La Chasse au Météore), n° 193.

« *La Jangada* » (La Jangada), n° 195.

« *Ante la bandera* » (Face au Drapeau), n° 196.

« *El Conde de Chanteleine* » (Le Comte de Chanteleine), n° 208.

ma lanterne magique
JULES VERNE
Le tour du monde en 80 jours
L'IMPRÉVU N'EXISTE PAS !
ADAPTATION ET ILLUSTRATIONS DE YVON LE GALL
éditions du chat perché
FLAMMARION

Jules Verne
IL GIRO DEL MONDO IN 80 GIORNI
HO DODICI ORE DI ANTICIPO. ANDIAMO A SALVARE QUELLA DONNA ?
SIAMO SOLTANTO IN TRE, SIGNORE ! E QUEI FANATICI SONO ARMATI FINO AI DENTI !
illustrazioni di YVON LE GALL
ARNOLDO MONDADORI EDITORE

Jules Verne
In 80 Tagen um die Welt
Bearbeitet und illustriert von Yvon Le Gall
Delphin

Van Goor Jeugdboeken
De reis om de wereld in 80 dagen
Jules Verne
Bewerking en illustraties YVON LE GALL
Amsterdam/Brussel

« *Keraban El testarudo* » (Kéraban-le-Têtu), n° 210.

« *Los Quinientos Millones de la Princesa India* » (Les 500 Millions de la Bégum), n° 211.

« *Clovis Dardentor* » (Clovis Dardentor), n° 212.

« *El Piloto del Danubio* » (Le Pilote du Danube), n° 213.

« *El Secreto de Storitz* » (Le Secret de Wilhem Storitz), n° 214.

« *Un Experimento del Doctor Ox* » (Le Docteur Ox), n° 238.

« *20 000 Leaguas de viaje submarino* » (20 000 Lieues sous les Mers), s.n. d'auteur, des studios Walt Disney, *1980,* Ed. Especial (Barcelone), ill. coul.

LANGUE ITALIENNE

« *L'isola misteriosa* » (L'Ile mystérieuse), dess. de Franco Caprioli, adapt. de Claudio Nizzi, *1976,* Ed. Epipress (Milan), ill. coul.

« *Michele Strogoff* » (Michel Strogoff), dess. de Franco Caprioli, adapt. de Roudolph, *1976,* Ed. Epipress (Milan), ill. coul.

« *I figli del capitano Grant* » (Les Enfants du Capitaine Grant), dess. de Franco Caprioli, adapt. de Roudolph, *1976,* Ed. Epipress (Milan), ill. coul.

« *Un capitano di quindici anni* » (Un Capitaine de 15 ans), dess. de Franco Caprioli, adapt. de Claudio Nizzi, *1976,* Ed. Epipress (Milan), ill. coul.

LANGUE PORTUGAISE

« *A ilha misteriosa* » (L'Ile mystérieuse), dess. de Franco Caprioli, adapt. de Claudio Nizzi, *1976,* Ed. Scire (Lisbonne), ill. n.b.

« *Os Filhos do capitao Grant* » (Les Enfants du Capitaine Grant), dess. de Franco Caprioli, traduction de F. Sobral, adapt. de Roudolph, *1977,* Ed. Scire (Lisbonne), 62 p. ill. n.b.

« *Miguel Strogoff* » (Michel Strogoff), dess. de Franco Caprioli, adapt. de Roudolph, *1976,* Ed. Vei (Lisbonne), 52 p., ill. n.b.

« *20 000 Leaguas submarinas* » (20 000 Lieues sous les Mers), s.n. d'auteur, *1979,* Ed. Edinter (Lisbonne), non paginé, ill. coul.

« *A volta ao mundo em 80 dias* » (Le Tour du Monde en 80 jours), s.n. d'auteur, *1979,* Ed. Edinter (Lisbonne), non paginé, ill. coul.

« *A ilha misteriosa* » (L'Ile mystérieuse), s.n. d'auteur, *1979,* Ed. Edinter (Lisbonne), non paginé, ill. coul.

« *Viagem ao centro da terra* » (Voyage au Centre de la Terre), s.n. d'auteur, *1980,* Ed. Edinter (Lisbonne), non paginé, ill. coul.

Pierre FOUCART.

ALBERT ROZE ET JULES VERNE

Dans l'iconographie de Jules Verne les œuvres du sculpteur amiénois Albert Roze — l'auteur trop oublié du *Pardon* (Ecole des Beaux-Arts), du *Nouveau-né* (Hôpital d'Amiens) et de la *Vierge dorée* d'Albert — tiennent une large place et témoignent du culte affectueux que le jeune directeur de l'Ecole régionale des Beaux-Arts vouait à son modèle. Dès 1894, Albert Roze, âgé de trente-trois ans, rencontre Jules Verne à diverses réunions artistiques, et l'écrivain, conseiller municipal et membre de la commission du Musée, s'intéresse à ses productions, spécialement au *Printemps,* la *Marie sans chemise* de l'ancienne horloge de la place Gambetta réalisée en 1895. C'est peu après vers 1898 que Roze exécuta d'après nature le buste en marbre de Jules Verne dont Charles Lemire parle dans son livre paru en 1908[1].

Au décès du grand homme survenu le 24 mars 1905, la famille demande à Roze de modeler un médaillon d'après des croquis qu'on l'autorise à prendre dans la chambre mortuaire. Ce haut-relief, émouvant en ce qu'il représente le maître à son dernier sommeil, la tête sur un oreiller parmi des lis et des œillets — qu'on le compare avec la photographie de Jules Verne sur son lit de mort conservée à la Bibliothèque municipale — fut exposé au Salon des Artistes français de mai 1905, où il attira l'intérêt des visiteurs. Sans doute la famille l'envisageait-elle au principe comme sommet d'une stèle funéraire, mais elle dut changer d'avis, car le projet resta à l'état de plâtre dans l'atelier, sans autre diffusion que photographique. Il se trouve aujourd'hui au Musée de Berny.

Monument de Jules Verne à Amiens.

Sur le désir de la famille, Roze conçut plus tard un monument plus important qui sera la fameuse tombe du cimetière de la Madeleine. Ce marbre destiné à remplacer un bloc de pierre où on lisait les seuls mots : « Jules Verne 1905 » est assurément l'une des œuvres les plus vigoureuses et les plus originales du maître qui sut ce jour-là allier de façon heureuse la sculpture de formes à la sculpture d'idées. Le plâtre exposé au Salon des Artistes Français de 1907 sous le titre : *Vers l'Immortalité et l'Eternelle Jeunesse,* connut un vif succès, et l'exécution définitive suivit de peu.

Allégorie du génie littéraire promu à l'immortalité dans le style naturaliste des résurrections chrétiennes, l'œuvre montre Jules Verne soulevant d'un geste énergique la pierre du tombeau en partie brisée et prenant son essor vers l'Au-delà. Elle affirme aussi la croyance du chrétien Roze dans la victoire finale de la Vie sur la Mort, que symbolise par ailleurs un tombeau de même veine, son marbre *Résurrection* de 1898 au Musée d'Amiens, avec réplique au cimetière de Sains-en-Amiénois pour la famille Follet-Legendre. Des Roze similaires sont aux cimetières de la Madeleine (tombe du jeune Picot, 1895) et d'Hangest-sur-Somme (tombe de Céline Lourdel, 1922). En ce qui concerne la tombe de la Madeleine, Roze regrettait, aux dires de sa famille, qu'on eût dressé derrière son marbre une haute stèle funéraire.

Entre-temps Roze élaborait l'autre monument consacré à la mémoire du disparu dans le cadre de verdure des *Petits Jardins* du mail Albert-Ier non loin des lieux où il vécut. Fruit d'une souscription tôt ouverte par l'Académie d'Amiens, mis au point par versions successives en 1906-1907 sous le contrôle de l'architecte Amédée Milvoy ordonnateur de l'ouvrage, le plâtre définitif fut exposé au Salon de 1908 : au-dessus d'une élégante stèle, est placé le buste d'un Jules Verne dans la force de l'âge et de l'intelligence, scrutant l'immensité comme l'un des capitaines intrépides de ses romans. Sur le socle trois jeunes gens (à gauche : Thérèse et Gabriel Thorel, enfants du conseiller à la Cour Octave Thorel, ami du défunt, à droite Robert Michel, fils du conservateur de la Bibliothèque municipale)[2], plongés dans la lecture de quelque *Vingt mille lieues sous les mers,* illustrent le thème du romancier « grand charmeur de la jeunesse ». La sculpture, attrayante dans sa simplicité sans mièvrerie, fut jugée toutefois d'une exécution froide et sèche ; elle manque certes de la force expressive et de la virilité plastique de la tombe de la Madeleine, décidément la réussite majeure de Roze.

En fait, il semble que pour des raisons financières (la souscription fut inférieure au devis) ou techniques (au-dessous passe le tunnel du chemin de fer) Roze ait dû renoncer à un plan plus grandiose connu par des ébauches ruinées sur lesquelles on voit un Jules Verne en pied, superbe et solitaire, adossé au sommet d'un haut rocher pyramidal qui paraît dominer un vaste horizon de mers ou de montagnes, tandis que le groupe des lecteurs n'est qu'un motif parmi d'autres allusifs aux *Voyages en ballon* ou aux odyssées du *Nautilus*.

Hommage d'Amiens à son fils d'adoption, la statue des Petits Jardins fut solennellement inaugurée le 8 mai 1909 avec discours de l'académicien Jules Claretie et d'Amédée Milvoy en la présence de l'éditeur Hetzel. Dans la presse on se félicita de ce que l'image attristante du vieillard fatigué, abattu par l'âge et presque aveugle, eût cédé la place à celle du visionnaire aux anticipations géniales, dont le regard lumineux d'intelligence semble suivre le déroulement de quelque fantastique aventure. Ainsi éternisé par le ciseau de Roze au cœur de la cité, Jules Verne nous est redevenu un personnage familier, avant tout maître d'action, d'audace et de foi en l'avenir.

NOTES

1. Ce buste serait resté dans la famille mais nous n'avons pu avoir de précision sur son emplacement actuel. L'inventaire des sculptures de Roze n'en parle pas. Dans un article de *Picardie-Information,* avril 1971, n° 2, p. 41 nous avions dit à tort que l'autre buste du romancier en terre cuite resté dans la famille Verne était de Roze ; vérification faite, ce buste est signé : « Stecchi 1882 ». Il est à présent en possession de M. Jean Jules-Verne, qui nous a précisé, d'après les dires de son père, que Roze s'en serait servi pour le monument de la Madeleine comme étant le meilleur.

Stecchi (Fabio), né Urbino (Italie) 1865, mort Nice 1928, italien naturalisé français, est connu pour avoir sculpté les quatre statues de la Tour de l'Horloge à la gare de Lyon à Paris.

2. On remarquera que les têtes des deux enfants à gauche ont été recollées. Effectivement, en 1925 un arbre déraciné par une tempête d'une rare violence, a décapité ces têtes, plus celle de Jules Verne, que Roze dut resculpter.

Maurice COMPÈRE.

ITINÉRAIRE VERNIEN A AMIENS

Nous autres, « bons Amiénois », avons souvent l'occasion de guider des visiteurs venus chercher les souvenirs de Jules Verne en notre ville.

Passant devant l'hospice Saint-Charles, nous indiquons l'emplacement de la première maison habitée par Jules Verne au n° 4 du boulevard Saint-Charles (actuellement boulevard Maignan-Larivière). Nous voyons ensuite la maison sise 23, boulevard Guyencourt où il a habité de 1871 à 1873.

Un arrêt au Cirque municipal dont le discours d'inauguration a été prononcé par le grand écrivain en 1889. Non loin de là est installé le Bureau d'Aide sociale dans le vestibule duquel se trouvent les plaques de marbre portant les noms des membres du Bureau de bienfaisance, parmi lesquels celui de Jules Verne (1892-1904).

Traversant la voie ferrée, nous voyons l'immeuble de la Société d'Horticulture. J. Verne a fait partie de cette association et a prononcé deux discours devant l'assemblée de ses adhérents.

Nous arrivons ensuite dans les hauts lieux verniens, tout d'abord au 44, boulevard de Longueville (actuellement boulevard Jules-Verne). Avec gentillesse, les propriétaires nous autorisent parfois à voir la cheminée dessinée par Jules Verne, ainsi que les vitraux de la véranda qui existaient à l'époque où il habitait la maison.

Jetons un coup d'œil au passage à la façade de l'église Saint-Martin dans laquelle ont été célébrées les obsèques de Jules Verne en 1905, et gagnons la « maison à la tour » rue Charles-Dubois.

Tombeau de Jules Verne au cimetière de la Madeleine.

Le cirque d'Amiens.

Le deuxième étage où se trouvait la chambre de Jules Verne n'a pas été trop modifié. De même le salon du rez-de-chaussée. En revanche, le reste du rez-de-chaussée ainsi que le premier étage ne sont plus dans l'état où Jules Verne les a connus. Pareillement, le jardin a été diminué et un immeuble a été construit à son emplacement.

Tournant autour du monument des Illustrations picardes que Jules Verne souhaiterait à cet emplacement (voir *Une Ville idéale),* nous voyons le monument à la gloire de Jules Verne sculpté par Albert Roze. Derrière le monument sont gravés quelques titres des soixante-quatre « Voyages extraordinaires ».

Nous descendons ensuite la rue Porte Paris (actuellement rue des Otages) qu'empruntait Jules Verne en se rendant à la bibliothèque de la Société industrielle. Nous arrivons place Saint-Denis (aujourd'hui place René-Goblet) ; dans les salons Saint-Denis, Jules Verne a organisé un bal costumé en 1877 (les salons ont été détruits par un incendie en 1904).

Nous voyons ensuite la façade du Théâtre, rue des Trois-Cailloux où se trouvait également la boutique de l'antiquaire Potentier « qui vendait des pots cassés » *(Une Ville idéale).*

Un arrêt à l'hôtel de ville où Jules Verne a siégé en qualité de conseiller municipal de 1888 à 1904.

Nous remontons ensuite l'ancienne rue des Rabuissons (actuellement rue de la République), passant devant l'ancien immeuble de la Caisse d'épargne où la fonction d'administrateur de Jules Verne est rappelée sur une plaque de marbre.

En face de la Caisse d'épargne est construite l'église Saint-Rémi dont Jules Verne a discuté l'orientation en réunion du conseil municipal.

Nous voyons ensuite le bâtiment du Conseil général où avaient lieu les séances de l'Académie d'Amiens dont Jules Verne faisait partie depuis 1872. En face, la Bibliothèque municipale.

Nous nous dirigeons ensuite vers le plus grand cimetière d'Amiens, la Madeleine (18 hectares) où reposent presque toutes les célébrités amiénoises du XIXe siècle et du début du XXe.

Nous nous recueillons sur la spectaculaire tombe de Jules Verne et de son épouse Honorine.

Jules Verne en 1904.

LES VOYAGES AU THÉATRE

A. D'ENNERY ET JULES VERNE

LES VOYAGES AU THÉÂTRE

LE TOUR DU MONDE EN 80 JOURS

mathis

PROLOGUE

PREMIER TABLEAU

Un pari d'un million.

Le théâtre représente un salon de lecture et de jeu du Club des Excentriques, à Londres, sur lequel s'ouvrent d'autres salons latéraux. Divans, fauteuils. Table de jeu au premier plan. Au milieu, large table ovale couverte de journaux. Cheminée à gauche, avec foyer allumé. On est en hiver. Horloge au-dessus de la porte du fond. Les salons sont confortablement meublés, mais sans luxe. Ils sont vastes. Un lustre, qui pend au-dessus de la grande table, des candélabres sur la cheminée sont allumés.

SCÈNE I

FLANAGAN, STUART, RALPH ET AUTRES MEMBRES DU CLUB.

(Ils se chauffent et feuillettent brochures et journaux en causant.)

RALPH. Eh bien, messieurs, et notre nouvel hôtel, quand sera-t-il acheté ?

FLANAGAN. Un hôtel ! mon cher Ralph ! vous voulez dire un palais !

RALPH. Soit, un palais ! Il est vraiment odieux pour des gentlemen qui ont fondé le Club des Excentriques d'être logés dans un taudis comme celui-ci !...

STUART. Ralph a raison ! Comment ! nous mangeons, nous buvons, nous nous logeons, nous vivons enfin comme tout le monde ! Que la vieille Angleterre me le pardonne, mais il y a dans Londres des marchands de coton et des brasseurs qui sont plus excentriques que nous ! Tenez, le boucher Mordisson, quand il a vendu sa viande à son étal de la Cité, eh bien ! il remonte, bras nus, le tablier au flanc, dans sa calèche à quatre chevaux, et retourne ainsi à son hôtel de Piccadilly. Voilà un boucher excentrique !

FLANAGAN. Tout le monde ne peut pas être boucher.

RALPH. Non ! mais on doit se distinguer de tout le monde.

FLANAGAN. Soyez tranquille, mon cher Ralph. Dans notre nouveau palais, vous n'aurez point à vous plaindre... au moins sous le rapport du logement.

STUART. Et cela coûtera dix millions, ce qui est déjà assez excentrique !

RALPH. Peuh ! Nous sommes cinquante à payer cette fantaisie-là !

STUART. Et il sera achevé ?...

FLANAGAN. Dans trois mois. Les tapissiers y sont déjà.

STUART, *effaré.* Comment, les tapissiers ! Il y aura donc des tapis ?

FLANAGAN. Oui, puisqu'il y a des planchers.

STUART. Et des rideaux ?

FLANAGAN. Puisqu'il y a des fenêtres.

STUART. Et des plafonds, et des portes, et des escaliers ! Je parie qu'il y aura des escaliers ?

FLANAGAN. Sans doute.

STUART, *tombant abasourdi.* Avec des marches !

FLANAGAN. Avec des marches ! Mais, que diable ! on a beau être excentrique, il faut bien des fenêtres pour y voir clair, des portes pour entrer dans les chambres et des escaliers pour y monter !

STUART. Oui ! oui ! certainement !... et sans ces malencontreux escaliers... les marches ! les marches surtout !...

RALPH. Ah çà, messieurs, nous donnerons une fête sans doute pour l'inauguration de ce palais ?

FLANAGAN. Oui, un bal excentrique précédé d'un dîner de cinq cent mille francs.

STUART. Sans le vin !

FLANAGAN. Sans doute ! D'ailleurs, nous nommerons une commission pour arrêter le menu.

RALPH. A propos, messieurs, a-t-on statué sur la demande d'admission de ce citoyen des États-Unis, Archibald Corsican ?

FLANAGAN. Ses titres n'ont pas paru suffisamment sérieux, et, sur l'avis motivé du rapporteur notre collègue Philéas Fogg, il a été rejeté.

(En ce moment la porte du fond s'ouvre, et Passepartout en superbe livrée apparaît.)

PASSEPARTOUT, *d'une voix grave.* Ces messieurs sont servis !

STUART, *avec dédain.* Ah ! dîner ! comme tout le monde !

RALPH, *prenant le bras de Flanagan.* Mais au moins a-t-on fait venir de la glace du lac Érié ?

PASSEPARTOUT, *gravement.* Oui, Votre Honneur, et même de la pointe sud-est du lac, où elle est de meilleure qualité.

(Les membres du club sortent par le fond, et Passepartout se laisse choir sur un divan.)

SCÈNE II

PASSEPARTOUT, PUIS MARGARET.

PASSEPARTOUT. Servir un excentrique, passe ! mais cinquante ! Non, j'en ai assez ! Et encore, je dis excentriques ! mais s'ils l'étaient réellement, ces gentlemen, est-ce que ce ne seraient pas eux qui devraient servir leurs domestiques, faire nos chambres et brosser nos habits !...

MARGARET, *passant sa tête par la porte de droite.* Il n'y a personne ?

PASSEPARTOUT, *toujours assis.* Mais si, il y a moi !

MARGARET, *entrant.* Alors on peut entrer ?

PASSEPARTOUT. Mademoiselle Margaret, votre place est à la lingerie. Qu'est-ce que vous venez faire ici ?

MARGARET. Je viens vous demander, monsieur Passepartout, si décidément, oui ou non, vous voulez de moi pour femme ?

PASSEPARTOUT, *quittant sa chaise pour prendre un fauteuil.* Non ! *(Il s'assied.)*

MARGARET. Ah ! mais vous m'aviez promis...

PASSEPARTOUT. Évasivement, ma chère !

MARGARET. Est-ce que vous ne me trouvez pas à votre goût ?

PASSEPARTOUT. Si !

MARGARET. Est-ce que je ne ferais pas une bonne petite femme ?

PASSEPARTOUT. Excellente !

MARGARET. Vous êtes un brave Français, moi une brave Anglaise.

PASSEPARTOUT. Vous seriez Chinoise, que je répondrais encore : non. Écoutez-moi. *(Il se lève.)* Jusqu'ici, j'ai mené une existence passablement agitée : tantôt au service de l'un, tantôt au service de l'autre. Ayant fait vingt places sans en trouver une bonne, ayant parcouru vingt pays sans me fixer nulle part... Or, je suis fatigué, rompu, éreinté, et je suis résolu à me reposer.

MARGARET. Eh bien ! marions-nous.

PASSEPARTOUT. Je vous dis que je veux me reposer.

MARGARET. Eh bien ?

PASSEPARTOUT. Que je veux prendre racine quelque part, dans un bon terrain bien exposé.

MARGARET, *se campant devant Passepartout.* Justement. Le bon terrain... me voilà... bien exposé.

PASSEPARTOUT. Trop exposé, Margaret. Je ne suis plus du bois, j'allais dire du fer dont on fait les maris. Je vais d'ailleurs quitter ce club.

MARGARET. Quitter le club !...

PASSEPARTOUT. Oui ! Répondre ici à tous les coups de sonnette, c'est au-dessus de mes forces. Il y a trop d'ouvrage. Il me faut une place exceptionnelle.

MARGARET. Et vous l'avez trouvée ?

PASSEPARTOUT. Je l'ai trouvée.

MARGARET. Vraiment ! Chez qui ?

PASSEPARTOUT. Chez M. Philéas Fogg.

MARGARET. Ah ! ce gentleman qui vient tous les jours ici régulièrement, à la même heure, à la même minute ; qui entre par cette porte, qui fait trois pas en avant, donne son chapeau à droite, sa canne à gauche et son pardessus ensuite ; qui s'assoit là, qui met ses deux mains comme ceci et ses deux pieds comme cela, et reste immobile jusqu'à ce qu'on lui apporte le journal ! Une vraie mécanique !

PASSEPARTOUT. Eh bien, je ne suis pas fâché de servir une mécanique !

MARGARET. C'est un monsieur à ressorts qu'il faut remonter tous les matins !

PASSEPARTOUT. Je me suis chargé du remontage.

MARGARET. Je croyais qu'il avait un domestique du nom de John Forster ?

PASSEPARTOUT. C'est-à-dire que c'est John Forster qui avait ce maître ; mais je le lui ai acheté.

MARGARET. Acheté !

PASSEPARTOUT. Oui. Je suis allé trouver John Forster et je lui ai dit : « Combien ton maître ? — Mille francs, qu'il m'a dit. — Ça va-t-il pour cinq cents ? — Non, répond John, ça vaut mieux que cela. Huit cents à cause de toi, Passepartout. — Grand merci, John ! » Et je lui ai remis les huit cents francs. Toutes mes économies y ont passé ; mais j'ai le gentleman qu'il me fallait.

MARGARET. Et John Forster ?

PASSEPARTOUT. Eh bien, John Forster n'a plus eu qu'à se faire mettre à la porte. Ah ! ça n'a pas été commode avec M. Fogg, qui ne s'émeut pas facilement. Forster a négligé d'abord de brosser les habits ; M. Fogg n'a rien dit. Forster a brisé deux glaces, la première volontairement, et la seconde en le faisant exprès ; M. Fogg n'a rien dit. Cela devenait désespérant. Heureusement ce matin, ce matin même, Forster a apporté à M. Fogg l'eau pour sa barbe. M. Fogg a sonné Forster : « John, lui a-t-il dit de sa voix la plus calme, John, il était stipulé entre nous que l'eau pour ma barbe aurait toujours trente-cinq degrés l'hiver ; celle-ci n'en a que trente-quatre ; à partir de ce moment, onze heures dix-sept, vous n'êtes plus à mon service. » Et voilà comment le flegmatique gentleman va entrer au mien.

MARGARET. Et si vous ne lui convenez pas, Passepartout ?

PASSEPARTOUT. Il me convient ! cela suffit, Margaret.

MARGARET. Ainsi, c'est bien décidé ?

PASSEPARTOUT. Quoi ?

MARGARET. Vous ne voulez pas de moi pour femme, mon petit Passepartout ?...

PASSEPARTOUT. Non, Margaret ! Le petit Passepartout ne passera pas sous vos fourches caudines.

MARGARET. Passepartout ! Passepartout ! Je ferai un coup de tête !

PASSEPARTOUT. Faites.

MARGARET. On m'offre une place en Amérique ! J'irai en Amérique !

PASSEPARTOUT. Bon voyage !

MARGARET. Quelqu'un !

PASSEPARTOUT. Mon maître !

MARGARET. Votre futur maître !

PASSEPARTOUT. Mais non ! je l'ai payé !... Il est à moi.

(Passepartout se lève.)

SCÈNE III

PASSEPARTOUT, FOGG

(Fogg entre par la droite, marche d'un pas automatique, va s'asseoir près de la table aux journaux, le corps droit, la tête haute, les deux pieds rapprochés comme ceux d'un soldat qui présente les armes. Il prend un vaste journal dont il commence la lecture.)

PASSEPARTOUT, *à part, l'observant.* Quel chef-d'œuvre de précision ! Comme c'est huilé ! comme ça marche !

MARGARET. C'est admirable !... admirable !... *(Elle sort.)*

PASSEPARTOUT, *à part.* Maintenant traitons. *(Haut.)* Monsieur, je suis le valet de chambre de Monsieur dont on a parlé à Monsieur.

(Fogg abaisse son journal et regarde Passepartout sans faire un geste.)

FOGG. Vous êtes Français et vous vous nommez John ?

PASSEPARTOUT. Jean, n'en déplaise à Monsieur. Jean Passepartout, un surnom qui m'est resté et que justifiait mon aptitude naturelle à me tirer d'affaire.

FOGG. Passepartout me convient. Voilà plusieurs années d'ailleurs que vous êtes au club et on a toujours été satisfait de vos services.

PASSEPARTOUT. J'ajouterai que je suis au courant des habitudes de Monsieur. Le lever à huit heures, le thé et les rôtis à huit heures vingt-trois, le courrier à neuf heures trente-cinq, la coiffure à dix heures moins sept, l'armoire B série H pour les pantalons, l'armoire S série K pour les gilets... l'eau pour la barbe à la température de trente-cinq degrés l'hiver et dix-sept degrés l'été. Enfin tous les aménagements de la maison, éclairée et chauffée au gaz, composée de cinq chambres et trois cabinets que Monsieur occupe dans Saville-street, me sont déjà familiers, et Monsieur n'aura pas même à me mettre au courant.

FOGG. Vous connaissez mes conditions ?

PASSEPARTOUT. Je les connais.

FOGG. Bien ! Quelle heure avez-vous ?

PASSEPARTOUT, *sortant un énorme oignon de son gousset.* Six heures quarante-sept.

FOGG. Vous retardez.

PASSEPARTOUT. Que Monsieur me pardonne ! c'est un oignon à échappement.

FOGG. Vous retardez de quatre minutes. N'importe. Il suffit de constater l'écart. Donc, à partir de ce moment, six heures cinquante et une minute du soir, ce jeudi trois octobre 1872, vous êtes à mon service. Allez.

(En ce moment, Fogg déplie son journal qui, suivant la coutume anglaise, n'est jamais coupé, et bientôt il a disparu derrière l'immense feuille qui mesure plusieurs mètres carrés.

PASSEPARTOUT, *examinant son maître.* Je me tiens aux ordres de Monsieur... *(A part.)* Enfin me voilà tranquille et sûr de me reposer indéfiniment.

SCÈNE IV

FOGG, FLANAGAN, STUART, RALPH, SULLIVAN
ET AUTRES MEMBRES DU CLUB.

(Ils entrent par la porte du fond.)

STUART. Ah çà ! mon cher Sullivan, où en est cette affaire du vol de deux millions qui a été commis, il y a quinze jours, à la Banque d'Angleterre ? Vous en êtes le gouverneur et vous devez pouvoir nous renseigner à cet égard.

RALPH. Ah ! je crains bien que la Banque en soit pour son argent !

SULLIVAN. J'espère, au contraire, que nous mettrons, tôt ou tard, la main sur l'auteur du vol. Des inspecteurs de police, gens fort habiles, ont été envoyés à Liverpool, à Glasgow, au Havre, à Suez, à Brindisi, à New York, et, il y a huit jours, la police métropolitaine leur a adressé le signalement de deux individus, bien mis, de bonnes manières, qu'on avait remarqués, allant et venant, dans la salle des payements, le jour même où le vol a été commis.

RALPH. Oh ! des signalements ! Tous les signalements se ressemblent !

SULLIVAN. En tout cas, le zèle des détectives ne peut manquer d'être singulièrement surexcité, car la Banque d'Angleterre leur a promis une prime de dix pour cent de la somme qui sera retrouvée !

STUART. Deux cent mille francs si on retrouve les deux millions ! Parbleu ! je trouverais assez excentrique de courir après le voleur... si ça en valait la peine !

FLANAGAN. D'abord, ce n'est pas un voleur.

SULLIVAN. Comment ! Ce n'est pas un voleur cet individu qui nous a soustrait pour deux millions de bank-notes ?

FLANAGAN. Non ! c'est un industriel.

FOGG, *derrière son journal.* Le *Times* assure que c'est un gentleman.

STUART. Qui est-ce qui parle ?... Tiens, monsieur Fogg !

TOUS. Ah ! monsieur Fogg.

(Le journal s'abaisse. Fogg apparaît. Il se lève et salue froidement ses collègues qui lui rendent son salut.)

STUART. Eh bien, moi, messieurs, je crois que le voleur échappera à toutes les recherches.

FLANAGAN. Allons donc ! Il n'y a plus un seul pays où il puisse se réfugier !

STUART. Par exemple !

FLANAGAN. Où voulez-vous qu'il aille ?

STUART. Je n'en sais rien ; mais, après tout, la terre est assez vaste.

FOGG. Elle l'était autrefois.

STUART. Comment, autrefois ? Est-ce que la terre a diminué ?

FOGG. Elle a diminué, puisqu'on la parcourt dix fois plus vite qu'il y a vingt ans ; ce qui, dans le cas dont nous nous occupons, rendra plus facile la fuite du gentleman inculpé.

STUART. Il faut avouer, monsieur Fogg, que vous avez trouvé là une manière plaisante de dire que la terre a diminué... Ainsi, parce qu'on en fait maintenant le tour en trois mois...

FOGG. En quatre-vingts jours seulement.

SULLIVAN. En effet, messieurs, en quatre-vingts jours, depuis que la section entre Rothal et Allahabad a été ouverte sur le chemin de fer qui traverse l'Inde.

STUART. Oui ! quatre-vingts jours, mais non compris le mauvais temps, les naufrages, les déraillements, les explosions...

FOGG. Tout compris.

STUART. Théoriquement, vous avez raison, monsieur Fogg ; mais dans la pratique...

FOGG. Dans la pratique aussi, monsieur Stuart.

STUART. Je voudrais bien vous y voir !

FOGG. Il ne tient qu'à vous. Partons ensemble !

STUART. Le ciel m'en préserve ! mais je parierais bien deux cent mille francs qu'un tel voyage à faire dans ces conditions est impossible !

FOGG, *à Stuart.* Très possible !

STUART. Eh bien, monsieur Fogg, faites-le donc ce voyage en quatre-vingts jours !

FOGG. Je le veux bien !

SULLIVAN. Mais quand ?

FOGG. Tout de suite.

TOUS. Tout de suite ?

FOGG. J'ai une modeste fortune de deux millions, messieurs. Voulez-vous, à vous quatre, m'en tenir la moitié ?

SULLIVAN. Un million que cinq minutes de retard suffiraient à vous faire perdre !...

FOGG. Je ne crois pas aux retards.

RALPH. Mais l'imprévu ?

FOGG. L'imprévu n'existe pas.

FLANAGAN. Mais remarquez, monsieur Fogg, que ces quatre-vingts jours pour faire le tour du monde ne sont donnés que comme un minimum de temps.

FOGG. Un minimum bien employé suffit à tout.

RALPH. Mais pour ne pas le dépasser, il faut sauter mathématiquement des chemins de fer dans les paquebots et des paquebots dans les chemins de fer !

FOGG. Je sauterai mathématiquement.

SULLIVAN. C'est une plaisanterie.

FOGG, *se levant.* Je ne plaisante jamais quand il s'agit d'une chose aussi sérieuse qu'un pari. Je vous parie un million, messieurs, que je ferai le tour de la terre en quatre-vingts jours, soit mille neuf cent vingt heures, soit cent quinze mille deux cents minutes.

TOUS. Tenu, le pari !

FOGG. Tenu. Le train de Douvres part à huit heures quarante-cinq, je le prendrai.

STUART. Ce soir même ?

FOGG. Ce soir même. J'ai un million déposé chez Baring frères, qui formera mon enjeu. L'autre million, je l'emporterai.

STUART. En voyage ?

FOGG. Et je le dépenserai, s'il le faut, messieurs. C'est assez vous dire qu'il ne peut exister d'obstacle pour moi. *(Tirant son carnet de sa poche et consultant un calendrier.)* Donc, messieurs, puisque nous sommes au jeudi 3 octobre, je devrai être de retour au club le dimanche 22 décembre, avant que le neuvième coup de neuf heures ait sonné à cette horloge.

FLANAGAN. Non, non, pas ici, mais à notre nouveau palais que nous inaugurerons ce soir-là même.

STUART. Et nous consacrerons à la fête d'inauguration le million que...

FOGG. Que vous perdrez, messieurs... *(Fogg sonne. Un des garçons du club paraît.)*

FOGG. Mon nouveau domestique.

SCÈNE V

LES MÊMES, PASSEPARTOUT.

FOGG. Passepartout, vous avez dix-sept minutes pour vous rendre chez moi. Voici mes clefs. Dans ma chambre il y a une armoire...

PASSEPARTOUT. Armoire F.

FOGG. Vous l'ouvrirez. Sur la planche...

PASSEPARTOUT. Série K.

FOGG. Vous trouverez un sac de voyage tout préparé, vous le prendrez et l'apporterez ici.

PASSEPARTOUT. Un sac de...

FOGG. Un sac de voyage, toujours prêt en cas de déplacement.

PASSEPARTOUT, *avec terreur.* Monsieur se déplace donc ?

FOGG. Oui ! nous allons faire le tour du monde !

PASSEPARTOUT. Le tour… le tour… le tour du monde !!!

FOGG. *(Passepartout tombe sur un fauteuil.)* Ni malles, ni colis. Nous achèterons en route ce qui nous sera nécessaire.

PASSEPARTOUT, *hésitant, flageolant, hébété.* Le tour du monde ! Et moi qui l'ai acheté pour me reposer !

FOGG. Allez ! Vous avez déjà perdu une minute !

PASSEPARTOUT, *à la porte.* Ah ! si je ne t'avais pas payé huit cents francs, comme je te donnerais ton compte ! *(Il sort désespéré.)*

SCÈNE VI

LES MÊMES, MOINS PASSEPARTOUT.

STUART. Eh bien, monsieur Fogg, nous allons vous laisser vous préparer.

FOGG. Je suis toujours prêt, messieurs. J'ai encore cinquante minutes devant moi, et vingt-deux me suffiront pour me rendre à la gare. Messieurs, c'est l'heure de notre partie habituelle, prenons donc place.

TOUS. Prenons place.

ACTE PREMIER

DEUXIÈME TABLEAU

Un quai du canal à Suez.

Une place à Suez. A gauche, un café, avec tables et tentures à la mode turque ; à droite, les bureaux de Mustapha-pacha, gouverneur de la ville ; au fond, le quai qui borde le canal de Suez et qui sert de débarcadère. En arrière et obliquement se déroule le canal sur lequel on aperçoit des navires à l'ancre, des barques, des machines à draguer, etc. En arrière-plan, la plaine arabique terminée par des montagnes. Européens et fellahs vont et viennent sur le quai et sur la place.

SCÈNE I

MUSTAPHA, FIX.

(Mustapha sort de ses bureaux. Il est vêtu comme un Européen élégant. Fix, entrant par la gauche, va vers lui.)

MUSTAPHA, *congédiant deux individus en leur donnant des papiers.* Allez, messieurs.

FIX, *saluant.* Ah ! monsieur le gouverneur ?...

MUSTAPHA. C'est vous, monsieur Fix ?

FIX. Oui, Excellence ! Et Votre Excellence, à laquelle le gouvernement anglais a bien voulu me recommander, n'a rien à m'apprendre ?

MUSTAPHA. Rien, monsieur. Aucun étranger suspect n'a été remarqué dans la province et n'a débarqué à Suez.

FIX. Ce n'est que trop vrai, Excellence ! Voici déjà quinze jours que je suis ici, que je ne quitte pas ce quai, que je dévisage les passagers de tous les paquebots pour tâcher de reconnaître le voleur de la Banque d'Angleterre, et rien ! rien !

MUSTAPHA. Un peu de patience, monsieur. Les voleurs ne sont pas toujours si pressés de se faire prendre. A propos, vous savez que le *Mongolia* a été signalé hier au large de Port-Saïd. Il ne peut donc tarder à arriver.

FIX. Et le *Mongolia* vient directement de Brindisi ?

MUSTAPHA. De Brindisi, où il a pris la malle des Indes, samedi, à cinq heures du soir.

FIX. Et il va à Bombay ?

MUSTAPHA. Directement.

FIX. Mais il s'arrête ici, à Suez ?

MUSTAPHA. Une heure seulement, le temps de faire son charbon. Mais, en vérité, monsieur Fix, je ne sais pas comment, avec les renseignements incomplets qui vous ont été envoyés de Londres, vous pourriez reconnaître le personnage en question, si, par hasard, il était à bord du *Mongolia.*

FIX. Les soupçons portent particulièrement sur deux individus dont on a remarqué le séjour prolongé dans la salle des payements de la Banque. J'ai là leur signalement. Mais ce n'est pas tout à fait là-dessus que je compte, Excellence. Les industriels de ce genre, on les devine, on les sent plutôt qu'on ne les voit. C'est du flair qu'il nous faut, à nous autres détectives.

MUSTAPHA. Eh bien, voilà une magnifique occasion de l'exercer, d'autant plus, je crois, que la prime offerte par la Banque d'Angleterre est fort alléchante.

FIX. Oui, Excellence, la Banque fait bien les choses ! Dix pour cent de la somme retrouvée. C'est deux cent mille francs pour moi si je rattrape les deux millions volés ! Et, tenez, j'ai comme un pressentiment que mon homme doit être à bord du *Mongolia.*

MUSTAPHA. Vraiment ! Et s'il y est, que ferez-vous ?

FIX. Peut-être Votre Excellence consentirait-elle à s'assurer de sa personne ?...

MUSTAPHA. Y songez-vous, monsieur ! Arrêter un sujet anglais, et qui ne sera peut-être pas votre voleur ! Vous voulez donc brouiller le khédive avec Sa Gracieuse Majesté ? Ah ! non !...

FIX. Eh bien, alors, je télégraphierai immédiatement à la police métropolitaine avec prière instante de m'envoyer un mandat d'arrestation, qui me servira dès que mon voleur sera dans les possessions anglaises.

MUSTAPHA. Mais, alors, vous le filerez donc ?...

FIX. Jusqu'au bout du monde s'il le faut. Deux cent mille francs et l'honneur !

SCÈNE II

LES MÊMES, ARCHIBALD.

(Archibald Corsican entre par la droite et se promène sur le quai. Il a une longue-vue à la main et regarde dans la direction du canal.)

MUSTAPHA. Ah ! voilà un gentleman qui attend avec non moins d'impatience que vous l'arrivée du *Mongolia.*

FIX. Un rival ?

MUSTAPHA, *riant.* Non, rassurez-vous, mais un singulier original. *(A Archibald qui vient vers lui.)* Bonjour, monsieur Archibald Corsican, citoyen des États-Unis d'Amérique, et...

ARCHIBALD. Et l'homme le plus impatient qui soit au monde, Excellence !

MUSTAPHA. Pourquoi donc ?

ARCHIBALD. Parce que ce paquebot qui m'apporte, je l'espère, mon admission au club des Excentriques de Londres, n'arrive pas !

MUSTAPHA. Vous tenez donc beaucoup à faire partie de ce singulier club ?

ARCHIBALD. Beaucoup.

MUSTAPHA. Et qu'avez-vous fait pour cela ?

ARCHIBALD. J'ai fait à pied le tour de la mer Rouge.

MUSTAPHA. A pied !... Eh bien, mais... cela n'a rien d'extraordinaire.

ARCHIBALD. Oui ! mais je l'ai fait à reculons.

MUSTAPHA. A reculons ? A quoi cela servait-il ?

ARCHIBALD, *très sérieux.* Où serait, je vous prie, l'excentricité, si cela servait à quelque chose ?

MUSTAPHA. C'est juste, et franchement, si vous n'étiez pas reçu après cela, ce serait à désespérer les chercheurs d'originalité.

ARCHIBALD. C'est mon avis, Excellence.

MUSTAPHA. Je suis du moins certain que ce n'est pas de cette façon que vous êtes allé à Londres, il y a quinze jours.

ARCHIBALD. Non, certes !

MUSTAPHA. Mais vous en êtes revenu bien promptement ?

ARCHIBALD. Oh ! le temps d'aller prendre à la Banque une très forte somme.

FIX, *qui entend, à part.* D'aller prendre... à la Banque !... Comment l'entend-il ? *(Haut.)* Pardon, monsieur, vous étiez à Londres, le...

ARCHIBALD. Le 17 septembre dernier.

FIX, *regardant Mustapha.* Le 17...

MUSTAPHA. Tiens ! mais c'est précisément le jour où ce vol de deux millions a été commis à la Banque.

ARCHIBALD. Justement, et le voleur et moi, nous en sommes sortis tous les deux avec une somme énorme... Seulement, le voleur n'avait pas comme moi donné un reçu.

MUSTAPHA. Oh ! un oubli.

ARCHIBALD. Oui, un oubli.

FIX, *regardant Archibald bien en face.* Oui, un oubli.

ARCHIBALD. Oui, monsieur, un oubli. *(A part.)* Qu'est-ce qu'il a donç à me regarder comme ça ?

MUSTAPHA. Mais puisque vous étiez si impatient de recevoir la réponse du club, pourquoi être revenu ici et ne pas l'avoir attendue à Londres ?

FIX. Mais au fait, pourquoi ?

ARCHIBALD. Ah ! une idée à moi. Je ne veux vivre à Londres que le jour où je pourrai mettre sur ma carte : Membre de l'Excentric-Club.

FIX, *à part.* Tiens ! tiens ! *(Haut en regardant plus fixement Archibald.)* En effet, cela donne une notoriété, et les curieux ne se demandent plus qui vous êtes !

ARCHIBALD, *lui tournant le dos.* Précisément, monsieur.

FIX, *à part.* Voyons donc. *(Il sort des papiers de sa poche et les consulte en regardant Archibald.)* Mais il ressemble au premier signalement ! Nous nous reverrons.

(On entend le sifflet du bateau.)

FIX. Le bateau !

ARCHIBALD. Ma lettre sans doute !

(Tous deux courent vers l'embarcadère. En ce moment le paquebot apparaît glissant entre les deux rives du canal et il vient s'arrêter à son débarcadère au fond de la scène. Des voyageurs en descendent et sont houspillés par les fellahs qui se disputent leurs colis.
Archibald a sauté à bord par-dessus le parapet du quai. Fix, près de la passerelle, dévisage tous les voyageurs qui débarquent. Sifflements de la vapeur. Cris des fellahs.)

SCÈNE III

MUSTAPHA, FIX, PASSEPARTOUT.

(Mustapha, évitant la foule, s'est assis à gauche et lit le Figaro.)

PASSEPARTOUT. Me voilà en Égypte, le pays de madame Putiphar ! Je vais donc voir des Égyptiens, des almées, des pachas, des Turcs, des vrais Turcs avec des turbans, des pantalons plissés et des soleils dans le dos ! Mais occupons-nous d'abord des commissions que m'a données mon maître : acheter des chemises, des mouchoirs et faire viser le passeport.

FIX, *revenant quand il a vu que le débarquement était terminé.* Personne à bord qui ressemble à mon individu ! Allons il faut m'en tenir à mon Américain.

PASSEPARTOUT, *l'apercevant.* Ah ! voilà un monsieur qui m'indiquera mon chemin. *(A Fix.)* Monsieur ?

FIX. Hein ?

PASSEPARTOUT. Monsieur, voulez-vous m'indiquer l'endroit où je pourrai faire viser ce passeport ? *(Il présente le passeport.)*

FIX. Un passeport ? Permettez... j'aime beaucoup à lire les passeports, moi !

PASSEPARTOUT. Oh ! ne vous gênez pas !

FIX, *parcourant le passeport, à part.* Tiens ! tiens ! mais c'est tout à fait mon second signalement !...

PASSEPARTOUT. Eh bien ! monsieur ?...

FIX. Ce passeport n'est pas le vôtre ?

PASSEPARTOUT. Non, c'est celui de mon maître.

FIX. Le sieur Philéas Fogg ?...

PASSEPARTOUT. Oui ! oui ! un maître que j'ai acheté et qui m'a forcé de partir bien précipitamment, allez !

FIX, *à part.* C'est un bavard ! Bon ! *(Haut.)* Continuez donc.

PASSEPARTOUT. Moi qui rêvais une vie sédentaire et confortable, il me fait courir de ville en ville, de pays en pays, sans s'arrêter nulle part, jetant l'argent à pleines mains pour arriver plus vite !

FIX, *à part.* Mais c'est un homme qui se sauve !

PASSEPARTOUT. Et tout cela sans bagages, monsieur !

FIX. Sans bagages ?

PASSEPARTOUT. Oui, mais nous achèterons tout en route.

FIX. Pour voyager de la sorte, il est donc bien riche ?

PASSEPARTOUT. C'est probable, car il emporte avec lui une somme énorme en belles bank-notes toutes neuves.

FIX, *à part.* Décidément, ce n'est pas l'Américain, c'est celui-là !

PASSEPARTOUT. Tenez, il a promis une prime de vingt mille francs aux mécaniciens du *Mongolia,* si nous arrivons à Bombay avec une avance de vingt-quatre heures.

FIX, *à part.* Vingt mille francs ! C'est deux mille francs qu'il me vole sur ma prime.

PASSEPARTOUT, *voulant s'en aller.* Mais je cause, je cause...

FIX, *le retenant.* Est-ce que vous le connaissez depuis longtemps, votre maître ?

PASSEPARTOUT. Moi ! je suis entré à son service quarante-cinq minutes avant notre départ.

FIX. Et savez-vous pourquoi il est parti ?

PASSEPARTOUT. Ah ! pour un gros pari qu'il a fait.

FIX. Bon ! bon ! un pari ! Eh bien, je vais vous présenter au gouverneur Son Excellence Mustapha-pacha.

PASSEPARTOUT. Un pacha ! Ah ! je vais voir un vrai pacha.
(Mustapha s'approche en ce moment.)

FIX. Et tenez, le voici !

PASSEPARTOUT. Comment, ce monsieur-là ! Eh bien, et son turban, et son soleil ! Il ne les met donc que pour aller au bal de l'Opéra ?

FIX, *bas, au pacha.* Excellence ! j'ai mon homme !

MUSTAPHA. Comment ! ce garçon ?

FIX. Non, son maître dont voici le passeport. Voyez le signalement.

MUSTAPHA, *prenant le passeport.* M. Philéas Fogg désire faire viser ce passeport ?

PASSEPARTOUT. Si cela ne vous contrarie pas, mon pacha.

MUSTAPHA. Mais il faut qu'il vienne en personne pour que l'on puisse établir son identité.

PASSEPARTOUT. Quoi ! cela est nécessaire ?...

MUSTAPHA. Indispensable !

PASSEPARTOUT. Je vais chercher mon maître, mon pacha, je vais le chercher. *(Fix se tient un peu à l'écart et tire le signalement de sa poche.)*

SCÈNE IV

LES MÊMES, FOGG, ARCHIBALD.

(Fogg et Archibald paraissent ensemble sur la passerelle qui sert à débarquer du Mongolia. La passerelle est étroite. Ils se croisent en passant. Archibald se précipite brutalement. Fogg vient d'un pas posé.)

ARCHIBALD, *à Mustapha.* Ah ! Excellence ! les coquins, les abominables fils de John Bull ! Ils m'ont blackboulé. *(Il montre une lettre.)*

MUSTAPHA. Quoi ! M. Corsican ?...

ARCHIBALD, *hors de lui.* Ils m'ont trouvé indigne de figurer dans leur société d'imbéciles ! Il y a l'un d'eux, un sieur Fug, Fig, Fag, Fog, Philéas Fogg... qui les a tournés contre moi ! Je suis déshonoré, Excellence ! *(Il s'assied au café et renverse une table et deux chaises.)*

PASSEPARTOUT, *montrant Mustapha.* Voici le gouverneur, monsieur ; il réclame votre présence.

FOGG, *à Passepartout.* Et les emplettes ?

PASSEPARTOUT. Je n'ai pas encore eu le temps...

FOGG. Mais, allez donc, mon ami ! Le paquebot va repartir.

PASSEPARTOUT, *sortant par la droite.* Je rencontrerai peut-être enfin un vrai Turc.

FIX, *à part.* A-t-il l'air d'un coquin !

MUSTAPHA, *à part.* Il a l'air d'un bien honnête homme.

FOGG, *à Mustapha.* Son Excellence Mustapha-pacha.

MUSTAPHA. C'est vous, monsieur, qui désirez faire viser ce passeport ?

FOGG. C'est moi !

FIX, *à part.* Plus de doute... Une dépêche au directeur de la police métropolitaine à Londres le priant de m'adresser un mandat d'arrestation à Bombay, Inde anglaise. *(Il sort en courant.)*

SCÈNE V

MUSTAPHA, FOGG, ARCHIBALD.

ARCHIBALD, *se levant.* Je leur brûlerai la cervelle à tous ! Garçon, à boire !...

MUSTAPHA, *à Fogg.* Vous savez que cette formalité des passeports n'est plus exigée.

FOGG. Je le sais, Excellence, mais je désire cependant faire viser le mien, et je suis prêt à acquitter les droits du visa.

MUSTAPHA. Bien, monsieur. Vous vous nommez Philéas Fogg ? *(Fogg s'incline légèrement.)*

ARCHIBALD, *bondissant et remuant tous les verres.*
Philéas Fogg ! *(Fogg salue.)* Du club des Excentriques ! *(Fogg salue.)* Eh bien, moi, monsieur, je suis Archibald Corsican, de New York, États de New York ! *(Fogg salue.)* Et c'est moi qui me suis présenté au club des Excentriques et qui ai été blackboulé ! *(Fogg salue.)* Et blackboulé, grâce au mauvais vouloir d'un certain Philéas Fogg qui ne m'a pas trouvé digne de siéger à ses côtés, un homme qui venait de faire à reculons le tour de la mer Rouge !

FOGG, *ironiquement.* A reculons ne suffisait pas, monsieur. Ah ! si vous l'aviez fait à cloche-pied !... peut-être !...

ARCHIBALD, *hors de lui.* Monsieur !

FOGG, *froidement.* Monsieur.

MUSTAPHA. Messieurs !

ARCHIBALD. Pardon, messieurs !...

FOGG. Pardon, monsieur ! J'ai parié de faire le tour du monde en quatre-vingts jours, autrement dit en cent quinze mille deux cents minutes. En voilà deux que vous me faites perdre. C'est assez !

ARCHIBALD, *se contenant.* Un instant, monsieur, je vous prie... — Monsieur Philéas Fogg, j'ai l'intention de poser de nouveau ma candidature, et cette fois, je l'espère, avec de meilleures chances ! Que penseraient, selon vous, vos honorables collègues d'un homme qui, trouvant que vous l'avez gravement insulté, vous tuerait, vous ferait sécher, dessécher, momifier, et vous enfermerait dans un étui en bois de santal, après vous avoir entouré de bandelettes, comme un contemporain des anciens Pharaons ?

FOGG. Mes collègues, monsieur, vous trouveraient assurément excentrique, mais ils seraient fort embarrassés pour vous admettre au club !

ARCHIBALD. Et pourquoi donc ?

FOGG. Parce qu'ils auraient l'air de payer par cette admission celui qui, en me tuant, leur aurait fait gagner un pari contre moi.

ARCHIBALD. Et si, vous ayant tué, je vous faisais néanmoins gagner votre pari ?

FOGG. Cela me semble difficile.

ARCHIBALD. C'est cependant bien simple, monsieur : une fois tué et soigneusement momifié, je vous emporte à l'état de colis, et, accomplissant moi-même votre voyage autour du monde, je vous rapporte à Londres dans le délai fixé, défunt, mais victorieux ! Comprenez-vous enfin ?

FOGG. Parfaitement, monsieur. Oui, vous auriez, en effet, des chances pour être admis par mes collègues.

ARCHIBALD. Ah !

FOGG. Mais vous en auriez également pour être tué par moi.

ARCHIBALD. C'est ce que nous allons voir.

FOGG. Quand vous voudrez, monsieur.

ARCHIBALD. Là, à deux pas, dans la cour de mon hôtel, nous serons parfaitement seuls.

FOGG. Je suis à vos ordres, monsieur.

ARCHIBALD. Je vous précède.

FOGG. Je vous suis.

(Tous deux sortent à gauche.)

SCÈNE VI

MUSTAPHA, PASSEPARTOUT, FIX.

MUSTAPHA. Si le détective ne se trompe pas, ce Fogg est un bien singulier voleur.

FIX, *entrant précipitemment.* C'est fait, ma dépêche est lancée. Eh bien ! Excellence, et mon homme ?

MUSTAPHA. Votre homme ! il est en train de se battre ?

FIX. Se battre !

MUSTAPHA. Oui, avec un Américain qui lui a cherché querelle !

FIX. Bien, bien. Je ne veux pas sa mort, mais une petite blessure qui le retiendrait huit jours au lit...

MUSTAPHA. Comment !

PASSEPARTOUT, *entrant.* J'ai notre affaire ! Nous voilà munis de chemises, de mouchoirs... à la dernière mode. *(Il montre des chemises invraisemblables, avec animaux peints, des ibis, des crocodiles, des inscriptions.)* Je n'ai trouvé que cela, mais il paraît que c'est très bien porté ! Je le garderai pour moi ! *(Regardant autour de lui.)* Où est donc mon maître ?

FIX. Votre maître, mon garçon ! il se bat en ce moment.

PASSEPARTOUT. Il se bat ! Ah ! grand Dieu ! Et mes huit cents francs ! Est-ce qu'on va me le tuer ?

FIX. Espérons qu'il ne sera que blessé et qu'il en sera quitte pour huit jours à la chambre.

PASSEPARTOUT. Huit jours ! Mais c'est plus qu'il n'en faut pour le ruiner !...

FIX, *à part.* C'est juste le temps qu'il me faut pour que je reçoive mon mandat.

PASSEPARTOUT. Où est-il, monsieur ? Où se bat-il ? Monsieur Fogg ! monsieur Fogg ! Ah ! Dieu merci, le voilà.

SCÈNE VII

LES MÊMES, FOGG, ARCHIBALD.

ARCHIBALD, *le bras gauche enveloppé.* Blessé !... Je suis blessé ! mais nous recommencerons dans huit jours, monsieur.

FOGG. Dans huit minutes je serai parti, monsieur.

ARCHIBALD. Eh bien, je vous suivrai, monsieur.

FIX, *à part.* Et moi aussi.

FOGG. Comme il vous plaira, monsieur.

ARCHIBALD. Jusqu'à ce que je vous tue, monsieur.

FOGG. Ou que vous soyez tué par moi, monsieur.

ARCHIBALD. Nous verrons.

FOGG, *à part, consultant son carnet.* Total des heures dépensées : 158 heures !...

FIX, *même jeu.* Total des sommes dépensées par mon voleur : environ 23,000 francs.

FOGG. Il me reste encore 1,762 heures.

FIX. Il lui reste encore 1,977 000 francs ; donc 197,000 francs pour moi.

(Il monte dans le bateau. On entend la cloche du bateau, les sifflets de la chaudière, les sifflements de la vapeur. La foule se précipite sur le quai.)

FOGG, *à Passepartout.* Passepartout ! Vous n'avez rien oublié ?

PASSEPARTOUT. Monsieur peut croire que je n'oublie jamais rien, pas plus ici qu'à Londres, où, avant de partir, j'ai tout serré, tout fermé, tout éteint !... *(Poussant un cri formidable.)* Ah ! mon Dieu !

FOGG, *revenant.* Qu'y a-t-il, Passepartout ?

PASSEPARTOUT. Il y a, — monsieur... je me souviens... il y a que j'ai oublié...

FOGG. Quoi ?

PASSEPARTOUT. Oublié d'éteindre... le bec de gaz de votre chambre !

FOGG. Eh bien, mon garçon, il brûle à votre compte.

PASSEPARTOUT. A mon compte !... et nous faisons le tour du monde !!!!

(Embarquement. Départ du paquebot.)

TROISIÈME TABLEAU

Un bungalow dans une forêt de l'Inde.

Le théâtre représente un bungalow, sorte de caravansérail en ruine. A travers les murs à demi éboulés et couverts de planches, on aperçoit la campagne indienne. Le bungalow est désert au lever du rideau. Le jour commence à tomber.

SCÈNE I

AOUDA, NAKAHIRA, PUIS *UN PARSI.*

(Nakahira entre précipitamment soutenant Aouda.)

AOUDA. Cache-moi ! cache-moi ! qu'ils ne puissent me reprendre !

NAKAHIRA. Aouda ! Aouda ! reviens à toi, nous sommes en sûreté ici !

AOUDA. Mais ces gardes, ces brahmanes qui nous poursuivent !...

NAKAHIRA. Ils ont perdu notre trace, et, quand la nuit sera venue, nous pourrons... *(Se retournant.)* Ah ! quelqu'un.

LE PARSI, *qui est entré par la droite.* J'ai entendu parler ! Deux femmes !... *(Il s'avance vers Nakahira.)* Que faites-vous ici ?

NAKAHIRA, *au Parsi.* As-tu quelque pitié dans le cœur ? As-tu une âme que le malheur puisse émouvoir ?

LE PARSI. Que veux-tu ?

NAKAHIRA. Que tu sauves cette enfant !

LE PARSI, *s'approchant d'Aouda.* Ah ! Brahma me vienne en aide ! mais c'est...

AOUDA. Quoi ! tu me reconnais ?

LE PARSI. Oui ! vous êtes la veuve du rajah, dont le corps repose déjà sur le bûcher de la nécropole royale !

NAKAHIRA. Oui ! la veuve de ce vieillard, que des fanatiques veulent brûler avec lui !

AOUDA, *au Parsi.* Ah ! ne trahis pas les devoirs de l'hospitalité, et reçois celles qui viennent se confier à toi !

LE PARSI. Je ne suis qu'un pauvre homme qui ne peut vous protéger.

NAKAHIRA. Nous ne te demandons que de nous donner asile pour la nuit, et demain nous essayerons de gagner les possessions anglaises, où nous serons hors des atteintes de nos ennemis.

AOUDA, *à l'Indien.* Non, tu ne trahiras pas la malheureuse qui te demande asile ; tu ne voudras pas la livrer à ceux qui veulent dresser sa dernière couche au milieu des flammes d'un bûcher !...

LE PARSI. Non ! je ne ferai pas cela, moi qui suis comme toi de la race des Parsis.

AOUDA. Ah ! je suis sauvée, alors.

LE PARSI. Princesse Aouda, dispose de ton serviteur. Il se fera tuer pour toi ! Mais comment as-tu pu fuir ?

AOUDA. Grâce au dévouement de Nakahira, la courageuse Malaise, qu'on a enlevée de son pays pour en faire une esclave et qui m'aime comme une sœur ! Mariée il y a deux mois à peine à ce rajah que je ne connaissais pas, ils veulent que je meure, moi qui suis à peine entrée dans la vie !

NAKAHIRA. Pauvre Aouda !

AOUDA. J'étais enfermée depuis deux jours dans la pagode où j'attendais l'heure du supplice. Les brahmanes avaient voulu m'enivrer de ce « hang » qui anéantit à la fois l'âme et le corps ! J'avais repoussé ce breuvage ! La nuit dernière, Nakahira put parvenir jusqu'à moi et m'entraîna pendant le sommeil de ces prêtres ! Toute la journée, nous avons marché à travers la forêt et les jungles, et nous sommes arrivées dans cette demeure où le ciel m'a fait rencontrer un ami et un frère !

LE PARSI. Le sacrifice doit avoir lieu cette nuit même !

NAKAHIRA. Oui ! cette nuit même !

LE PARSI. Eh bien, la victime manquera au sacrifice ! Aouda, je serai ton guide, je te conduirai jusqu'aux possessions anglaises.

AOUDA. Merci, frère.

NAKAHIRA. En quelques heures nous aurons gagné Calcutta...

AOUDA. Et là, je retrouverai une sœur bien-aimée, et avec elle, un parent qui ne refusera pas de m'accueillir.

NAKAHIRA. D'ailleurs, si ta vie est encore en danger dans l'Inde, malgré la protection des lois anglaises, pourquoi ne pas me suivre en pays malais où j'étais autrefois reine et prêtresse ? Là, je retrouverai les mystérieuses divinités qui obéissaient à ma voix. Depuis que j'ai été enlevée de mon île et vendue à la cour du rajah, je le sais, je le sens, on m'attend toujours là-bas, et si tu veux me suivre, aucune puissance ne pourra t'atteindre !...

LE PARSI. On vient de ce côté !...

NAKAHIRA. Les gardes du rajah peut-être !

LE PARSI. Non ! un homme ! un Européen !

AOUDA. Que personne ne nous voie ! Que personne ne puisse soupçonner notre présence ici !

LE PARSI. Par ici ! Aouda, par ici !

AOUDA. Viens, viens.

(Aouda et Nakahira suivent l'Indien qui les fait passer à droite à travers les murailles ruinées du bungalow.)

SCÈNE II

FIX, PUIS PASSEPARTOUT.

FIX, *entrant par le fond à droire.* Ah ! m'y voici... grâce au ciel, j'arrive le premier.

PASSEPARTOUT, *arrivant par le fond.* Ah ! m'y voilà ! Dieu merci, j'arrive le... *(Apercevant Fix.)* Non, j'arrive le second. — Tiens, c'est vous, monsieur ? Nous nous sommes déjà rencontrés à Suez !

FIX. En effet, j'ai suivi la même route que vous, et je devine ce qui vous amène. Un viaduc s'étant écroulé, le train ne peut continuer sa route...

PASSEPARTOUT. Et comme il faut faire un détour de trente lieues...

FIX. Vous êtes à la recherche d'un moyen de locomotion.

PASSEPARTOUT. Juste. Il n'y avait dans ce pays de sauvages qu'une seule carriole disponible...

FIX. Et je l'ai retenue.

PASSEPARTOUT. Heureusement, on nous a indiqué cette demeure, habitée par un Indien, propriétaire de l'unique éléphant de la contrée, et mon maître m'envoie...

FIX. Pour louer ce pachyderme ?

PASSEPARTOUT. Précisément.

FIX. C'est aussi dans ce but que je suis venu.

PASSEPARTOUT. Vous ! allons donc ! Vous n'allez pas, j'imagine, me disputer l'éléphant !...

FIX. Je vous ferai remarquer, mon garçon, que je suis arrivé le premier ici, et que c'est vous qui venez me le disputer !

PASSEPARTOUT. Comment ! il vous faut encore l'éléphant ?

FIX. Il me le faut.

PASSEPARTOUT. Vous voulez donc l'atteler à votre carriole ?

FIX. Peut-être bien.

PASSEPARTOUT. Ah çà ! qu'est-ce que cela signifie ? Est-ce que vous auriez, par hasard, la prétention de nous empêcher de partir, mon maître et moi ?

FIX. Cela se pourrait.

PASSEPARTOUT. Dans quel but, je vous prie ?

FIX. Dans quel but ?... Tenez, vous êtes, j'en suis sûr, un honnête garçon ?

PASSEPARTOUT. J'en suis sûr aussi, monsieur.

FIX. Eh bien, je veux jouer franc jeu avec vous... D'abord, jurez-moi de ne révéler à personne ce que je vais vous confier.

PASSEPARTOUT. Allez, je vous le jure.

FIX. Sur votre honneur !...

PASSEPARTOUT. Sur mon honneur, mais dépêchons.

FIX, *tirant une carte de sa poche.* Voyez !

PASSEPARTOUT. Vous êtes ?...

FIX. Je suis...

PASSEPARTOUT. Un agent de police ?

FIX. Chargé de poursuivre et d'arrêter un voleur qui a emporté deux millions à la Banque d'Angleterre ?

PASSEPARTOUT. Deux millions ! Ah ! oui ! j'ai entendu parler de cela !

FIX. Eh bien ! depuis Suez, je suis sur la trace de mon bandit, qui se dirige vers Calcutta. Mon plan est de retarder son voyage, ne fût-ce que de quelques jours, pour donner au mandat d'arrestation que j'ai demandé à Londres le temps d'arriver... ; et si vous voulez m'aider, mon garçon, il y a dix mille francs pour vous.

PASSEPARTOUT. Vous aider ?... et comment ?

FIX. En me disant d'abord ce que fait en ce moment votre maître.

PASSEPARTOUT. Mon maître ? Il est en train, à l'heure qu'il est, de faire au nommé Archibald Corsican une opération chirurgicale.

FIX. Une... opération ?... chirurgicale ?

PASSEPARTOUT. Oui, une petite saignée... avec une épée... en guise de lancette.

FIX. Comment, encore ?

PASSEPARTOUT. Toujours. Ils se sont promis de recommencer ce jeu-là jusqu'à ce que l'un des deux ait fait empailler l'autre ! J'espère bien que l'autre, ce sera l'Américain !

FIX. Et moi aussi...

PASSEPARTOUT. Vous vous intéressez donc à mon maître ?

FIX. Si je m'y intéresse ! J'ai deux cent mille francs placés sur sa tête !

PASSEPARTOUT. Vous ?...

FIX. Et c'est sur cette somme que je vous en offre dix mille pour m'aider à l'arrêter.

PASSEPARTOUT. Arrêter M. Philéas Fogg !

FIX. M. Philéas Fogg... c'est-à-dire le voleur de la Banque d'Angleterre.

PASSEPARTOUT. Un voleur ! lui, mon maître ! Allons donc, vous êtes fou ! M. Philéas Fogg est le plus honnête homme de la terre !

FIX. Qu'en savez-vous ? Vous ne le connaissez pas ! Vous êtes entré à son service le jour même de son départ !... Et il s'est mis en route sous un prétexte insensé, sans préparatifs, sans bagages, emportant avec lui une somme énorme en bank-notes, c'est vous qui me l'avez dit ! Est-ce que ce ne sont pas des indices ? Et ce signalement, entièrement conforme au sien !... Est-ce que ce n'est pas une preuve suffisante ?... Croyez-moi donc, mon cher, acceptez les dix mille francs que je vous offre, et ne me disputez pas l'éléphant, l'unique moyen de transport qui reste dans ce pays pour se rendre à Allahabad.

PASSEPARTOUT. C'est-à-dire que vous me demandez de trahir et de livrer un homme qui a confiance en moi !... un homme qui me paye, qui me nourrit, et tout cela parce qu'il vous passe sottement par la tête que mon maître ressemble au signalement de votre filou !... Et vous m'offrez dix mille francs pour faire une infamie et une bêtise ! Allons donc, je ne mange pas... de ces chardons-là.

FIX, *le touchant de sa baguette.* Aimez-vous mieux qu'on vous soupçonne d'être le complice d'un voleur ?

PASSEPARTOUT, *furieux.* Un voleur, moi !... Un voleur, lui ! Des voleurs, nous !

FIX. Qui sait ?

PASSEPARTOUT. Qui ? *(Se calmant tout à coup et avec dignité.)* Je vous ai donné ma parole môsieur ! et je ne dirai à mon maître ni ce que vous êtes, ni ce que vous m'avez confié, môsieur ! Mais souvenez-vous bien, môsieur ! que si je vous retrouve sur notre route, soit en chemin de fer, soit en bateau, soit en voiture, aussi vrai que je suis un honnête garçon... je te casserai les reins, mon bonhomme !

FIX. Toi !...

PASSEPARTOUT. Oui, moi ! Jean-François Passepartout, ex-acrobate et premier athlète de France. Moi ! qui porte 500 kilos et qui ai eu l'honneur de tomber plusieurs fois M. Nicolas Kretz, le taureau de la Provence !

FIX. Eh bien, si tu es fort, je suis adroit, et nous lutterons !

PASSEPARTOUT. Nous lutterons.

FIX. Et pour commencer j'aurai l'éléphant !

PASSEPARTOUT. Vraiment ?

FIX. Quand je devrais en payer la location... des dix mille francs que je vous offrais.

PASSEPARTOUT. C'est ce que nous verrons. J'ai pour surenchérir la sacoche de mon maître. *(Il frappe sur la sacoche.)*

FIX. Oui ! la sacoche aux millions volés... Eh bien ! nous allons voir !

PASSEPARTOUT. Nous allons voir !

FIX. Justement ! Voilà, sans doute, l'homme qu'il nous faut !

SCÈNE III

LES MÊMES, LE PARSI.

FIX. Approche, mon garçon !

LE PARSI. Ah !

PASSEPARTOUT. Allons, allons, approche !

LE PARSI. Encore ces gens chez moi !

FIX. Tu as un éléphant ?

LE PARSI. Oui... mais... cet éléphant...

FIX. Je te le loue !

PASSEPARTOUT. Moi d'abord !

LE PARSI. Impossible.

FIX. Cent francs la journée ?

LE PARSI. Non.

PASSEPARTOUT. Cent francs cinquante centimes ?

FIX. Deux cents francs !

PASSEPARTOUT. Deux cents francs cinquante ?... *(Le Parsi veut les interrompre.)*

FIX. Trois cents francs ?

PASSEPARTOUT. Trois cents francs cinquante ? *(Fogg paraît au fond.)*

FIX. Eh bien, quatre cents !...

SCÈNE IV

LES MÊMES, FOGG, ARCHIBALD.

FOGG, *froidement.* Et moi, je l'achète.

PASSEPARTOUT. Mon maître !

FIX. Hein ?

LE PARSI. Mon éléphant n'est pas à vendre.

FOGG. Dix mille francs !

LE PARSI, *étonné.* Impossible...

FOGG. Vingt-cinq mille !

FIX. Vingt-cinq mille ?

PASSEPARTOUT. Bravo !

LE PARSI. Je ne puis... seigneur !

FOGG. Cinquante mille francs !

FIX, *abasourdi.* Cinquante mille francs ?

PASSEPARTOUT, *à Fix, se moquant.* Mets-tu cinquante centimes au-dessus, mon bonhomme ?

LE PARSI. Cinquante mille francs !... Quoi !... vous donneriez...

FOGG. Acceptez-vous ?

LE PARSI. J'accepte !

FOGG. C'est heureux !

FIX, *à part.* C'est encore cinq mille francs qu'il me vole sur ma prime, le gredin !

ARCHIBALD, *qui a paru au fond, le bras droit enveloppé.* Cinquante mille francs ! Comme vous y allez !... L'argent ne vous coûte pas plus... que les coups d'épée... à ce qu'il paraît.

(Il montre son bras.)

FOGG, *froidement.* A votre service.

ARCHIBALD, *avec colère.* Grand merci ! Je ne me soucie pas de votre argent ! J'en ai, je crois, plus que vous... Et quant aux coups d'épée...

FOGG, *montrant le bras d'Archibald.* Vous en avez aussi, je crois, plus que moi.

ARCHIBALD. Mais je compte vous rendre celui-là bientôt.

FOGG. A Calcutta... alors !

ARCHIBALD, *avec colère.* Au diable ! s'il le faut.

FOGG. A votre aise. *(Au Parsi.)* Où est l'éléphant ?

LE PARSI. Il est ici ; mais comme il doit servir cette nuit aux funérailles du rajah, je ne puis vous le livrer qu'après la cérémonie.

FOGG. A quelle heure sera-t-elle terminée ?

LE PARSI. Vers deux heures du matin... après que la malheureuse veuve aura été brûlée.

ARCHIBALD. Brûlée ? quoi ! une femme qui se brûle sur le bûcher de son mari !... On en trouve donc encore ?

PASSEPARTOUT. En France, quand elles brûlent, c'est de se remarier !

FOGG, *au Parsi.* Où est cette nécropole ?

LE PARSI. A deux lieues d'ici.

FOGG, *calculant.* Le bateau ne part de Calcutta pour Hong-Kong que le 25 octobre. Il suffit que j'arrive à Calcutta demain soir. *(A l'Indien.)* Bien ! à deux heures l'éléphant sera ici ?

LE PARSI. Il y sera.

FIX, *à part.* Ah ! le misérable... si je pouvais...

PASSEPARTOUT. Vous dites, môsieur ?

FIX. Que le diable t'étrangle, môsieur !

Il sort. (En ce moment, un certain tumulte se produit au-dehors ; on entend des murmures. La campagne s'éclaire de torches. Des gardes du rajah et des brahmanes apparaissent. Le bungalow est entouré.)

SCÈNE V

LES MÊMES, UN BRAHMANE, PUIS AOUDA ET NAKAHIRA.

LE BRAHMANE. Que l'on garde toutes les issues !

PASSEPARTOUT, *à part.* Qu'est-ce qu'ils veulent, ceux-là ?

LE BRAHMANE, *au Parsi.* Deux femmes se sont réfugiées ici, il y a une heure ! L'une d'elles est la veuve du rajah. Où est-elle ? réponds.

LE PARSI. Je l'ignore.

LE BRAHMANE, *aux gardes.* Fouillez la retraite de cet homme.

PASSEPARTOUT. Ah ! le vilain monsieur !

LE BRAHMANE. Songe que tu joues là ta vie...
(A ce moment, Aouda et Nakahira, traînées par les gardes, sont amenées devant le brahmane.)

FOGG. Ah ! les malheureuses femmes !

PASSEPARTOUT. Comment ! ils vont brûler cette pauvre créature ?

LE BRAHMANE. Princesse Aouda ! c'est la loi de Siva et de Vichnou ! tu dois mourir.

AOUDA. Cette loi qui me condamne est horrible et criminelle ! Cet époux aux mânes duquel on veut me sacrifier, ce rajah auquel fut enchaînée ma vie, à peine si je l'ai connu... Je ne veux pas mourir.

LE BRAHMANE. Prières inutiles ! Tes cendres, mêlées à celles de ton époux, seront froides avant demain. *(Des prêtres la saisissent.)*

NAKAHIRA *veut secourir Aouda.* Aouda ! chère Aouda ! *(Sur un geste du brahmane, on s'empare de Nakahira.)*

LE BRAHMANE. Toi qui as favorisé sa fuite, tu seras sévèrement punie. Emmenez-la ! *(On va entraîner Nakahira.)*

AOUDA. Arrêtez !... et écoutez-moi.

LE BRAHMANE. Parle.

AOUDA. Hélas ! je le vois bien maintenant, je suis destinée à mourir, et rien ne peut plus me sauver ! mais je sais à quel point vous désirez entretenir le zèle religieux de votre peuple. Eh bien, que Nakahira soit libre, que son retour soit assuré jusqu'aux îles Malaises, et au lieu d'une victime que l'on porterait au bûcher endormie par vos soins, ce peuple me verra marcher au supplice le front haut et le visage souriant !...

LE BRAHMANE. Tu le promets ?

AOUDA. Je le jure.

LE BRAHMANE. Il sera fait ainsi que tu le désires ! — Nakahira, tu es libre.

NAKAHIRA, *dans les bras d'Aouda.* Aouda ! ne m'éloigne pas de toi ! Que je meure à tes côtés ! Que mon dernier soupir s'éteigne avec le tien !

AOUDA. Non ! retourne au pays où tu étais reine, et que le ciel te conduise !

FOGG, *à part.* Deux braves cœurs ! *(Les deux femmes ont été séparées l'une de l'autre, et, sur un signe du brahmane, des gardes entraînent la Malaise hors du bungalow.)*

NAKAHIRA, *sortant.* Adieu donc, Aouda ! adieu !

AOUDA. Adieu ! adieu ! *(Aux brahames.)* Maintenant, je suis prête. *(On emmène Aouda.)*

FOGG, *à Passepartout.* Passepartout, si nous sauvions cette femme ?

PASSEPARTOUT. J'y pensais, monsieur.

ARCHIBALD, *ironiquement.* Tiens ! Vous avez du cœur ?

FOGG. Oui, monsieur... quand j'ai le temps. *(Changement à vue.)*

QUATRIÈME TABLEAU

Une nécropole des rajahs.

La nécropole royale des rajahs dans le Bundelkund. Vaste cimetière dont les tombeaux sont des monuments reproduisant toutes les fantaisies de l'architecture indoue. Quelques arbres de l'espèce des pins s'élancent entre les mausolées. Cette nécropole est une sorte de ville funéraire. Le devant de la scène est libre et forme une large place que de grands arbres ombragent de chaque côté.

Au lever du rideau, la lune éclaire splendidement la nécropole. A droite s'élève un magnifique cénotaphe devant lequel un bûcher a été préparé. Sur ce bûcher repose le corps du rajah, qui a été revêtu de ses plus beaux habits de prince. La place que sa veuve doit occuper à ses côtés est vide.

Autour de ce cénotaphe, quelques gardes. Sur la place, groupes d'Indiens, de fakirs, couchés et dormant en attendant l'heure du sacrifice. De temps en temps, une mélopée lourde et traînante, dans laquelle se répètent les noms des trois divinités de la religion indoue, Siva, Vichnou, Brahma, court à travers cette foule.

SCÈNE I

FOGG, ARCHIBALD, PASSEPARTOUT.

ARCHIBALD. Eh bien ?

FOGG. Impossible de parvenir jusqu'à cette pauvre enfant !

PASSEPARTOUT. Ces coquins qui la gardent ont fait feu sur nous.

ARCHIBALD, *avec mauvaise humeur.* Et, sans la nuit, qui a favorisé notre fuite, nous aurions payé cher votre chevaleresque équipée.

FOGG, *d'un ton rude.* Ah ! pourquoi, monsieur, vous êtes-vous joint à nous ?

ARCHIBALD, *même jeu.* Parce que cela me convenait, monsieur.

FOGG, *même jeu.* Pourquoi, lorsque l'un de ces gardiens me menaçait et allait me frapper, êtes-vous intervenu et l'avez-vous blessé ?

ARCHIBALD. Parce que je ne voulais pas qu'il vous tuât, monsieur.

FOGG. Ah !

PASSEPARTOUT, *à part.* Tiens !

ARCHIBALD. Attendu que je me suis réservé le plaisir de vous tuer moi-même.

PASSEPARTOUT. Ah ! c'est pour ça ?

ARCHIBALD. Mais qui nous retient ici, maintenant que vous avez fait tout ce qui était en votre pouvoir pour pénétrer dans la pagode et en arracher la victime ? Une tentative nouvelle serait entièrement inutile.

FOGG. Ce n'est pas mon avis. L'éléphant que l'Indien doit ramener après la cérémonie des funérailles, je puis l'attendre ici.

ARCHIBALD. Ici ?

FOGG. Oui. Nous sommes dans cette nécropole où doit s'accomplir le sacrifice. Là, près de ces gardes qui veillent, est dressé le bûcher sur lequel repose déjà le corps du rajah.

ARCHIBALD. Eh bien ?

FOGG. Peut-être se présentera-t-il quelque occasion plus favorable de sauver cette jeune femme, et comme j'ai encore une heure à perdre... je reste... *(Il tire un revolver dont il fait jouer la batterie.)*

PASSEPARTOUT, *même jeu.* Nous restons.

ARCHIBALD, *même jeu.* Eh bien ! soit, restons.

FOGG, *de mauvaise humeur.* Comment ! vous aussi ?

ARCHIBALD. Oui, monsieur, moi aussi.

FOGG. Et pourquoi, je vous prie ?

ARCHIBALD. Parce qu'il ne me convient pas, monsieur, que l'on puisse dire qu'un Anglais et un Américain ayant rencontré une femme en danger de mort, c'est l'Anglais qui l'a sauvée, tandis que l'Américain se croisait les bras. Voilà !

FOGG, *lui tournant le dos.* Faites donc comme il vous plaira, monsieur.

ARCHIBALD, *même jeu.* C'est bien mon intention, monsieur.

PASSEPARTOUT. Ah ! c'est là qu'est feu le rajah !... Je ne serais pas fâché de faire sa connaissance. *(Il se glisse par la gauche sous les arbres, rampant avec précaution entre les dormeurs, de manière à s'approcher du bûcher. Fogg et Archibald se retirent à l'écart.)*

SCÈNE II

LES MÊMES, AOUDA, LE CHEF DES BRAHMANES, GARDES, FAKIRS, INDIENS.

(La tête d'une procession se montre vers la droite et traverse la scène aux derniers plans ; puis elle reparaît par la gauche au premier. Le son des instruments et les chants commencent à se faire entendre. On voit d'abord des fakirs, sortes de convulsionnaires, hurlant, gesticulant et criant : Kali ! Kali !

Puis viennent les prêtres coiffés de mitres et vêtus de longues robes chamarrées. Ils sont entourés d'hommes,

de femmes, d'enfants, qui font entendre une sorte de psalmodie interrompue à intervalles égaux par des coups de tam-tam et de cymbales. Des porteurs de torches éclairent la scène. Ils sont suivis de fanatiques tatoués d'ocre, affublés de longues queues qui contournent trois ou quatre fois leur taille, portant un masque de singe et un bonnet de montagnard, et tenant dans chaque main une grosse massue, cabriolant, hurlant, miaulant, glapissant.
Suivent les musiciens jouant du tambour, des cymbales, et soufflant dans de longues trompes hébraïques, longues de deux mètres.
Groupe de bayadères, dansant, précédant une divinité indoue portée par quatre porteurs. Second groupe de bayadères qui entourent la statue de la déesse Kali. Les unes l'éventent avec de grands éventails de plumes de paon, tandis que les autres agitent en tous sens des banderoles et des houppes touffues fabriquées avec des queues de moutons du Thibet.
La déesse Kali, déesse de l'amour et de la mort, a quatre bras, le corps colorié d'un rouge sombre, les yeux hagards, la chevelure emmêlée, la langue pendante, les lèvres teintes de henné et de bétel. A son cou s'enroule un collier de têtes de mort. A ses flancs, une ceinture de mains coupées. Elle se tient debout sur un géant terrassé, auquel la tête manque.
La statue est rangée au fond. Apparaît alors un éléphant conduit par le Parsi, portant une sorte de petite pagode sur le dos, dans laquelle est couchée Aouda.
Danses, chants, etc., etc. Le cortège est fermé par des gardes ayant le sabre nu passé à la ceinture et de longs pistolets damasquinés.
Aouda, descendue par les brahmanes, est revêtue d'une tunique lamée d'or.
Lorsque les brahmanes s'approchent d'elle pour l'envelopper d'une toile de mousseline, elle les repousse d'abord.)

LE BRAHMANE. Tu as promis de mourir sans faiblesse et la tête haute.

AOUDA. C'est ainsi que je mourrai, puisque Nakahira est libre. *(Se dépouillant de ses bracelets, de ses bagues et de ses colliers et les jetant aux bayadères qui dansent autour d'elle.)* Servantes de Brahma, partagez-vous ces dépouilles. *(Les bayadères lui mettent un voile. Le brahmane la mène au bûcher. — Elle y monte en levant les yeux vers le ciel.)*

AOUDA. Dieu puissant, reçois mon âme. *(Des brahmanes s'approchent pour allumer le bûcher.)*

FOGG, *avec force.* Non, non, cela ne sera pas. *(Tout le monde se retourne, étonné.)*

FOGG. Cet odieux sacrifice ne s'accomplira pas devant un Anglais !

ARCHIBALD. Ni devant un Américain !

LE BRAHMANE. Des étrangers ?...

TOUS, *se précipitant sur Fogg.* Des étrangers ?

UNE VOIX, *du haut du bûcher.* Arrêtez !

TOUS. Prodige ! Prodige ! *(Au sommet du bûcher se lève le rajah drapé dans une robe de drap d'or. Il a pris Aouda entre ses bras ; il descend avec elle, il traverse la foule épouvantée. Les gardes, qui avaient terrassé Fogg et Archibald, se sont jetés à terre. Le rajah arrive près d'eux.)*

PASSEPARTOUT, *à Fogg.* C'est moi... le rajah ! Moi... Passepartout !... Filons ! filons vite !

ARCHIBALD. Ah ! l'éléphant ! l'éléphant ! *(Aouda est jetée sur l'éléphant que le Parsi tient à gauche... Fogg, Archibald, Passepartout sautent dessus... En ce moment des cris partent du bûcher sur lequel le brahmane est monté.)*

LE BRAHMANE, *redescendant.* Trahison ! sacrilège ! Ici est encore le Rajah ! Celui-ci est un imposteur !

(Des gardes se précipitent vers l'éléphant. Archibald et Fogg, du haut de cette forteresse vivante, répondent des coups de revolver. Tumulte. Le brahmane tombe, frappé à mort.)

T. HILDIBRAND

ACTE DEUXIÈME

CINQUIÈME TABLEAU

Un salon d'hôtel à Calcutta.

Salon meublé à l'anglaise. Portes latérales. Au fond, une grande baie, laissant voir une partie de la ville de Calcutta. Maisons à terrasses entre des bouquets d'aloès et de palmiers.

SCÈNE I

FOGG, PASSEPARTOUT.

(Au lever du rideau, Passepartout est occupé à regarder la magnifique robe lamée d'or qu'il a prise au rajah ainsi que son bonnet royal.)

PASSEPARTOUT, *se coiffant du bonnet.* Dieu ! que je devais être beau avec cette robe et ce bonnet !

FOGG, *entrant et déposant deux épées sur la table.* Décidément, ce monsieur Corsican est fort entêté.

PASSEPARTOUT. Monsieur vient encore de le gratifier d'un coup d'épée ?

FOGG. Oui... à la jambe cette fois.

PASSEPARTOUT. C'est le troisième !

FOGG. Où est Aouda ?

PASSEPARTOUT. Dans sa chambre, monsieur, occupée à se vêtir à l'européenne. Maintenant que nous sommes à Calcutta, au milieu des Européens, elle ne pouvait pas rester en veuve du Malabar.

FOGG. C'est juste !

PASSEPARTOUT. Hein ? monsieur, avez-vous bien fait de la tirer de la main de ces bandits ! Faire mourir une si charmante personne ! Est-elle assez jolie ?

FOGG, *indifférent en paroles.* Je n'ai pas vu... Je n'ai pas remarqué...

PASSEPARTOUT. Tiens !... moi qui croyais que vous la regardiez... avec... intérêt... quand elle dormait... la tête appuyée sur votre épaule... pendant que ce digne éléphant vous transportait à Allahabad.

FOGG. Vous vous trompiez.

PASSEPARTOUT. Et ont-ils été touchants les remerciements qu'elle vous a adressés lorsque nous sommes arrivés à Bénarès !

FOGG. Je ne me souviens pas...

PASSEPARTOUT. Ah ! Ah ! Et pendant que nous longions en chemin de fer les bords du Gange, il me semble que monsieur était parfois ému en regardant cette belle jeune fille.

FOGG, *impatienté.* Assez ! assez ! Qu'est-ce que vous faites là ?

PASSEPARTOUT. Moi, monsieur, je fais un paquet des vêtements du défunt rajah... dont je m'étais affublé... vous savez ?

FOGG. Et ce paquet ?

PASSEPARTOUT. Dame, monsieur, c'est tout lamé d'or et d'argent. Je vais l'expédier par la grande vitesse aux héritiers du rajah. Je ne veux pas passer pour un voleur.

FOGG, *s'assayant et consultant son carnet.* Nous sommes aujourd'hui le 26 octobre...

PASSEPARTOUT. Oui, monsieur, le 26 octobre.

FOGG. Il y a 23 jours que nous avons quitté Londres.

PASSEPARTOUT, *ficelant son paquet, à part.* Voilà déjà 23 jours que ce satané bec brûle à mes frais !... comme qui dirait 552 heures de combustion !

FOGG. Avant 57 jours nous serons de retour en Angleterre.

PASSEPARTOUT. Encore 57 ! Pardon, monsieur, nous sommes toujours dans les délais ?...

FOGG. Exactement. Nous avions gagné 48 heures, mais nous les avons perdues pour être utile à cette jeune femme !

PASSEPARTOUT, *à part.* Il appelle cela être utile ! Et cet imbécile de policier qui prétend que c'est un voleur. Enfin, il s'est décidé à nous quitter, et il a bien fait ! *(Montrant ses mains.)* Sans cela il aurait passé par ces deux tenailles-là ! Voilà le colis ficelé.

FOGG. Passepartout, vous avez retenu nos deux places sur le paquebot de Hong-Kong ?

PASSEPARTOUT. Oui, le *Rangoom,* excellent marcheur. Il part ce soir, dans deux heures et demie !

FOGG, *allant et venant.* Bien… bien…

PASSEPARTOUT. Et maintenant l'adresse. *(Il met l'adresse au colis.)* A monsieur, monsieur le rajah, en son tombeau, province du Bundelkund.

SCÈNE II

LES MÊMES, AOUDA.

FOGG. Ah ! Aouda !

PASSEPARTOUT, *regardant Aouda, à part.* Est-elle assez gentille sous ces vêtements-là, ma veuve !… Dire que j'ai été le mari… défunt d'une aussi jolie femme !

AOUDA. Ah ! monsieur Fogg.

FOGG. Si mes ordres ont été complètement exécutés, rien ne vous a manqué, n'est-ce pas ?

AOUDA. Rien, monsieur Fogg, rien… Je vous remercie ! Après avoir risqué votre vie pour moi…

FOGG. Moi… non… non… *(Montrant Passepartout.)* C'est à ce brave garçon que revient l'honneur…

PASSEPARTOUT. A moi, monsieur ?… Allons donc, je me suis un peu déguisé… une simple farce de carnaval ! voilà tout ce que j'ai fait.

AOUDA. Je sais ce que je vous dois aussi, mon ami.

PASSEPARTOUT. Vous ne me devez rien, madame, rien !

FOGG. Nous voilà dans la ville où réside ce parent entre les mains duquel je dois vous remettre.

AOUDA. Oui, monsieur.

FOGG. Savez-vous où il demeure ?…

AOUDA. Non… c'est Bombay que nous habitions avant ce funeste mariage.

FOGG. Et le nom de ce parent ?

AOUDA. Anardill.

FOGG. Je pense qu'à la Bourse on doit avoir l'adresse de ce négociant. Passepartout est intelligent… il trouvera. Allez, Passepartout.

PASSEPARTOUT. Oui ! monsieur, j'y cours, mais sans enthousiasme.

AOUDA. Pourquoi ?

PASSEPARTOUT. Parce que… nous ne nous verrons plus ! *(A part.)* Et dire que sans moi ils auraient fait cuire une si adorable personne ! *(Il sort.)*

SCÈNE III

FOGG, AOUDA.

FOGG. Vous voilà arrivée au terme de votre voyage… madame.

AOUDA, *le regardant avec étonnement.* Madame… Pourquoi me nommez-vous ainsi ? Pourquoi ne m'appelez-vous plus Aouda ?

FOGG. Pourquoi ?

AOUDA. Oui.

FOGG. Pourquoi ? Aouda… mais, parce que… Regardez-vous donc !… Ce n'est plus Aouda qui est devant moi… c'est une jeune lady de notre Angleterre, et je lui parle avec le respect que j'aurais pour une de mes compatriotes.

AOUDA. Sous ces vêtements nouveaux, ne suis-je pas toujours celle que vous avez sauvée ?

FOGG. Moi ? Vous savez bien…

AOUDA. Oui, vous m'avez sauvée, et de quelle épouvantable mort !… Ah ! monsieur Fogg, c'est aujourd'hui, c'est dans un instant que nous allons nous séparer pour ne plus nous revoir, sans doute, mais je vous le jure, jamais mon cœur ne vous oubliera !

FOGG, *ému.* Milady !

AOUDA, *d'un ton câlin.* Non, pas ainsi…

FOGG. Madame !

AOUDA. Non !

FOGG. Aouda !

AOUDA, *avec joie.* A la bonne heure ! Toujours… Toujours Aouda pour vous !… Et je veux, lorsque vous penserez à moi… si vous y pensez quelquefois…

FOGG, *s'oubliant.* Oh ! oui, j'y penserai… *(Froidement.)* quelquefois.

AOUDA. Je veux, entendez-vous, être toujours présente à votre esprit telle que j'étais quand vous m'avez arrachée à cet horrible supplice. Je veux que vous vous disiez : Il y a là-bas une femme pour qui je me suis dévoué et dont la reconnaissance ne finira qu'avec la vie !

FOGG, *très ému.* Je vous le promets, Aouda… oui… je vous promets, je vous affirme, je vous jure !… Ah ! si l'Excentric-Club me voyait !

AOUDA, *souriant.* Personne ne vous voit que moi seule, et vous pouvez être bon tout à votre aise !

FOGG. Je ne suis pas bon… je suis excentrique.

AOUDA. Et moi je vous dis que vous avez un excellent cœur !

FOGG. Un cœur ! un cœur ! tout le monde a un cœur… Moi je suis…

AOUDA. Excentrique. Je ne sais pas ce que cela signifie, monsieur Fogg, mais je vous défie bien de n'être pas un peu ému… en me disant : Adieu pour toujours, Aouda, pour toujours !

FOGG, *très ému.* Adieu ! adieu !… pour… *(Voyant entrer Corsican.)* Voilà Corsican. *(A part.)* C'est la première fois qu'il arrive à propos !

SCÈNE IV

LES MÊMES, ARCHIBALD.

(Archibald, boitant d'une jambe, entre sans voir d'abord Fogg et Aouda.)

ARCHIBALD, *se jetant dans un fauteuil.* Ma foi ! j'en ai assez et mon parti est pris !

FOGG. Monsieur !

ARCHIBALD. Mais, monsieur… Ah ! pardon, madame, je ne vous avais pas aperçue.

AOUDA. Monsieur Archibald ?…

ARCHIBALD. Tiens, mais c'est madame Aouda ! Je ne vous aurais pas reconnue, madame, sous ces vêtements…

AOUDA. A vous aussi, monsieur, je dois une vive reconnaissance ! Je sais la part que vous avez prise…

ARCHIBALD. Bon ! pour quelques coups de revolver que nous avons échangés avec ces singes du Bundelkund ! cela n'en vaut pas la peine.

AOUDA. Si, monsieur, et avant que nous nous séparions…

ARCHIBALD. Comment ! nous séparer ? Est-ce que vous n'allez pas demeurer à Calcutta ?

AOUDA. Oui, monsieur.

ARCHIBALD. Eh bien, moi aussi !… Calcutta est une ville charmante, où il n'y a que des Anglais déguisés en Indiens !

FOGG, *sèchement.* Il me semble que vous m'avez juré de me ramener en Angleterre…

ARCHIBALD. Oui, dans une boîte à momie avec des bandelettes et des yeux d'émail ; mais j'y renonce, monsieur.

FOGG. Ah ! enfin.

ARCHIBALD. Un coup d'épée au bras gauche à Suez, un second au bras droit à Bombay, et maintenant ici un troisième à la jambe… j'en ai assez. Un Américain ne saurait s'entêter dans une sottise. Je chercherai une autre excentricité. Je suis bien ici, j'y reste... nous y restons. Et je pense, madame, que vous vous y trouverez plus heureuse que dans vos États du Bundelkund.

AOUDA. Mes États... oui... j'ai été souveraine... J'ai voulu l'être... Cette ambition d'enfant m'a perdue.

FOGG. Comment cela ?

AOUDA, *s'asseyant.* Ce parent chez qui nous étions élevées, ma sœur et moi, avait fait de grandes entreprises et s'y était ruiné. Un jour il vint me trouver et me dit : Tu es ambitieuse, Aouda ! *(Souriant.)* Une ambitieuse de seize ans ! Le rajah qui t'a vue à Bombay t'offre de partager sa souveraineté... Moi, je me figurais un prince jeune et beau... que je pourrais aimer et qui m'offrait un trône !... Je me laissai éblouir, entraîner !... et quelques jours après, les gardes, les serviteurs du rajah vinrent pompeusement me chercher à Bombay. Je partis. Sur mon passage tout un peuple se prosternait et saluait mon entrée dans mes États... J'étais enivrée !... J'arrivai au palais de mon époux !... Le rajah était un vieillard malade, presque mourant, auquel m'avait livré un affreux marché... Quelques mois plus tard, il s'éteignait, et de cruels brahmanes ont voulu me sacrifier comme sa veuve... moi qui n'avais jamais été sa femme !

ARCHIBALD. Oui ! mais vous leur avez heureusement échappé... mademoiselle !

AOUDA, *étonnée.* Mademoi...

ARCHIBALD, *saluant.* Mademoiselle, puisqu'enfin vous avez dit... que...

FOGG. Et c'est auprès de cet indigne parent que vous cherchez un refuge ?

AOUDA. C'est le seul qui nous reste.

SCÈNE V

LES MÊMES, PASSEPARTOUT, PUIS NÉMÉA.

FOGG. Ah ! Passepartout !

AOUDA. Eh bien, mon ami ?...

PASSEPARTOUT. Eh bien ! à la Bourse j'ai obtenu tout de suite les renseignements dont j'avais besoin, et je suis allé chez le sieur Anardill.

AOUDA. Il va venir ?

PASSEPARTOUT. Il ne peut pas venir.

FOGG. *vivement.* Il ne peut pas venir ?

PASSEPARTOUT. Pour le moment.

ARCHIBALD. Pourquoi donc ?

PASSEPARTOUT. Il est mort.

FOGG et AOUDA. Mort !

PASSEPARTOUT. Mort... et enterré ! Mais si je n'ai pas rencontré l'honorable défunt, j'ai du moins trouvé une jeune personne... bien vivante, celle-là !

AOUDA. Néméa ! ma sœur !

PASSEPARTOUT. Juste, et la voici, madame. *(Entre Néméa, vêtue à l'européenne.)*

NÉMÉA. Aouda ! ma chère Aouda !

ARCHIBALD. Ah ! voilà en effet une jolie personne !

AOUDA. Ah ! Néméa ! Néméa !

NÉMÉA. Chère Aouda, toi que je croyais à jamais perdue, que je suis heureuse de te presser dans mes bras !

AOUDA, *montrant Fogg, puis Archibald et Passepartout.* Mon sauveur !... mes sauveurs ! Tu peux les remercier, Néméa. C'est à eux que je dois la vie.
C'est à eux que je dois la vie.

NÉMÉA. Messieurs, je ne vous connais pas encore ; mais, vous qui me l'avez conservée, je vous aime déjà tous et de tout mon cœur

ARCHIBALD, *à part.* Elle est gentille, cette petite !

PASSEPARTOUT, *à part.* J'en suis de ces tous-là, moi ! *(Néméa va à Fogg et lui serre la main, à Archibald qui lui secoue la main à l'américaine, puis à Passepartout qui s'en défend.)*

NÉMÉA. Je le veux ! je le veux !

ARCHIBALD, *à part.* Très gentille ! très gentille !

AOUDA, *à Néméa.* Mais tu étais donc seule ici, ma pauvre sœur ?

NÉMÉA. Oui, seule, sans protecteur et déjà bien inquiète de l'avenir !

AOUDA. Mais maintenant me voici, et nous vivrons ensemble !

NÉMÉA, *vivement.* Toi rester ici, dans cette ville, si voisine des territoires indépendants, je ne le veux pas ! je ne le veux pas !

CORSICAN. Pourquoi donc ?

NÉMÉA. Parce qu'il y a un mois à peine, des affidés de ces brahmanes ont bien su arracher de cette ville et soustraire à la protection des lois anglaises une victime qu'ils ont odieusement sacrifiée, comme ils te sacrifieraient toi-même !

AOUDA. Mais que faire alors ?

FOGG. Voulez-vous me permettre de vous conduire l'une et l'autre en Angleterre ?

AOUDA. En Angleterre ? Nous ?

NÉMÉA. Là, ma sœur, plus rien à redouter !

FOGG. Sans doute... Acceptez, Aouda... je vous en supplie.

PASSEPARTOUT. Mais oui ! oui... acceptez !

AOUDA. Nous serons une cause de retard pour vous, monsieur Fogg !

FOGG. Non.

AOUDA. Et cet important pari que vous avez fait ?

FOGG. Ne sera compromis en rien. La part de l'imprévu était réservée, et vous faites toutes deux partie de l'imprévu.

NÉMÉA. J'accepte, monsieur... j'accepte pour elle et pour moi, et il y aura pour vous aimer deux cœurs au lieu d'un !

ARCHIBALD. Décidément elle est... adorable, cette petite ! Tiens, on dirait que ma jambe va mieux !

FOGG. Le *Rangoom* va bientôt appareiller. Passepartout, deux cabines supplémentaires pour ces dames.

ARCHIBALD, *avec force.* Trois cabines.

FOGG. Comment, trois ?

PASSEPARTOUT. Qu'est-ce qu'il dit ?

ARCHIBALD, *marchant.* Je ne boite plus du tout, moi ! Aïe !... Non ! non ! je ne boite plus, et je pars !

FOGG. Vous partez ?

ARCHIBALD. Oui, j'en ai assez de Calcutta... une ville insupportable, où il n'y a que des Indiens déguisés en Anglais !... Mais soyez tranquille, monsieur, si je ne cherche plus à vous tuer, je vous suivrai pour vous voir perdre votre pari, comme ce compatriote à vous suivait un dompteur pour le voir dévorer par ses lions !

FOGG, *impatienté.* Mais, monsieur...

SCÈNE VI

LES MÊMES, FIX, UN MAGISTRAT, DEUX POLICEMEN.

(Fix est déguisé en vieux brahmane et change sa voix de manière à être absolument méconnaissable.)

LE MAGISTRAT. Monsieur Philéas Fogg ?

FOGG. C'est moi.

LE MAGISTRAT. Je suis magistrat civil du troisième district, et, en cette qualité, je vous prie de répondre à quelques questions.

PASSEPARTOUT, *à part.* Qu'est-ce que c'est encore que ça ?

FOGG. Parlez, monsieur.

LE MAGISTRAT, *à Fix.* Approchez, brahmane, approchez ! Reconnaissez-vous ce gentleman ?

FIX. Je le reconnais.

LE MAGISTRAT, *à Fix.* Vous avez juré de dire la vérité.

FIX. Suivant le rite indien, je l'ai juré sur la queue sacrée d'une vache.

PASSEPARTOUT. En v'là un serment !

FIX. Et que Brahma me punisse à l'instant si je ne dis pas la vérité tout entière.

LE MAGISTRAT. Parlez.

FIX. J'accuse le gentleman qui est ici devant vous d'avoir, dans la nuit du 19 au 20 de ce mois, blessé un des prêtres qui présidaient aux funérailles du rajah. En conséquence, moi, chef des brahmanes, je demande la punition du coupable.

PASSEPARTOUT. Eh bien, moi, je jure sur vingt-cinq queues de vache ! je jure sur l'arrière-train d'un troupeau tout entier !...

LE MAGISTRAT. Silence. *(A Fogg.)* Reconnaissez-vous que ce brahmane a dit la vérité ?

FOGG. Oui, monsieur le juge ; mais ce qu'il n'ajoute pas, c'est que ses prêtres et lui voulaient brûler vive une jeune femme.

FIX. Que Brahma avait condamnée.

LE MAGISTRAT, *se tournant vers Aouda.* Madame, sans doute ?

AOUDA. Oui, monsieur, et vous ne sauriez punir celui qui m'a sauvée.

LE MAGISTRAT. Distinguons, madame, distinguons. J'estime que ce gentleman a parfaitement fait de vous sauver...

PASSEPARTOUT, *à part.* Il me plaît à moi, ce juge !

LE MAGISTRAT. Mais il a eu tort de tuer un brahmane.

PASSEPARTOUT. Comment, tort ?...

ARCHIBALD. Oh ! un brahmane de plus ou de moins !...

FOGG. Ce brahmane ordonnait un crime, un épouvantable sacrifice que les autorités anglaises ne peuvent tolérer.

LE MAGISTRAT. Distinguons, monsieur, distinguons.

PASSEPARTOUT, *à part.* Encore !...

LE MAGISTRAT. Les autorités anglaises ont supprimé ces sacrifices dans les provinces soumises à leur domination ; mais, sur les territoires indépendants, ils respectent la religion indoue, même jusque dans ses erreurs, et ils ne peuvent tolérer que l'un de ses pontifes soit frappé de mort dans l'exercice de ses fonctions.

ARCHIBALD, *s'emportant.* Ah çà ! mais c'est une indignité ! Je n'aime pas M. Fogg, moi ! je suis même son ennemi ; mais, dans l'intérêt de la justice et non dans le sien, je déclare que, pour avoir sauvé madame, pour avoir sacrifié sa fortune et sa vie, il ne peut pas être condamné !

LE MAGISTRAT. Distinguons, monsieur, distinguons !

PASSEPARTOUT, *à part.* Ah ! mais, il distingue trop, cet animal-là !

LE MAGISTRAT. Je ne dis pas qu'il sera condamné, mais qu'il sera jugé après enquête, et je dois le mettre en état d'arrestation.

FIX, *à part.* Très bien ! très bien !

FOGG. Je proteste, monsieur. *(Les policiers s'avancent et touchent Fogg du bout de leur baguette.)*

LE MAGISTRAT. Respect à la loi ! Philéas Fogg, vous serez retenu à la prison de la ville, tant qu'une ordonnance de non-lieu n'aura pas été rendue.

FIX, *à part.* Et avant que l'ordonnance de non-lieu n'intervienne, mon mandat sera arrivé.

PASSEPARTOUT. Huit jours de retard au moins ! Hélas ! monsieur, nous sommes tout à fait perdus.

ARCHIBALD. Bon ! impossible de se tirer de là !...

FOGG, *aux policemen qui s'avancent sur lui et d'un ton calme.* Monsieur, terminons vite, je vous prie, cette affaire. Le bâtiment sur lequel je vais partir est prêt à quitter le port.

FIX. Hein ?

ARCHIBALD. Est-ce qu'il aurait trouvé un moyen ?...

LE MAGISTRAT, *se redressant.* Mais... monsieur.

FOGG, *froidement.* A combien fixez-vous la caution ?

TOUS. La caution ?

ARCHIBALD. Il a trouvé.

FIX, *au magistrat.* Comment, la caution !... mais, du tout ! pas de caution... Il s'agit d'un sacrilège ! Il doit être emprisonné, monsieur le commissaire !...

LE MAGISTRAT. Oui, il doit être emprisonné ; mais la loi l'autorise à donner caution... Distinguons, s'il vous plaît, distinguons !

PASSEPARTOUT, *narguant Fix.* Distinguons, mon joli brahmane, distinguons. *(Montrant le magistrat.)* Il distingue très bien, le monsieur là-bas !...

FIX. Mais il l'abandonnera sa caution, monsieur le commissaire !...

LE MAGISTRAT. Oui, si elle est peu élevée ; mais attendu la gravité de l'affaire et considérant que le risque doit être proportionné à la peine encourue, fixons la caution à cent mille francs.

ARCHIBALD. Cent mille francs !

PASSEPARTOUT, *éclatant.* Cent mille francs ! Cent mille coups de pied...

FOGG, *froidement.* Passepartout, la sacoche ?

FIX, *furieux, à part.* Ah ! il va les donner, le voleur !

PASSEPARTOUT. Voici la sacoche, monsieur... mais *(Fogg tire des bank-notes pour la somme demandée et les dépose entre les mains du magistrat.)*, mais, sapristi ! elle se dégonfle à vue d'œil !

FOGG, *avec calme.* Vous êtes satisfait, monsieur ?

LE MAGISTRAT. La loi est satisfaite.

FIX. Ah ! il emporte mon argent, le distingueur !

FOGG. J'ai bien l'honneur de vous saluer. Mesdames, le temps nous presse.

AOUDA et NÉMÉA. Nous vous suivons, monsieur.

FIX, *hors de lui.* Non seulement je ne parviens pas à l'arrêter, mais c'est encore dix mille francs qu'il me vole !

ARCHIBALD. Eh bien, voilà un beau sang-froid ; s'ils sont tous de cette force-là au Club des Excentriques, il faut absolument que j'en fasse partie.

PASSEPARTOUT, *à Fix.* Mon bon brahmane, j'ai bien l'honneur de vous saluer !

FIX. Que Brahma et Vichnou t'arrachent la langue !

SIXIÈME TABLEAU

La grotte des serpents, à Bornéo.

La scène représente une grotte étrangement découpée et qui s'enfonce à perte de vue vers la droite. Cette roche est faite de grandes roches et tapissée d'herbes et de broussailles, appartenant à la flore tropicale. On ne peut y pénétrer que par une ouverture située au fond et qui donne sur une forêt.

SCÈNE I

NAKAHIRA, UNE JEUNE MALAISE, MALAISES.

(Au lever du rideau, la grotte est assez obscure pour qu'on ne puisse distinguer ses parois. Nakahira est vêtue de ses splendides habits de reine des charmeuses. Les jeunes Malaises qui l'accompagnent sont aussi vêtues de leurs habits de fête.)

NAKAHIRA. C'est bien ici la grotte sainte ! Je la revois enfin, après quatre années passées sur la terre indienne.

LA MALAISE. La reine ordonne-t-elle que nous préparions ici le foyer ?

NAKAHIRA. Oui, et je l'allumerai bientôt moi-même, afin que sa chaleur réchauffe les serpents sacrés qui habitent cette grotte. *(Quelques Malaises exécutent les ordres de Nakahira et forment à droite un foyer avec le bois qu'elles ramassent.)* Je me retrouve enfin dans cette contrée libre de la Malaisie ! Sois remercié, esprit puissant qui a protégé l'esclave ; sois bénie, toi, pauvre Aouda, dont les dernières paroles ont été pour briser mes chaînes !

LA MALAISE. Nakahira, nous t'avons longtemps pleurée ! Quelles souffrances tu as dû subir !

NAKAHIRA. Oui !... bien des souffrances, bien des humiliations aussi ! jusqu'au jour où une jeune princesse est montée sur le trône.

La grotte des serpents à Bornéo.

LA MALAISE. C'est elle qui t'a rendue libre ! Grâce à elle, te voilà revenue parmi nous, et c'est le jour même de la fête des Charmeuses que tu auras revu nos rivages.

NAKAHIRA. Oui ! j'ai revu aussi les forêts, les temples où nos dieux obéissaient autrefois à ma voix ! Mais la reconnaîtront-ils encore ? Mon chant les charmera-t-il de nouveau ? Ah ! venez, venez ! que je parcoure cette grotte jusque dans ses mystérieuses profondeurs et que je me recueille avant de réveiller nos divinités endormies ! *(Nakahira et ses compagnes s'enfoncent à droite dans les profondeurs de la grotte.)*

SCÈNE II

ARCHIBALD, PASSEPARTOUT, AOUDA, NÉMÉA.

PASSEPARTOUT, *entrant par le fond.* Une grotte ! une belle grotte, ma foi ! *(Appelant.)* Monsieur ! monsieur Corsican !

ARCHIBALD, *entrant, accompagné d'Aouda et de Néméa, accablées de fatigue.* Venez ! Il faut que vous et votre sœur preniez un peu de repos.

AOUDA. Mais...

ARCHIBALD. Il le faut, vous marchez depuis le lever du jour.

PASSEPARTOUT. Allons, mesdames, nous allons d'abord vous faire du feu et vous préparer un bon lit ! Vous vous croirez à l'hôtel.

NÉMÉA. Ma pauvre Aouda, comme tu sembles accablée !

AOUDA. J'avoue que je suis à bout de forces.

ARCHIBALD. Quelques heures de sommeil vous reposeront tout à fait.

PASSEPARTOUT. *(Il se prépare à ramasser du bois et des feuilles, quand il aperçoit le foyer préparé par les Malaises.)* Il est déjà venu du monde ici ! Le feu est tout préparé. Il n'y a plus qu'à l'allumer. *(Il cherche une allumette dans sa poche.)*

AOUDA. Et M. Philéas, où est-il ?

ARCHIBALD. Bon ! soyez sans inquiétude ! Il s'est rendu à la ville la plus voisine pour assurer à tout prix la continuation du voyage.

NÉMÉA. Puisse-t-il réussir !

PASSEPARTOUT. Oh ! il réussira.

ARCHIBALD. Peut-être... C'est grâce à son pari insensé que nous avons subi le naufrage qui nous a jetés sur cette côte.

NÉMÉA. Et c'est grâce à vous, monsieur Archibald, que j'existe encore.

ARCHIBALD. Ne me remerciez pas, Néméa ! Je suis si heureux d'avoir pu vous arracher à la mort, qu'en vérité c'est moi qui vous dois la reconnaissance.

NÉMÉA. Sans vous, j'étais engloutie dans cette mer furieuse.

ARCHIBALD. Oui ; mais il était écrit que je vous sauverais ! C'est la conséquence naturelle de la haine qui existe entre Fogg et moi !

NÉMÉA. Je ne comprends pas...

ARCHIBALD. C'est bien simple ! Nous sommes ennemis mortels, le sieur Fogg et moi, et comme il faut que l'antipathie qui nous sépare se manifeste en toutes choses, c'est du feu qu'il a sauvé madame Aouda, et c'est de l'eau que je devais vous sauver... Voilà !

PASSEPARTOUT. C'est vrai, au fait !... La chambre de ces dames est prête.

NÉMÉA. Viens, Aouda.

AOUDA. Oui, ma sœur ! Ah ! je tombe de fatigue !

ARCHIBALD. Je vais maintenant m'enquérir de quelque moyen de transport pour gagner la ville.

AOUDA. Vous espérez donc que M. Fogg arrivera encore à temps ?

ARCHIBALD. Ah ! cela m'est bien égal !

PASSEPARTOUT, *allumant du feu.* Il arrivera, j'en réponds ! Ah ! dame ! la chance a été contre nous. L'accident de machine survenu au *Rangoon* nous a d'abord forcés de relâcher à Singapore, et nous avons perdu...

ARCHIBALD. Douze heures, environ !... c'est quelque chose.

PASSEPARTOUT. Après cela, nous trouvons à noliser un bateau pilote pour nous conduire à Hong-Kong...

NÉMÉA. Et une effroyable tempête nous a jetés... Où sommes-nous ici, monsieur Corsican ?

ARCHIBALD. Sur la côte ouest de l'île de Bornéo, à quinze lieues, je crois, de la ville.

PASSEPARTOUT. Et nous perdons encore ?...

ARCHIBALD. Douze autres heures, ce qui constitue un bon petit jour de retard.

PASSEPARTOUT. Mais que nous pourrons regagner si nous arrivons avant ce soir à Bornéo pour y prendre le paquebot américain dont mon maître saura bien activer la marche, grâce à la sacoche.

ARCHIBALD. Nous verrons cela. Ah ! Passepartout, restez ici ; et jusqu'à mon retour, veillez bien sur nos compagnes.

PASSEPARTOUT. Comptez sur moi, monsieur !

(Archibald sort après avoir regardé une dernière fois les deux voyageuses endormies.)

PASSEPARTOUT, *s'occupant d'entretenir le feu et regardant les femmes.* Les voilà parties ! Comme elles dorment gentiment ! Elles n'ont pas bronché pendant ce naufrage ! *(regardant autour de lui.)* Tout est bien dans l'appartement de ces dames. Allons, ne nous laissons pas manquer de bois ! J'en vois là-bas. Allons au chantier. *(Il sort par le fond.)*

SCÈNE III

AOUDA, NÉMÉA.

(A peine Passepartout est-il sorti, que quelques bruissements se font entendre, et bientôt on aperçoit plusieurs serpents qui se glissent sur la voûte de la caverne et descendent peu à peu vers la gauche. Deux de ces reptiles rampent sur le sol et se dirigent vers Aouda et Néméa endormies ; puis, de tous les coins de la grotte, de toutes les anfractuosités des rochers, sur les parois, à la voûte, apparaissent des centaines de reptiles, qui grouillent et qui sifflent.)

AOUDA, *s'éveillant.* Qu'ai-je donc entendu ? *(Elle se soulève et jette un cri étouffé.)* C'est un rêve, c'est un abominable songe que je fais ! *(Se levant et marchant.)* Non, non, ces horribles reptiles !... *(Voyant ceux qui rampent vers Néméa.)* Ah ! Néméa !

NÉMÉA, *s'éveillant.* Aouda !... *(Jetant un cri déchirant.)* Ah !

AOUDA. Ma sœur ! *(Elle veut aller vers elle. Un serpent s'est dressé et monte le long de sa taille, autour de laquelle il s'enroule.)* Mon Dieu ! mon Dieu ! prenez, prenez pitié !...

NÉMÉA. Aouda !... *(Elle veut aller vers elle.)*

AOUDA. Non, je te le défends... Je te le déf... Ah !...

NÉMÉA, *criant.* Au secours ! au secours !... *(Elle se dirige vers le fond de la grotte, devant laquelle pendent plusieurs serpents. Elle chancelle et tombe évanouie.)*

SCÈNE IV

LES MÊMES, ARCHIBALD, PASSEPARTOUT, PUIS NAKAHIRA, UNE TROUPE DE MALAISES.

(A ce moment, Archibald et Passepartout paraissent à l'ouverture de la grotte, et ils aperçoivent les serpents qui en barrent l'entrée.)

ARCHIBALD. Ah ! les malheureuses ! *(Tous deux cherchent à briser cette barrière de reptiles dont plusieurs les entourent eux-mêmes. Le serpent qui a enlacé Aouda, à la vue d'Archibald et Passepartout, pousse des sifflements horribles et montre sa gueule ouverte. Les autres reptiles s'agitent avec plus de rage dans tous les coins de la grotte. Archibald et Passepartout vont s'élancer pour sauver leurs compagnes. La scène doit être portée en ce moment à son maximum d'horreur. Mais, en ce moment, Nakahira apparaît sur la droite, suivie d'une troupe de jeunes Malaises.)* Arrêtez ! arrêtez ! Pas un mot, pas un geste ! Nul autre que moi ne peut la sauver.

(Elle commence alors un chant doux, sorte de murmure, qui est le chant des charmeuses.)

NAKAHIRA, *chantant.*

Divinités mystérieuses,
Vous qui daignez subir mes lois,
Dans vos grottes silencieuses,
Dieux rampants, rentrez à ma voix !...

(A la voix de Nakahira, les serpents se redressent et rampent vers Nakahira, qui les fascine. Néméa revient à elle, comme si elle sortait d'un épouvantable rêve. Aouda, en reconnaissant Nakahira, pousse un cri. Nakahira, tout en continuant son chant, lui fait signe de ne pas parler. Tous les serpents sont tendus vers elle, aussi bien ceux du sol que ceux des parois de l'ouverture de la grotte.)

SEPTIÈME TABLEAU

La fête des Charmeuses.

La scène représente une place ombragée d'arbres des tropiques, au fond de laquelle s'élève un temple malais. Au lever du rideau, chants et danses des habitants et prêtresses de la Malaisie. Nakahira paraît accompagnée d'Aouda et de Néméa, de Corsican et de Passepartout, des prêtres et des prêtresses malaises. A leur vue les danses s'arrêtent.

UNE MALAISE. Reine, on a tout préparé pour le départ des étrangers.

NAKAHIRA. Dans quelques heures, vous aurez gagné Bornéo. Aouda a rendu la liberté à son esclave ! L'esclave aura sauvé sa bien-aimée Aouda !

ARCHIBALD. Merci encore, vous à qui nous devons notre salut.

PASSEPARTOUT. Mesdames, j'ai bien l'honneur de vous saluer.

(Ils sortent. La reine monte sur son trône.)

BALLET

Documentation Roger Viollet

ACTE TROISIÈME

HUITIÈME TABLEAU

Une taverne à San Francisco.

L'intérieur d'une taverne, chaises, bancs, tables, brocs à bière, verres à liqueur. La taverne est ouverte entièrement au fond et laisse voir la façade de la gare de San Francisco. Buveurs de toutes classes : des matelots, des ouvriers, des pionniers, des marchands, des voyageurs. Gros feu dans la cheminée. Il est cinq heures du soir.

SCÈNE I

FIX. *(Fix est déguisé en pionnier américain. Culotte de gros velours, large gilet, sorte de chapeau tromblon, guêtres de cuir. Epais sourcils, épaisse touffe de barbe au menton, à la mode américaine. Il est considérablement grossi. Il est méconnaissable. Attablé devant quelques pintes de bière et parlant de sa voix naturelle.)*

Il est ici, le brigand ! il est à San Francisco ! Je suis arrivé par un paquebot, lui par un autre ! Il a fait naufrage à Bornéo, et son naufrage ne l'a pas retardé de quarante-huit heures ! *(Allant et venant.)* Je suis sûr qu'il aura encore dépensé une centaine de mille francs pour se tirer d'affaire ! *(Se rasseyant.)* Ah ! n'importe ! je lutterai jusqu'au bout ! Son coquin de domestique ne me reconnaîtra pas sous ce costume ! Eh bien ! je prendrai le chemin de fer avec mon voleur, je monterai dans son wagon s'il le faut, et je ne le quitterai pas plus que son ombre ! *(Se retournant.)* Ah ! le Passepartout ! Que vient-il faire ici ? *(Il se met à l'écart à une table.)*

SCÈNE II

FIX, PASSEPARTOUT, UN TAVERNIER.

PASSEPARTOUT *entre par le fond, sa sacoche en bandoulière et une demi-douzaine de revolvers à sa ceinture. S'asseyant, essoufflé.* Ouf, je n'avais pas besoin de tant courir ! les guichets ne sont pas encore couverts.

LE TAVERNIER. Qu'est-ce qu'il faut servir au gentleman ?

PASSEPARTOUT. Un verre de mint-julep pour le gentleman !

LE TAVERNIER, *à un garçon qui passe.* Mint-julep ! *(Le garçon sort.)*

PASSEPARTOUT. Dites-moi, tavernier, dans combien de temps délivrera-t-on les billets à la gare ?

LE TAVERNIER. Dans une heure, Votre Honneur.

PASSEPARTOUT. Mon Honneur vous remercie... Ah ! vous regardez ma ceinture ?

LE TAVERNIER. Oui ; vous avez une assez jolie collection de revolvers !

PASSEPARTOUT. Voilà ! tant qu'on voyage dans les pays sauvages, rien à craindre ; mais dans les pays civilisés, c'est autre chose ! Et comme on m'a dit que le grand chemin de fer du Pacifique n'était pas sûr !... *(Montrant les revolvers.)* Cela, voyez-vous, c'est pour défendre ceci. *(Il montre la sacoche.)*

FIX, *à part.* Oui, oui, la sacoche aux millions volés ! *(Le garçon apporte le plateau.)*

PASSEPARTOUT. Mettons-nous un peu plus à l'aise... *(Il va à la table et dépose sa sacoche sans défaire la courroie qu'il porte à son cou.)*

LE TAVERNIER, *servant.* Voici le sucre, le citron, la menthe verte, la glace, l'eau, le cognac et l'ananas frais ! *(Il s'éloigne.)*

PASSEPARTOUT, *à table.* Merci... Non seulement c'est bon à boire, cette machine-là, mais aussi c'est amusant à fabriquer ! *(Il commence à verser d'un verre dans l'autre les préparations qu'on lui a servies.)* Je dois avoir l'air d'un escamoteur qui fait des tours de passe-passe !

FIX, *accoudé, au comptoir, à part et regardant la sacoche.* Une idée !... cette sacoche !... si je pouvais !...

PASSEPARTOUT. Là !... je crois que le tour est fait.

FIX. Je vais tâcher de t'en jouer un... tour... et de ma façon.

PASSEPARTOUT, *prenant une paille.* Préparons le chalumeau.

FIX, *se rapprochant un peu de Passepartout.* Cet argent ! c'est celui de la Banque, c'est le mien ! Cet argent, une fois repris à Fogg, Fogg ne pourra continuer son voyage...

PASSEPARTOUT, *commençant à humer sa boisson au moyen d'une longue paille.* Ah ! ces Américains, quel peuple pour l'absorption des liquides !

FIX. Pas un instant à perdre... Essayons ! *(Il s'assied et va sans façon plonger une autre paille dans le verre de Passepartout.)*

PASSEPARTOUT. Eh ! l'ami !

FIX, *changeant sa voix.* Ne vous dérangez pas. *(Il commence à aspirer.)* Merci.

PASSEPARTOUT. Dis donc, aimable sans gêne, ça se fait donc dans votre pays ?

FIX. Ça se fait.

PASSEPARTOUT, *retirant son verrre.* Au diable ! l'homme à la paille !

FIX. Bon ! entre Américains...

PASSEPARTOUT. D'abord, je ne suis pas Américain !

FIX. Ah ! de par tous les sacrements de Sacramento, vous êtes un Français, vous !

PASSEPARTOUT. Ça se voit donc ?

FIX. Si cela se voit !... Rien qu'à la manière dont vous m'avez reçu, j'ai deviné qui vous étiez... Je les aime, moi, les gens de votre nation !... Si je n'étais pas Américain, j'aurais voulu être Français.

PASSEPARTOUT. Et bien ! moi, si je n'étais pas Français, j'aurais voulu être... Français !...

FIX, *lui frappant sur l'épaule.* Vous m'allez ! *(Appelant.)* Eh, tavernier !

LE TAVERNIER. Voilà ! voilà !

FIX. Montre-moi donc la couleur de la cascarinette noyau ?

PASSEPARTOUT. Qu'est-ce que cela ?... la cascarinette noyau ?

FIX. Une liqueur du pays...

LE TAVERNIER. A l'instant, mon gentleman...

FIX, *le retenant.* Seulement... comme il faut être sage, et garder sa tête, tu m'apporteras aussi une carafe d'eau.

LE TAVERNIER, *étonné.* Une carafe d'eau ?

FIX. Oui, d'eau... *(Bas.)* d'eau-de-vie blanche. *(Haut.)* Allons, marche. *(Le tavernier sort.)*

PASSEPARTOUT. Il paraît que vous craignez la boisson ?

FIX. Celle-là !... c'est trop violent pur... mais avec de l'eau, vous allez en juger.

PASSEPARTOUT, *gaiement.* On en jugera.

FIX. Eh ! eh ! vous êtes gai !... Savez-vous pourquoi j'aime les Français, moi ?

PASSEPARTOUT. Parce qu'ils sont aimables, pardieu !

LE TAVERNIER, *apportant un autre plateau.* Voilà ! *(Il s'éloigne.)*

FIX, *versant.* Oui, parce qu'ils sont aimables, et puis parce que c'est à un Français que je devrai la grande fortune que je vais faire !

PASSEPARTOUT. Ah ! bah !

FIX. Tenez, goûtez-moi ça... A votre santé ! à la vôtre ! *(Arrêtant le bras de Passepartout, qui se prépare à boire)* Non, pas sans eau... Diable ! c'est trop fort !

PASSEPARTOUT. Ah bah !... vous croyez ? *(Il tend son verre à Fix, qui verse de l'eau-de-vie blanche.)* A votre santé. *(Il boit.)*

FIX, *feignant de boire.* A la vôtre. *(Il jette le contenu de son verre.)*

PASSEPARTOUT. Vous disiez donc ?...

FIX. Que j'ai connu un de vos compatriotes, un certain Michel Ferrier, qui était revenu en France millionnaire.

PASSEPARTOUT. Millionnaire !

FIX. Il m'a assuré qu'à un quart de mille à peine du placer qu'il exploitait dans le nord de Sacramento, il y avait une grande fortune à dénicher encore. *(Il verse à boire.)*

PASSEPARTOUT. Vraiment !

FIX. Avalez-moi ça ?

PASSEPARTOUT. A la vôtre !

FIX. Non, non, pas sans eau !

PASSEPARTOUT. Ah ! j'oubliais ! A la vôtre ! *(Il boit.)* Mais comment diable pourrez-vous retrouver le placer ?

FIX. Oh ! Michel Ferrier m'a donné le plan du pays !

PASSEPARTOUT. Ah ! s'il y a un plan...

FIX. Tenez, au nord de Sacramento, il y a une petite rivière dont les sables charrient de l'or et qui coule comme cela. *(Il trace avec son doigt la direction de la rivière. Passepartout suit la direction d'un œil déjà troublé.)*

PASSEPARTOUT. Très bien ! j'y suis...

FIX. Eh bien ! en remontant sur la gauche, on voit un gros roc de basalte, qui a la forme d'une tête de singe...

PASSEPARTOUT, *regardant Fix.* Une tête de singe... Je vois ça d'ici...

FIX. On suit de ce côté pendant trois cents pas. *(Il dirige sa main vers la sacoche déposée sur la table.)* On arrive là, et ça, c'est le nid aux pépites *(Il touche la sacoche.)*

PASSEPARTOUT. Bon, c'est le nid aux pépites, ça...

FIX. Et au sixième coup de pioche...

PASSEPARTOUT. Au sixième coup... je... je vais m'en payer aussi un sixième coup. *(Il tend son verre.)* De l'eau, beaucoup d'eau. *(Buvant.)* Vous disiez donc... qu'aux sixième... coup de pioche... A la vôtre !...

FIX. A la vôtre !... Ah ! minute, de l'eau !... A la vôtre !... Je trouverai un million.

PASSEPARTOUT, *à demi ivre.* Un million !... en six... coups de pioche... Dites donc... dites donc, l'ami, pendant que vous y serez... donnez-en seulement trois pour moi... des coups de pioche... hein !... trois pour...

trois... de... Elle est bonne cette eau-là, elle est bien bonne !... Allons, voyons encore un coup... un coup avec de l'eau. *(Il s'endort.)*

FIX. *(Il se lève.)* J'ai réussi !... vite à l'œuvre. *(Il va pour ouvrir sa sacoche.)* Fermée, fermée à clef ! Ah ! je l'ouvrirai. *(Il la force.)* Le paquet de bank-notes !... Je les tiens et un reçu de la somme qu'il a déposée à Londres, chez un banquier. *(Il le met dans sa poche.)* Partons !... *(S'arrêtant.)* Ah ! je ne suis point un voleur, moi. *(Tirant son carnet et et écrivant.)* Reçu à compte pour restitution à la Banque d'Angleterre... *(Il déchire le feuillet, le met dans la sacoche, gagne le milieu en passant devant la table.)* Et maintenant, Philéas Fogg, essaye de continuer ton voyage et de surmonter les obstacles en semant des centaines de mille francs ! Je tiens l'argent de la Banque... Je tiendrai bientôt mon voleur ! *(Il sort.)*

SCÈNE III

PASSEPARTOUT, LE TAVERNIER.

(Passepartout reste quelques instants la tête sur la table. Le tavernier, qui est entré après le départ de Fix, vient près de lui.)

LE TAVERNIER, *le considérant.* Pas fort celui-là ! *(Se retournant.)* Ah çà... et l'autre ? *(Il va voir à la porte.)* Parti ! Alors c'est donc celui-là qui va payer pour les deux ! *(Le secouant.)* Eh !... l'ami... voyons !... secouons-nous un peu... Il ne suffit pas de dormir après avoir bu, il faut payer !

PASSEPARTOUT, *très gris.* Payer !... payer !... oui !... oui !... payer...

LE TAVERNIER. Sans doute, puisque votre compagnon est parti.

PASSEPARTOUT. Parti... mon compagnon. Quel compagnon ? Ah ! oui, Ferrier !... Six coups de pioche !

LE TAVERNIER. Allons, allons ! assez causé ! Mon argent !... Est-ce que vous n'en avez pas, par hasard ?

PASSEPARTOUT, *se levant et prenant la sacoche.* Pas d'argent ! moi... *(Montrant la sacoche.)* Voilà le nid aux pépites... *(Il se lève.)* comme disait l'homme... aux six coups de pioche... et on va te payer... marchand d'eau claire !... *(Ouvrant la sacoche.)* On va te payer !... *(Introduisant sa main dans la sacoche.) (On sonne.)*

LE GARÇON. Voilà ! voilà !... voilà ! *(Il sort.)*

PASSEPARTOUT. On... va... te... *(Se redressant tout à coup.)* On va vous... on va te !... *(Se dégrisant graduellement.)* Eh bien ! eh bien !... Quoi donc ? Est-ce que... est-ce que je rêve ? *(Avec énergie.)* Est-ce que je deviens fou ?... Rien ! plus rien ! Allons donc ! C'est impossible... c'est imposs... Rien ! *(Trouvant le papier signé par Fix.)* Un papier, qu'est-ce que cela veut dire. *(Lisant.)* Restitution à la Banque !... Signé Fix ! *(Jetant un cri.)* Ah ! cet homme, cet Américain, c'était !... Misérable que je suis ! Je me suis laissé enivrer comme une brute, et il m'a tout enlevé, il m'a tout pris... et j'ai ruiné mon maître ! Je l'ai ruiné !... *(Pleurant, il tombe sur la chaise, la tête dans ses mains.)* Je l'ai ruiné !...

SCÈNE IV

LES MÊMES, ARCHIBALD.

LE TAVERNIER, *à Archibald qui entre par la gauche.* Alors on peut disposer de la chambre de monsieur ?

ARCHIBALD. Oui !... si le train part dans un quart d'heure, et... *(Apercevant Passepartout.)* Passepartout ! Passepartout ! *(Allant à lui et lui touchant l'épaule.)* Que vous arrive-t-il donc ?

PASSEPARTOUT, *toujours asssis.* Ce qui m'arrive ! Une chose qui vous fera plaisir... à vous... qui vous rendra heureux... vous ! *(Il se lève.)* Mon maître est ruiné !

ARCHIBALD. Volé !... qu'allez-vous faire ?

PASSEPARTOUT, *qui a pris un revolver.* Me faire sauter la cervelle.

ARCHIBALD, *l'arrêtant.* M. Fogg...

PASSEPARTOUT. Mon maître !

SCÈNE V

PASSEPARTOUT, FOGG, ARCHIBALD, LE TAVERNIER.

FOGG. Ah ! monsieur Corsican ! Encore !

ARCHIBALD. Toujours, monsieur.

FOGG. Nous voici en Amérique, monsieur.

ARCHIBALD. Oui, en Amérique, monsieur.

FOGG. Dans votre pays, monsieur.

ARCHIBALD. Dans mon pays, monsieur.

FOGG. Et vous y resterez, monsieur.

ARCHIBALD. J'y resterai si je veux, monsieur.

FOGG. Enfin ! *(Il lui tourne le dos et va vers Passepartout.)* Passepartout, vous avez exécuté mes ordres ?

PASSEPARTOUT, *troublé.* Vos... vos ordres ?

FOGG. Vous avez acheté des armes ?

PASSEPARTOUT. Des armes... oui... les voilà, et... *(A part.)* elles vont bientôt me servir !

FOGG. Vous avez retenu le wagon spécial ?

PASSEPARTOUT. Le... le wagon... non, monsieur !...

FOGG. Comment ?

PASSEPARTOUT. Les guichets n'ouvrent que dans dix minutes.

FOGG. Vous payerez nos places directement jusqu'à New York.

PASSEPARTOUT. Oui... Oui... je les payerai ! *(A part.)* Et avec quoi maintenant ?

FOGG. Allez donc, mon ami.

PASSEPARTOUT. Voilà, monsieur ! Ah ! c'est fini ! C'est bien fini. *(Regardant Fogg.)* Monsieur, vous avez toujours été content de moi, n'est-ce pas, monsieur ?

FOGG, *gaiement.* Très content, mon garçon.

PASSEPARTOUT. Allons, c'est bien ! *(Avec énergie.)* J'y vais ! *(Il va pour sortir.)*

ARCHIBALD. Ah ! Passepartout...

PASSEPARTOUT. Monsieur ?

ARCHIBALD. Décidément, retenez... toutes les places.

PASSEPARTOUT. Toutes ?

FOGG, *à part.* Hein ! que dit-il ? *(Il se promène avec colère.)*

ARCHIBALD. Oui, la mienne... *(Il lui donne de l'argent ostensiblement.)* en même temps que les trois autres *(Il lui glisse dans la main une liasse de bank-notes.)* dont voici le montant.

PASSEPARTOUT. Comment !

ARCHIBALD. Allez, mon ami, allez !

PASSEPARTOUT. Quoi, monsieur, vous, son ennemi... vous voulez ?...

ARCHIBALD. Allons ! tu as perdu l'argent, mon garçon, ne perds pas aussi la tête ! *(Il lui serre la main.)*

PASSEPARTOUT, *sortant.* Oh ! merci ! monsieur, merci !

SCÈNE VI

FOGG, ARCHIBALD, LE TAVERNIER, au comptoir.

FOGG, *se plaçant devant Archibald et le regardant.* Monsieur Corsican !

ARCHIBALD, *froidement.* Monsieur Fogg !

FOGG. Croyez-vous, par hasard, qu'il soit bien agréable de voyager en compagnie d'un ennemi ?

ARCHIBALD. Je ne le pense pas, monsieur.

FOGG. Dans quel but, alors, venez-vous encore de faire retenir votre place en même temps que les nôtres ?

ARCHIBALD. Mais pour suivre la même route que vous.

FOGG. Alors, monsieur, je vous engage à reprendre votre ancien projet !

ARCHIBALD. Quel projet ?

FOGG. Celui de me rapporter à Londres à l'état de momie.

ARCHIBALD. Non ! j'y ai renoncé !

FOGG. Eh bien, si vous persistez à nous suivre, je reprendrai, moi, la série de nos duels.

ARCHIBALD. Allons donc ! je ne me battrai plus avec vous.

FOGG. Vous ne vous battrez plus ?

ARCHIBALD, *s'emportant.* Non, monsieur, non ! Est-ce que vous me prenez pour un imbécile ?... Est-ce que vous croyez que je ne me suis pas aperçu que vous étiez à l'escrime dix fois plus habile que moi ? Est-ce que vous supposez que je n'ai pas compris que vous me ménagiez, monsieur ?

FOGG. Moi !

ARCHIBALD, *s'animant encore.* Que vous vous contentiez de me... larder légèrement, quand vous pouviez me perforer d'outre en outre ?

FOGG. Permettez !...

ARCHIBALD, *avec colère.* Oui, monsieur, oui ! Vous me traitez avec dédain, avec compassion, en refusant de me tuer. Cette compassion et ce dédain, c'était une insulte grave, entendez-vous, et comme je ne peux pas décemment vous en demander raison... je vous demande...

FOGG. Eh bien !...

ARCHIBALD. Je vous demande...

FOGG. Quoi donc ?

ARCHIBALD. Je vous demande... votre amitié, Philéas !

FOGG. Allons donc ! voilà quinze jours que j'attendais cette bonne parole-là !

ARCHIBALD. Vraiment ? et vous me la donnez...

FOGG. Je vous la donne, et de grand cœur... *(Lui donnant la main.)* Archibald.

ARCHIBALD. A merveille !

FOGG. Allons chercher ces dames.

ARCHIBALD. Allons ! nous sommes deux à présent pour surmonter les obstacles et gagner votre pari. *(Il sort.)*

NEUVIÈME TABLEAU

Un train attaqué sur le chemin de fer du Pacifique.

La scène représente une vaste plaine entièrement couverte de neige. Au deuxième plan, la voie d'un chemin de fer. Un peu en arrière à droite, une maisonnette de cantonniers. Demi-jour seulement.

SCÈNE I

DEUX CANTONNIERS.

(Les deux cantonniers se promènent sur le devant de la scène.)

1er CANTONNIER. Quelle heure est-il ?

2e CANTONNIER, *tirant sa montre.* Attends, je vais te dire cela… Quatre heures dix.

1er CANTONNIER. Encore un quart d'heure avant que le train de San Francisco ne passe.

2e CANTONNIER. S'il n'a pas de retard !… On a signalé de nouvelles troupes d'Indiens Paunies dans le pays, et ils ne regardent pas plus à arrêter un train qu'une diligence !… *(Quelques Indiens Paunies commencent à apparaître par la gauche dans le fond.)*

1er CANTONNIER. Il fait froid, ce matin.

2e CANTONNIER. Oui, le soleil va se lever.

1er CANTONNIER. Nous avons encore le temps… Rentrons nous chauffer avant l'arrivée du train.

2e CANTONNIER. Rentrons ! *(Ils rentrent dans la maisonnette. Les Paunies se glissent peu à peu vers la maisonnette en rampant sur les rails. Deux ou trois d'entre eux enfoncent la porte. On entend des cris. Puis tout se tait, et les Paunies reparaissent un couteau à la main.)*

SCÈNE II

UN CHEF PAUNIE, PAUNIES.

(Les Indiens sont au nombre de vingt. Ils se groupent autour du chef.)

LE CHEF, *après les cris.* Le train va arriver.

UN PAUNIE. Nous ne sommes que vingt.

LE CHEF. C'est vrai, mais nous n'attaquerons pas le train tout entier.

LE PAUNIE. Que le chef ordonne.

LE CHEF. Les voyageurs seront nombreux sans doute… mais ils s'arrêtent ici, et quand ils repartiront, ne peuvent-ils pas laisser en arrière la dernière voiture que nous aurons détachée ?…

LE PAUNIE. Oui… et alors… *(On commence à entendre le hennissement de la machine.)*

LE CHEF. Alors, que nos bouches soient muettes ! que nos bras soient prêts à agir ; mais écoutez ceci, et souvenez-vous : frappez et ne pillez pas ! Nous sommes les vengeurs de notre race ! C'est par la mort de nos ennemis et non par le pillage que nous ferons expier le massacre de nos frères ! *(Ils sortent.)*

(Le train, dont le bruit s'est peu à peu accru, se montre par la gauche ; la locomotive, de forme américaine, traverse lentement la scène et disparaît à droite avec les trois premières voitures du train dans lesquelles on aperçoit des voyageurs, et elle s'arrête. La quatrième voiture est en scène à la queue du train.)

SCÈNE III

FOGG, ARCHIBALD, PASSEPARTOUT, FIX, AOUDA, NÉMÉA, UN CONDUCTEUR, UN EMPLOYÉ, VOYAGEURS, HOMMES D'ÉQUIPE.

LE CONDUCTEUR, *à l'employé.* Qu'y a-t-il donc ? pourquoi n'avancez-vous pas ?

L'EMPLOYÉ. Je n'ose pas !... Les disques sont renversés.

LE CONDUCTEUR. Les disques sont renversés ? Entrez toujours en gare, et prudemment, n'est-ce pas ?

L'EMPLOYÉ. Soyez sans crainte.

LE CONDUCTEUR, *regardant.* Les fils télégraphiques coupés ! les poteaux brisés ! Que s'est-il donc passé ? *(A l'employé.)* La voie est-elle libre ?

L'EMPLOYÉ. Oui, jusqu'à présent.

LE CONDUCTEUR, *regardant les pas.* Des traces d'Indiens, partout, de tous côtés !... Qu'est-il donc arrivé ?

UN VOYAGEUR. A quelle distance sommes-nous d'Omaha ?

LE CONDUCTEUR. A cinquante milles. Nous y serons dans deux heures. C'est ici la station de Kearney.

FIX, *déguisé en nègre et descendant d'un compartiment.* Je suis dans le même train que mon voleur, et je défie bien son domestique de me reconnaître !

PASSEPARTOUT, *descendant d'un autre compartiment.* M'être laissé voler comme un niais ! Que dira mon pauvre maître quand il saura...

FIX, *s'approchant de Passepartout.* Ça qu'est temps bien froid, massa Français !

PASSEPARTOUT. Va-t'en au diable, moricaud !

FIX. Vous pas bien joyeux, massa ?

PASSEPARTOUT, *tristement.* Non, moi, pas joyeux du t... Allons, bon, voilà que je parle nègre, à présent !

ARCHIBALD. Il me paraît utile de se dégourdir les jambes. Depuis cinq jours que nous sommes dans ce train... Neuf cents lieues de chemin de fer...

PASSEPARTOUT. Le fait est que j'ai les pieds glacés et engourdis.

FIX. Vous pas voulé battre un peu semelle avec bon nègre ?

PASSEPARTOUT. Battre semelle ?

FIX. Oui, pour réchauffer pieds à nous.

PASSEPARTOUT. Soit, moricaud... battons ! *(Ils se mettent à battre la semelle ensemble.)* Ah ! si je me trouve jamais en face de mon voleur...

FIX. Vous qu'a été volé, massa ?

PASSEPARTOUT. Oui !... *(Battant toujours la semelle.)* Et si le brigand se rencontre à portée de ma main...

FIX, *même jeu.* Ou bin de pied à vous, bon blanc...

PASSEPARTOUT. S'il en réchappe, il fera chaud !...

FIX. Alors li pas réchapper aujourd'hui, qu'a fait bien froid. Eh ! eh ! *(Il rit. Passepartout lui donne un coup de pied.)* Ah ! si vous levez la main sur bon nègre, moi casser tête à massa... Zizi bamboula, boum boum, zizi bamboula. *(Il remonte en wagon.)*

FOGG, *à la portière du wagon.* Je crois, Aouda, que vous et votre sœur, vous feriez mieux de ne pas descendre.

AOUDA, *montrant sa tête à la portière.* En effet, monsieur Fogg, le froid paraît être extrêmement vif ; mais dans ce wagon, nous ne nous en apercevons même pas.

NÉMÉA, *à la portière du wagon.* D'ailleurs, ce n'est pas voyager cela ! Il me semble que nous restons tranquilles, et que c'est le panorama qui se déplace.

ARCHIBALD, *à part, à la portière.* Adorable ! cette petite Néméa !

LE CONDUCTEUR. Où sont donc les cantonniers ? *(Il regarde dans la maison.)* Oh ! les malheureux !

ARCHIBALD. Qu'y a-t-il ?

LE CONDUCTEUR. Les deux pauvres cantonniers !...

ARCHIBALD, *descendant sur la voie avec Fogg.* Eh bien ?

LE CONDUCTEUR. Assassinés par les Indiens !

FOGG. Les Indiens ?

ARCHIBALD. Eh bien !... Il faut...

LE CONDUCTEUR. Il faut partir et donner avis du crime au fort le plus prochain ! En voiture ! messieurs, en voiture !

(Les voyageurs des premières voitures du train s'empressent de sortir par la droite.)

ARCHIBALD. Mais la voie ne peut-elle être coupée ?

LE CONDUCTEUR. Je vais monter moi-même sur la locomotive, monsieur, et nous agirons avec toute la célérité, mais aussi avec toute la prudence possible !... En voiture, messieurs ! en voiture !

FOGG, *à Archibald.* Tenons-nous prêts à tout événement.

(Fix a disparu par la droite. Archibald et Passepartout sont remontés dans le wagon. Il n'y a plus personne en scène. Dès que les portières sont fermées, on commence à voir les Indiens ramper sur les marchepieds du wagon de Fogg et se glisser jusqu'à la barre d'attelage qui réunit le wagon qui précède. Dès coups de sifflet retentissent ; les hennissements de la locomotive se font entendre. Le train se met en marche, mais le wagon occupé par Fogg reste en scène.)

SCÈNE IV

LES MÊMES, CHEF PAUNIE, PAUNIES.

(Quelques instants se passent, puis on voit Archibald ouvrir la fenêtre de la portière.)

ARCHIBALD. Eh bien ! nous ne marchons pas ?...

(Aussitôt les Indiens poussent de grands cris et commencent l'attaque du train. Les portières sont ouvertes. Fogg, Archibald et Passepartout se précipitent sur la voie, ainsi que les autres voyageurs et les hommes d'équipe.)

FOGG. Les Indiens !

TOUS. Les Indiens !

(Des coups de revolver éclatent tant du côté de Fogg que de celui des Indiens. Pendant ce temps, deux ou trois Paunies pillent le wagon de bagages et d'autres entourent les wagons. — Ils repoussent les Indiens qui entourent le wagon de voyageurs. Les Indiens s'éloignent lentement, mais d'autres apparaissent en rampant sous le wagon. Ouvrant alors la portière du compartiment où se trouvent les deux femmes, ils y pénètrent.)

AOUDA et NEMEA, *dans le wagon.* Au secours !

(Les Indiens les bâillonnent et les entraînent du côté opposé à celui où l'on se bat. On voit alors les autres Indiens revenir en scène en repoussant les autres voyageurs, qui faiblissent. En ce moment de grands coups de sifflet retentissent.)

PASSEPARTOUT, *tout en luttant.* Courage !

SCÈNE V

LES MÊMES, MOINS LES PAUNIES ET LES DEUX FEMMES ; CONDUCTEUR, VOYAGEURS.

(Le train revient en scène à reculons et rejoint le wagon de Fogg.)

PASSEPARTOUT, *déchargeant une dernière fois son revolver.* Hurrah !

LE CONDUCTEUR, *accourant.* Ah ! les bandits ! Ils avaient détaché le dernier wagon ; mais j'ai entendu vos détonations.

FOGG. Hâtons-nous de rejoindre nos compagnes ! *(Il va vers le wagon et poussant un cri.)* Ah ! disparues !

ARCHIBALD. Disparues !

PASSEPARTOUT. Ils les ont enlevées !

FOGG, *au conducteur.* Monsieur, il faut absolument nous lancer à la poursuite des Indiens ! Ils ne peuvent être loin encore...

ARCHIBALD. Oui ! Oui ! il le faut, monsieur, il le faut !

FOGG. Que le train attende une heure, deux heures.

LE CONDUCTEUR. C'est impossible ! Ce chemin n'a qu'une voie, et nous devons faire place au train qui descend !...

FOGG. Eh bien, télégraphiez !

LE CONDUCTEUR, *montrant les poteaux renversés.* Ils ont coupé les fils.

ARCHIBALD. Mais il est impossible de laisser ces pauvres femmes aux mains de misérables bandits !

LE CONDUCTEUR. Monsieur, je réponds de l'existence de mes voyageurs. Il faut partir... à l'instant... Qu'on raccroche le wagon !... *(Les ordres du conducteur sont exécutés.)*

Documentation Roger Viollet

FOGG. Partez, monsieur, moi je reste.

ARCHIBALD. Non, partez, Fogg ! Quelques heures de retard consommeraient votre ruine ! Partez ; je resterai, moi !

PASSEPARTOUT. Et moi aussi, monsieur.

FOGG. Partir, quand Aouda et sa sœur sont en danger de mort ! Non ! non ! Les sauver, les sauver d'abord !... Monsieur, n'avons-nous pas passé devant un fort ?

LE CONDUCTEUR. Oui ! le fort Kearney, à deux milles d'ici. Courez-y, messieurs, les soldats se joindront à vous.

DIXIÈME TABLEAU

L'Escalier des Géants.

La scène représente un site sauvage, appelé en Amérique l'Escalier des Géants. A gauche, escalier naturel de roches à larges marches, qui s'élève le long d'un torrent dont le lit occupe la droite de la scène et finit obliquement ; quelques pins à gauche et à droite sur l'autre rive du torrent qui sort d'une épaisse forêt de conifères. Le sol, les rochers, les arbres, sont couverts de neige, et le lit du torrent est semé d'énormes glaçons. Au pied de l'escalier s'élève un grand tulipier, dont le tronc mesure deux pieds de largeur et dix pieds de hauteur ; les branches à leur naissance s'étendent largement. Elles sont également blanches de neige. Le ciel est pur, comme par les grands froids. Le soleil est au milieu de sa course. Dans le lointain, par-dessus la cime des arbres et la crête de l'Escalier des Géants, hautes montagnes couvertes de neige.

SCÈNE I

FOGG, ARCHIBALD, UN SERGENT, SOLDATS AMÉRICAINS.

LE SERGENT. Halte ! front !...

ARCHIBALD, *au sergent.* Où sommes-nous, sergent ?

LE SERGENT. A huit lieues du fort Kearney, où vous êtes venu réclamer notre aide.

ARCHIBALD. N'est-ce pas ici l'Escalier des Géants ?

LE SERGENT, *montrant la scène à gauche.* Précisément !

FOGG. Et c'est un endroit que les Paunies fréquentent quelquefois ?

LE SERGENT. Oui, monsieur.

FOGG. D'ailleurs, les marques laissées sur la neige ne pouvaient nous tromper !

LE SERGENT. Mais elles se divisent maintenant...

ARCHIBALD. Que faire alors ?

FOGG. Nous diviser aussi et les suivre séparément.

ARCHIBALD, *au sergent.* Mais ces misérables ne tueraient pas deux femmes pour le seul plaisir de tuer !

LE SERGENT, *secouant la tête.* Ces Paunies ont juré une haine implacable aux blancs. Plusieurs fois déjà ils ont attaqué les voyageurs, et jamais ils n'ont fait grâce.

ARCHIBALD. Et Passepartout ?

FOGG. Il suit une trace et doit nous rejoindre au fortin, où nous avons fait halte cette nuit.

LE SERGENT. Et où j'ai laissé le reste de mes soldats, à deux cents pas d'ici !

FOGG. Bien ! Vous, Archibald, suivez la rive droite de ce torrent ; moi, je vais reconnaître les traces qui se dirigent de ce côté. *(Il monte l'escalier.)* Vous, sergent, retournez au fortin, et tenez-vous prêt à accourir au premier signal !...

LE SERGENT. Bien ! Mais quel sera ce signal ?

FOGG. Un coup de feu !

ARCHIBALD. Un coup de feu, c'est convenu...

LE SERGENT. C'est convenu : un coup de feu, et nous accourons.

(Archibald sort par la rive droite du torrent. Le sergent et les soldats s'en vont du côté opposé. Fogg gravit l'Escalier des Géants, s'arrête un instant sur la crête, consulte la neige, et ne disparaît qu'au moment où Passepartout entre en scène.)

SCÈNE II

PASSEPARTOUT. Je n'ai rien vu... On croit être sur une piste, et soudain toutes traces disparaissent ! *(Il cherche de tous côtés, regardant le sol.)* Tiens ! des empreintes de pas ?... Ce n'est pas la chaussure de Indiens... Les nôtres ont passé par ici !... Allons, il faut retourner au lieu du rendez-vous. *(Il se dirige vers la rive droite du torrent. En ce moment, une sorte de cri sauvage se fait entendre. S'arrêtant.)* Qu'est-ce que c'est que ça ?... *(Regardant de tous côtés.)* Un cri de ralliement de ces Indiens, peut-être ?... Il faut voir... *(Apercevant le tulipier qui se dresse sur le bord du torrent, au second plan.)* Cet arbre domine la plaine de ce côté... vite... *(Passepartout court vers l'arbre, et, s'aidant des aspérités du tronc, il se hisse jusqu'au-dessus de la fourche formée par les premières branches. Le cri se fait entendre encore une fois et plus rapproché. Regardant.)* Les Indiens ! Ils amènent leurs prisonnières !... Il faut courir au fortin et prévenir... *(Il se prépare à descendre de l'arbre, quand les Indiens commencent à arriver en scène, les uns en se laissant glisser par l'Escalier des Géants, les autres en traversant le torrent sur les glaçons, les autres par la gauche.)* Cerné de toutes parts ! *Il disparaît à demi en ce moment comme si le point d'appui lui manquait.)* Tiens, cet arbre !... il est creux !... Je puis m'y cacher, et une fois là-dedans, par quelques trous de l'écorce, je verrai bien...

SCÈNE III

AOUDA, NÉMÉA, LE CHEF DES PAUNIES, PAUNIES,
PLUS NOMBREUX QU'AU TABLEAU PRÉCÉDENT.

LE CHEF. Tous ceux qui restent de notre tribu sont-ils ici ?

PREMIER PAUNIE. Tous.

LE CHEF. Et de nos frères atteints pendant le combat, pas un n'a pu nous suivre ?

PREMIER PAUNIE. Pas un !

LE CHEF, *regardant Aouda et Néméa.* Ils seront bientôt vengés.

AOUDA. Puisque vous avez résolu notre mort, pourquoi nous traîner si loin ?

NÉMÉA. Voyez, nous sommes épuisées de fatigue et de froid.

LE CHEF. C'est ici que vous devez mourir.

AOUDA. Faut-il deux victimes à votre haine ? N'aurez-vous pas pitié de ma sœur ?...

NÉMÉA. Non... le même sort à toutes deux ! Si vous êtes inflexible pour elle, ordonnez qu'on nous frappe ensemble !

LE CHEF. Écoutez ! J'avais une femme et des enfants : les vôtres les ont tués !...De ma tribu, la plus nombreuse, la plus vaillante, il ne reste que ces très rares guerriers ! Nous sommes poursuivis, chassés de ces prairies, que le grand Esprit avait semées pour nous ! Bientôt, le dernier des Paunies tombera sous les balles des envahisseurs !... Et vous demandez grâce !

AOUDA. Grâce pour elle !

NÉMÉA. Non ! non !

LE CHEF. Les vôtres n'ont pas eu pitié de mon dernier enfant ! C'est en ce lieu qu'ils l'ont frappé... à l'heure où l'ombre de cet arbre se projetait là... et c'est là que périront tous ceux de votre race qui tomberont en notre pouvoir !

AOUDA, *vivement.* Votre race ! mais nous ne sommes pas Américaines !

NÉMÉA. C'est vrai, c'est bien vrai !... Nous sommes d'une contrée lointaine qui fut envahie comme la vôtre !...

AOUDA. Et nos deux pays, frères par le malheur, devraient se secourir et ne pas s'égorger !

LE CHEF. Vous êtes, l'une et l'autre, de l'odieuse tribu des visages pâles, et tant qu'il restera une hache dans la main d'un Paunie, vos chevelures sanglantes flotteront à notre ceinture !

NÉMÉA. Ah ! plus d'espoir, plus d'espoir ! *(Elles tombent accablées dans les bras l'une de l'autre.)*

PREMIER PAUNIE, *au chef.* Un étranger s'avance de ce côté.

LE CHEF. Seul ?

PREMIER PAUNIE. Seul !

LE CHEF, *bas.* Eloignez-vous tous... afin qu'il vienne ici sans défiance. *(Sur un signe du premier Paunie et du chef, les autres s'éloignent.)*

AOUDA, *relevant la tête.* Plus personne !... Que signifie ?

NÉMÉA. En effet, personne...

SCÈNE IV

LES MÊMES, FOGG, qui apparaissent au sommet de l'Escalier des Géants.

AOUDA. Que sont-ils devenus ! *(Apercevant Fogg et jetant un cri.)*

FOGG. Elles !... ce sont elles !... *(Il descend l'escalier pendant que les Paunies reviennent doucement en scène.)*

FOGG. Nos amis ?... attendez !... le signal !... *(Il va tirer un coup de revolver, quand les Indiens s'élancent sur lui, le saisissent et le désarment.)*

FOGG, AOUDA, NÉMÉA. Ah ! *(Un Indien lève sa hache sur la tête de Fogg.)*

LE CHEF. Arrêtez !... pas encore !

FOGG, *à part.* Un coup de feu, un seul et mes compagnons seraient ici !... *(Se tournant vers les Indiens.)* C'est toi qui es le chef ?

LE CHEF. Oui, c'est moi ! Que veux-tu ?

FOGG. Combien d'or te faut-il pour racheter la vie de ces deux femmes ?

LE CHEF. Combien d'or te faut-il, à toi, pour rappeler à la vie ceux que les tiens ont tués ?

FOGG. C'est donc une haine implacable que tu veux assouvir ?

LE CHEF. Plus qu'une haine, une vengeance, et tout le sang de ta race maudite ne suffirait pas à l'éteindre !

FOGG. Et c'est aux femmes que vous faites la guerre ?

LE CHEF. La guerre... Ah ! nous savons comment vous la faites, vous autres ! Vous nous l'avez appris en nous déshéritant de nos prairies et de nos forêts, en nous chassant devant vous comme de vils troupeaux, et vous demandez pourquoi les Indiens vous haïssent ! Vous pouviez tout nous prendre, nos armes, nos moissons, notre vie ! C'était le droit de la guerre, et vous ne frappiez que nous seuls ; mais vous nous avez pris la terre qui nous a vus naître, la terre où sont enfouis les ossements de nos aïeux, la terre qui devait nourrir nos enfants ! Et le sol sacré de la patrie que l'on perd, c'est une plaie profonde que rien ne cicatrise, qui saigne à travers les âges, et qui dit à chaque génération nouvelle : Souviens-toi, souviens-toi !

FOGG, *froidement.* Quand dois-je mourir ?

LE CHEF. Tout à l'heure, lorsque l'ombre de cet arbre viendra effleurer cette place. *(Il montre un endroit situé à quelques mètres de l'arbre.)* Elle marquera à la fois le lieu et l'instant de ta mort !

AOUDA, *à Fogg.* C'est là qu'il veut que nous mourions, parce que là fut tué son fils !

FOGG, *bas.* Son fils... là, dites-vous ? Bien ! il faut maintenant pour vous sauver qu'un coup de feu se fasse entendre...

AOUDA. Pour nous sauver ?...

FOGG, *s'approchant du chef.* Qui désignes-tu pour me frapper ?

LE CHEF. Moi-même... avec cette hache...

FOGG, *avec ironie.* Ah ! oui, la hache, qui permet d'atteindre le but, même quand la main tremble !

LE CHEF. Ma main ne tremblera pas !

FOGG. Elle tremblerait, te dis-je, si l'esclave osait diriger ce revolver que tu m'as pris, contre la poitrine de son maître...

LE CHEF, *froidement.* Mon maître !... Tu verras bientôt lequel de nous est plus puissant que l'autre !

FOGG. Je verrai que tu n'oses faire usage de cette arme dont je me suis servi, moi, contre les tiens.. ; de cette arme qui a frappé naguère *(Regardant autour de lui.)*, tiens... à cette même place... un jeune homme de tribu qui demandait grâce !...

LE CHEF, *ému.* Ici... l'un des nôtres ?...

FOGG. C'était presque un enfant... « Je suis, me disait-il, le fils d'un puissant chef... »

LE CHEF, *avec violence.* Mon fils ! C'est toi qui l'as frappé ?

FOGG. Épargne-moi ! épargne-moi ! me criait-il.

LE CHEF, *furieux.* Tu mens ! Mon fils n'a pas demandé grâce !...

FOGG. Ton fils implorait ma pitié !...

LE CHEF. Tu mens !

FOGG. Il se traînait à mes genoux, le lâche !...

LE CHEF, *furieux.* Tu mens ! tu mens !...

FOGG. Et moi, dirigeant contre sa poitrine cette arme que tu portes là... je l'ai frappé d'une balle au cœur, et l'ai vu tomber à mes pieds !...

LE CHEF. Eh bien ! tu vas mourir comme il est mort !

(Il dirige le revolver contre la poitrine de Fogg.)

AOUDA, NÉMÉA. Ah !

FOGG, *froidement.* Allons donc ! Aouda... éloignez-vous ! J'attends ! j'attends !

LE CHEF, *l'ajustant.* Tiens ! *(Au moment où il va tirer, un coup de revolver part du tronc de l'arbre dans lequel est caché Passepartout et devant lequel se trouve Fogg. Le chef pousse un cri et tombe. Néméa, Aouda et Fogg se regardent étonnés. Les Paunies sont frappés de stupeur.)*

FOGG. Que signifie ?...

(Les Paunies se sont approchés du chef. L'un d'eux montre du doigt la blessure.)

1er PAUNIE, *s'emparant du revolver que tient encore le chef.* Nos ennemis ont-ils des armes invisibles ? Nous allons le savoir !

(Il appuie le revolver sur la poitrine de Fogg. Un second coup de feu de Passepartout jette l'Indien à terre. Cris de tous les Indiens qui, après s'être approchés, se sont éloignés, terrifiés. Ils vont se précipiter sur Fogg, lorsqu'une détonation générale retentit. Ce sont les soldats qui apparaissent au sommet de l'Escalier des Géants, sur la berge du torrent et sur les glaçons. Ils s'élancent en scène, et, après une lutte de quelques instants, ils tiennent les Paunies en respect.)

ARCHIBALD. Nous avons entendu le signal, ami Fogg...

PASSEPARTOUT, *paraissant dans l'arbre.* Et c'est moi qui l'ai donné, monsieur !

TOUS. Passepartout !

PASSEPARTOUT, *sautant à terre.* Lui-même, pour vous servir.

AOUDA. Ah ! monsieur Fogg, pour nous sauver, vous vouliez mourir !...

ARCHIBALD. Comment ! vous vouliez mourir ?...

FOGG. Mais non, non ! Je voulais appeler ces braves gens... Aouda... parce que... *(Tirant sa montre.)* parce qu'il est déjà trois heures... et qu'il faut qu'avant six, nous ayons repris à la prochaine station le train de New York.

ACTE QUATRIÈME

ONZIÈME TABLEAU

Le carré du steamer « l'Henrietta ».

La scène représente le carré du steamer l'*Henrietta.* Au fond, porte qui conduit au pont du navire. Portes de cabines latérales, et table au milieu du carré. Sièges autour. Au-dessus, claire-voie qui laisse pénétrer le jour dans le carré.

SCÈNE I

FOGG, ARCHIBALD, AOUDA, NÉMÉA, PASSEPARTOUT, FIX.

(Fogg, Archibald, Aouda et Néméa, assis autour de la table, sont en train de dîner. Passepartout les sert.)

ARCHIBALD, *appelant.* Passepartout !... Passepartout !...

PASSEPARTOUT, *qui a l'air très abattu, sortant de sa rêverie.* Hein !... Monsieur !...

ARCHIBALD. Voilà une heure que l'on vous appelle et que vous restez là sans répondre !

PASSEPARTOUT. Que monsieur me pardonne !... Je suis complètement abruti !

AOUDA. Que vous est-il donc arrivé, Passepartout ?

ARCHIBALD. Je sais ce que c'est, moi... *(A part.)* Pauvre garçon, l'argent volé !

PASSEPARTOUT. Oui, oui !... il y a ce que vous savez, monsieur Corsican... mais ce n'est pas tout !... Ce qui me bouleverse à présent, c'est un épouvantable rêve que j'ai fait !

TOUS. Un rêve !

PASSEPARTOUT. Un affreux cauchemar ! J'ai eu pendant toute la nuit mon bec dans la tête !

NÉMÉA. Votre bec ?

ARCHIBALD. Quel bec ?

PASSEPARTOUT. Mon bec de gaz, que j'ai oublié d'éteindre en quittant Londres, et qui, depuis ce temps, brûle, hélas ! à mes frais. Imaginez-vous que, dans mon rêve, je voyais mon bec s'allonger et la lumière grossir et grandir toujours. Tout à coup, j'entends mugir un vent furieux, et comme j'ai bêtement laissé la fenêtre ouverte, j'aperçois les rideaux de mousseline qui ondulent, gonflés par le vent, et vont s'étendre au-dessus de mon terrible bec qui les enflamme ! Les rideaux embrasés communiquent le feu à tous les meubles, les meubles aux boiseries de la chambre, les boiseries à la maison, la maison à son tour, se met à incendier le quartier, et quand je me suis réveillé, toute la ville de Londres... brûlait à mes frais !

FOGG. Tranquillisez-vous, Passepartout, ce rêve ne saurait se réaliser !

PASSEPARTOUT. Vous croyez, monsieur ?

FOGG. Les pompiers arrêteraient l'incendie. Il ne peut y avoir de brûlé que mon appartement.

PASSEPARTOUT. Toujours à mes frais !... c'est encore assez !...

ARCHIBALD. Allons, allons, oubliez ce rêve... *(Bas.)* avec le reste, mon garçon.

PASSEPARTOUT. Soit... oublions.

(Fix, déguisé en cuisinier nègre, apporte les plats qu'il prend dans un office à droite.)

FIX. Ah ça qu'est bien chaud, massa !... prenez garde de brûler doigts à vous !

ARCHIBALD. Mesdames, à vos santés ! Vous me ferez raison, j'espère.

NÉMÉA. Avec plaisir, monsieur Corsican !

ARCHIBALD. Avec plaisir n'est pas le mot juste, car le vin est exécrable...

FIX. Lui qu'est pas vinaigre.

ARCHIBALD. Comme la cuisine, d'ailleurs !

PASSEPARTOUT, *menaçant Fix.* Oui ! ce mal blanchi fait des ratas dont un Hottentot ne voudrait pas !

ARCHIBALD, *repoussant son assiette.* Pouah ! Quelle monstruosité ! *(A Fix.)* Dis donc, maître coq, qu'est-ce que cette épouvantable chose que tu nous as servie là ?

PASSEPARTOUT, *le bourrant.* Allons, réponds, Domingo.

FIX. Lapin, massa.

ARCHIBALD. Du lapin, ça ?

FIX. Bon lapin du Kentucky !

PASSEPARTOUT. Et ce lapin-là n'a pas miaulé quand tu l'as mis dans ta marmite ?

FIX. Miaulé ? Li pas chat ! Li vrai lapin !

PASSEPARTOUT. Non, faux lapin, et toi, vrai empoisonneur ! *(Il le repousse.)*

FIX. Moi, bon cuisinier, moi avoir servi chez riches planteurs !

PASSEPARTOUT. Planteurs de choux !

FIX, *à part.* Ma cuisine est encore trop bonne pour ces coquins-là !... Patience ! mon mandat m'est enfin arrivé à New York !... et une fois sur la terre anglaise...

FOGG, *à Aouda.* Mesdames, vous voudrez bien m'excuser si le confortable manque à bord. Nous ne sommes pas sur un transatlantique. Le *China* que nous devions prendre à New York était parti depuis la veille, et nous avons dû nous contenter de ce vieux navire de commerce, le seul qui fût en partance.

ARCHIBALD. Et encore le capitaine ne voulait-il même pas de nous comme passagers !

PASSEPARTOUT. En voilà un loup de mer, moitié hérisson, moitié botte d'épines, qui n'est pas commode à caresser !

AOUDA. Je vous assure, monsieur Fogg, que nous ne manquerons de rien à bord de l'*Henrietta.*

NÉMÉA. Grâce aux soins de cette petite servante anglaise, qui s'est offerte à nous à New York, et que vous avez bien voulu attacher à notre service.

AOUDA. Ne vous inquiétez donc pas de nous, et le capitaine Cromarty aura droit à toute notre reconnaissance, s'il vous débarque en temps voulu à Liverpool.

FOGG. C'est que le capitaine Cromarty ne nous conduit pas à Liverpool.

ARCHIBALD. Comment ! mais nous marchons...

FOGG. Nous marchons sur Bordeaux.

TOUS, *se levant.* Sur Bordeaux !...

FOGG, *froidement.* J'ai bien pu, grâce à l'armateur et malgré la mauvaise volonté du capitaine qui refusait toute espèce de passagers, nous installer à bord de ce navire, mais il n'a pas été possible d'en changer la destination. Or, l'*Henrietta* était chargée pour Bordeaux, et elle va... à Bordeaux !

ARCHIBALD. Mais alors, nous sommes perdus ! Nous n'avions plus que le temps nécessaire pour arriver directement à Londres !

AOUDA. Comment, monsieur Fogg ?...

FOGG. Tout serait en effet perdu, mesdames, si nous ne trouvions moyen d'agir sur l'esprit entêté de ce capitaine.

ARCHIBALD. Et vous voulez ?...

FOGG. Je veux décider ce terrible loup de mer à changer de route !... Nous lui donnerons pour cela de solides raisons. *(Il frappe sur la sacoche que porte Passepartout.)*

PASSEPARTOUT, *atterré.* Ah ! mon Dieu !

FIX, *à part.* Bon ! compte là-dessus !

FOGG, *à Passepartout, montrant la sacoche.* Ah ! nous lui ferons sans doute une large saignée !...

ARCHIBALD, *à part.* Diable !

FIX. C'est ce que nous verrons !

(Fogg, Archibald, Aouda et Néméa montent sur le pont par l'escalier du fond.)

SCÈNE II

PASSEPARTOUT, FIX.

(Passepartout est accablé. Fix le regarde en riant.)

PASSEPARTOUT. C'est maintenant que tout est fini !

FIX, *riant ironiquement.* Eh ! eh !

PASSEPARTOUT. Qu'est-ce que tu as à rire, toi, moricaud ?

FIX. Moi, pas rire, massa.

PASSEPARTOUT. Une large saignée !... a-t-il dit ; mais elle l'a été saignée, la malheureuse !... saignée à blanc... Il n'y a plus de sang du tout ! *(Il ouvre et renverse la sacoche.)*

FIX. Eh ! eh !

PASSEPARTOUT, *furieux, allant vers Fix.* Encore !

FIX, *ironiquement.* Non, massa... moi pas ri, moi triste !...

PASSEPARTOUT. Allons... maintenant il ne me reste plus qu'à piquer une tête dans l'Océan ! *(Il fait un pas vers le fond.)*

FIX, *riant et se frottant les mains.* Eh eh ! eh !

PASSEPARTOUT, *se retournant et allant à lui.* Ah ! pour le coup, drôle... *(Il lui donne un soufflet.)* Tiens !

FIX. *furieux.* Ah ! *(Il s'élance pour se jeter sur Passepartout et ils restent tous les deux, se regardant dans les yeux. Fix tient le haut de la scène de façon à laisser voir sa joue gauche que le soufflet a déteinte.)*

PASSEPARTOUT, *à part.* Le nègre déteint ?... Qu'est-ce que ça veut dire !

FIX, *s'oubliant.* Ah ! tu payeras cher, misérable... *(Il s'arrête.)*

PASSEPARTOUT, *à part.* Et il parle blanc !

FIX, *se reprenant.* Toi payer très cher, soufflet-là, monsieur Passepartout !

PASSEPARTOUT, *à part.* Il essaye de rentrer dans son rôle ! Est-ce que par hasard ?... Voyons donc. *(Haut.)* Domingo, mon petit Domingo... j'ai eu tort !

FIX. En vérité.

PASSEPARTOUT. J'ai eu tort et je te fais des excuses.

FIX. Excuses !... *(Lui tournant le dos.)* C'est autre chose qu'il me faut !... *(Haut.)* Pas voulé excuses. *(Il s'assied.)*

PASSEPARTOUT. Tu aimes mieux... laver cette insulte, dis !

(Il regarde autour de lui et s'approche de la table sur laquelle il prend une serviette.)

FIX, *sur le devant de la scène et frappant du pied.*

Oui, oui !... *(A part.)* Je te ferai pincer comme complice.

PASSEPARTOUT, *trempant la serviette dans un bol rempli d'eau.* Eh bien, soit ! *(s'approchant à pas de loup.)* Nous laverons, mon ami, oui, oui, oui, nous laverons !... *(Il lui saisit violemment la tête.)*

FIX, *se débattant.* Hein ! veux-tu bien ?...

PASSEPARTOUT, *le débarbouillant.* Nous laverons à fond, mon bonhomme !

FIX. Misérable !

PASSEPARTOUT, *jettant la serviette et lui tenant à deux mains la tête qu'il regarde.* L'agent de police !

FIX. Eh bien, oui, c'est moi ! Après ?

PASSEPARTOUT. Après ? Tu vas voir, mon bonhomme ! *(Il lui passe la jambe, le fait tomber et le contenant.)* A présent, mon argent ?

FIX, *voulant se relever.* Ah ! tu crois que je vais...

PASSEPARTOUT, *lui mettant un revolver sur la gorge.* Mon argent, ou je te brûle...

FIX. Tu oserais ?...

PASSEPARTOUT. Je te tuerais comme un chien !

FIX. Eh bien, soit, tue-moi, j'aime mieux ça !

PASSEPARTOUT. Ne dis donc pas de bêtises !... *(Rapprochant le pistolet.)* Allons, allons, offrons nous-même l'argent de papa à papa !...

FIX, *avec désespoir.* Ah ! le brigand ! et ne pouvoir résister... Tiens donc ! *(Il lui donne les billets.)*

PASSEPARTOUT. Ce n'est pas tout encore...

FIX, *même jeu.* Tiens donc !...

PASSEPARTOUT. Encore, encore !

FIX, *avec douleur.* Tiens ! *(Il lui donne le reste des billets.)*

PASSEPARTOUT, *s'en emparant.* A la bonne heure !... A présent, je ne vous retiens plus !... Monsieur, j'ai bien l'honneur de vous saluer.

FIX. Nous nous reverrons, laquais d'un voleur et voleur toi-même !

PASSEPARTOUT, *fait le geste de sonner.* Lafleur, reconduisez môsieur ! *(Fix sort et rentre aussitôt.)*

FIX. Tu seras pendu ! *(Il sort.)*

SCÈNE III

PASSEPARTOUT, PUIS MARGARET.

PASSEPARTOUT. Je les revois ! Je les ai ! Je les tiens ! Je les baise amoureusement, ces chères bank-notes ! Je puis enfin les serrer sur mon cœur et dans ma sacoche !... Allons ! allons ! mes bonnes petites amies, rentrons dans notre domicile. *(Il les remets dans sa sacoche.)*

MARGARET, *entrant.* Bonjour, Passepartout.

PASSEPARTOUT. Hein ? qui ? qu'est-ce ? Quoi ! Margaret ?

MARGARET. Moi-même, mon petit Passepartout. Je vous ai rencontré sur le port à New York, et quand j'ai su que vous alliez vous embarquer pour l'Europe, je me suis embarquée au service de deux belles dames que vous accompagnez.

PASSEPARTOUT. Pourquoi faire, miséricorde ?

MARGARET. Pour vous épouser.

PASSEPARTOUT. Ah bien ! ah bien ! jamais ! jamais ! Moi qui étais si heureux. *(Il serre la sacoche sur son cœur.)* Et on dit qu'un bonheur n'arrive jamais seul !

MARGARET. Eh bien ! justement, le second bonheur, c'est moi.

PASSEPARTOUT. Merci !

MARGARET. Ah ! Passepartout, si vous saviez comme on est malheureux, séparé de ce qu'on aime !

PASSEPARTOUT. Je le sais, Margaret. *(Regardant amoureusement la sacoche.)* J'ai éprouvé cette douleur !

MARGARET. Ah ! si vous saviez combien votre départ m'a fait de peine !

PASSEPARTOUT, *faisant sonner sa sacoche.* Et à moi donc ! leur départ à elles, ces chères bank-notes !

MARGARET. Combien je me suis trouvée seule au club, quand vous l'avez eu quitté !

PASSEPARTOUT, *embrassant la sacoche.* Comme moi, lorsqu'elles m'ont quitté !

MARGARET. J'ai même voulu vous dire un dernier adieu, ne croyant pas que vous partiriez si précipitamment. Mais quand je suis arrivée à la maison de M. Fogg, elle était entièrement fermée.

PASSEPARTOUT. Non, pas entièrement, hélas ! il restait... la fenêtre !

MARGARET. C'est vrai ! une fenêtre avec un rideau !

PASSEPARTOUT. Un rideau de mousseline !

MARGARET. La chambre était encore éclairée.

PASSEPARTOUT. Parbleu ! mon bec ! mon terrible bec !

MARGARET. Ça devait être un oubli !

PASSEPARTOUT. Un épouvantable oubli ! hélas !

MARGARET. C'était bien imprudent, car le vent agitait le rideau de mousseline !

PASSEPARTOUT. Comme dans mon rêve !

MARGARET. Ma foi... quand j'ai vu ça, j'ai fait venir une échelle !

PASSEPARTOUT. Hein ? quoi ! vous dites !... vous avez fait venir ?...

MARGARET. Une échelle.

PASSEPARTOUT, *vivement.* Pour quoi faire ? pour quoi ? parlez donc !

MARGARET. Eh bien, j'y suis montée.

PASSEPARTOUT. Vous !... vous y êtes... Achevez, au nom du ciel ! *(Il la saisit comme pour la pousser.)*

MARGARET. Je suis entrée dans la chambre...

PASSEPARTOUT, *hors de lui.* Vous !... vous y êtes... vous y... et... et alors... vous ayez... *(Passepartout haletant, ne pouvant plus parler, fait le geste d'un homme qui ferme un robinet)* Frout !

MARGARET. Eh bien oui, j'ai... frout !

PASSEPARTOUT. Ah ! mon bec ! mon bec !... ma sacoche et mon bec ! C'est trop de bonheur à la fois ! Fille sublime ! Elle m'a fermé mon bec ! *(Il l'embrasse.)* Ah ! Margaret !... *(Il l'embrasse.)*

MARGARET. Et vous m'épousez !...

PASSEPARTOUT. Oui, je vous épouse ! Nous nous épousons !

MARGARET. Quand cela ?

PASSEPARTOUT. Demain, après-demain, aujourd'hui, toute la journée ! *(Il l'embrasse.)*

SCÈNE IV

LES MÊMES, FOGG, LE CAPITAINE.

PASSEPARTOUT. Ah ! monsieur, quelle joie ! quel bonheur ! Elle a éteint ma sacoche, et j'ai retrouvé mon bec !

FOGG. Que signifie ?...

MARGARET. Et il m'épouse, monsieur.

PASSEPARTOUT. Oui !... Tant pis, je l'épouse ! *(Tous deux remontent par le fond.)*

SCÈNE V

FOGG, LE CAPITAINE.

LE CAPITAINE, *brusquement.* Si vous avez à me parler, monsieur, faites vite, parlez, je suis pressé.

FOGG. Voici, capitaine, ce que j'ai à vous dire. Mes compagnons, en s'embarquant avec moi, à New York, se sont figurés que l'*Henrietta* les conduirait directement à Liverpool.

LE CAPITAINE. Eh bien, ils se trompent. L'*Henrietta* les conduit directement à Bordeaux.

FOGG, *tranquillement.* Ah diable ! C'est que cela me gênera beaucoup d'aller à Liverpool en passant par Bordeaux.

LE CAPITAINE. Cela me gênerait bien davantage d'aller à Bordeaux en passant par Liverpool.

FOGG. Bon ! Capitaine Cromarty, vous ne me refuserez pas cette faveur de changer votre destination ?

LE CAPITAINE. Je vous refuserai, au contraire, cette faveur de changer ma destination.

FOGG. Non.

LE CAPITAINE. Si fait.

FOGG. Vous me l'accorderez de bonne grâce.

LE CAPITAINE. Jamais.

FOGG. Eh bien ! De mauvaise grâce alors !

LE CAPITAINE. Vous osez me menacer ! Savez-vous bien, monsieur, que je vais appeler mon équipage et vous faire jeter aux fers !

FOGG. Appelez votre équipage, monsieur, appelez !

LA CAPITAINE. Holà ! tout le monde en bas !

SCÈNE VI

FOGG, LE CAPITAINE, ARCHIBALD, PASSEPARTOUT,
UN CONTREMAÎTRE, MATELOTS.

(Tout le monde est arrivé dans le carré.)

LE CAPITAINE, *montrant Fogg.* Saisissez cet homme-là !

PASSEPARTOUT. Hein !

LE CAPITAINE. Qu'on l'enferme dans sa cabine. *(Archibald et Passepartout se rangent aux côtés de Fogg, pendant que deux matelots s'avancent vers lui.)*

FOGG. Un instant. Je m'y rendrai volontairement, monsieur, si vous l'exigez encore, lorsque je vous aurai donné connaissance de cette lettre. *(Il sort une lettre de sa poche.)*

LE CAPITAINE. Cette lettre ?...

FOGG. Elle intéresse tout l'équipage et m'a été écrite par votre armateur lui-même. Ecoutez. *(Il lit.)* « Je ne vous engage pas, mon cher monsieur Fogg, à prendre passage à bord de notre navire l'*Henrietta.* Ce bâtiment, déjà vieux, fait son dernier voyage. Le capitaine Cromarty a ordre de le vendre dès qu'il en trouvera l'occasion et de congédier l'équipage avec un mois de solde à titre d'indemnité. »

LE CAPITAINE. Eh bien, monsieur ?

FOGG. Eh bien, votre bâtiment est à vendre, et je l'achète.

PASSEPARTOUT. Bravo ! nous l'achetons !

LE CAPITAINE. Et moi, je ne le vends pas.

ARCHIBALD, *à part.* Pauvre Fogg ! il ne sait pas qu'il a tout perdu !

FOGG. Votre armateur vous a ordonné de livrer l'*Henrietta* au prix de cent cinquante mille francs et la cargaison au prix de deux cent mille... en tout trois cent cinquante mille francs. J'en donne quatre cents !

LE CAPITAINE. Non !

FOGG. J'en donne cinq cent mille !

TOUS. Cinq cent mille francs !

LE CAPITAINE. Que je n'accepte pas !

ARCHIBALD, *à Fogg.* Mais, mon pauvre ami... apprenez...

PASSEPARTOUT. A cinq cent mille francs !... adjugé !

ARCHIBALD. Devient-il fou ?

FOGG. De plus, au lieu d'un mois, je paye une année d'indemnité à chacun des matelots.

TOUS. Hurrah ! hurrah ! hip ! hip ! hip ! Vive le passager !

ARCHIBALD, *à Passepartout.* Mais il faut l'empêcher...

PASSEPARTOUT. Laissez faire, monsieur, laissez faire !

FOGG. Passepartout, la sacoche ?

PASSEPARTOUT. Voilà la sacoche, monsieur !

ARCHIBALD. Allons, sacrifions-nous. *(Il ôte celle qu'il porte en bandoulière.)*

PASSEPARTOUT, *présentant la sacoche.* Voilà, monsieur !

ARCHIBALD, *de l'autre côté, présentant la sienne.* Tenez, mon ami.

FOGG, *à Archibald.* Mais je n'ai pas besoin de votre argent... mon ami.

PASSEPARTOUT, *joyeusement.* Mais, notre ami, nous n'avons pas besoin de votre argent !

ARCHIBALD, *sortant un paquet de bank-notes qu'il présente à Fogg.* Si fait, payez, mon cher !

PASSEPARTOUT, *même jeu.* Voilà ! Payez, monsieur !

ARCHIBALD, *étonné.* Hein ? Comment ? Qu'est-ce que cela ?...

PASSEPARTOUT. Des bank-notes ?

ARCHIBALD, *à Passepartout.* Mais, c'est donc ?...

PASSEPARTOUT. C'est retrouvé !...

ARCHIBALD. Retrouvé... et vous ne me dites pas !... *(Il replonge son argent dans sa sacoche.)*

FOGG, *prenant l'argent de Passepartout.* Maintenant, capitaine ?...

LE CAPITAINE. Je refuse, vous dis-je.

LE CONTREMAÎTRE. Allons, capitaine... acceptez !

LE CAPITAINE, avec colère. Je refuse de vendre le bâtiment à cet homme qui m'a bravé, insulté !

FOGG. Vous n'en avez pas le droit, monsieur.

TOUS LES MATELOTS. Non, capitaine, non, non ! *(Ils l'entourent et le contiennent.)*

LE CAPITAINE, *se débattant.* Jamais ! jamais ! Je vous dis que je ne veux pas !

FOGG, *prenant des bank-notes et les fourrant dans ses poches.* Cent mille francs !

LE CAPITAINE, *étouffant de colère.* Au voleur !

ARCHIBALD, *même jeu.* Deux cent mille francs !

FOGG. Trois cent mille francs !

ARCHIBALD. Quatre cent mille francs !

LE CAPITAINE, *chaque fois.* Au voleur !

FOGG. Cinq cent mille francs !

LE CAPITAINE. Au voleur !

ARCHIBALD. Mais mille tonnerres du diable ! vous voilà criblé de bank-notes ! Qu'est-ce qu'il vous faut donc de plus ?

LE CAPITAINE. Eh bien ! soit ! Le navire est à vous, coquin de passager ! vous l'avez payé... Ils m'en ont fourré partout !... Il vous appartient depuis la quille jusqu'à la pomme des mâts ! soit !... Mais je ne commande plus, et nous verrons où ira ce bâtiment du diable, quand il n'aura plus de capitaine !

FOGG. Il en a un, monsieur.

LE CAPITAINE. Et qui donc ?

FOGG. Moi, et voici mon second. *(Il montre Corsican.)*

ARCHIBALD. J'accepte et de grand cœur ! Quels ordres, capitaine ?

FOGG. A toute vapeur, et le cap sur Liverpool.

ARCHIBALD, *répétant.* A toute vapeur, et le cap sur Liverpool !

DOUZIÈME TABLEAU

Le steamer « l'Henrietta » en mer.

La scène représente le pont du steamer l'*Henrietta.* Le pont est traversé par une légère passerelle, jetée sur les tambours, derrière le grand mât qu'on aperçoit jusqu'aux barres et que les haubans soutiennent à droite et à gauche sur les bastingages. En arrière le balancier d'une machine, installée à l'américaine, et qu'on voit s'élever et s'abaisser au-dessus du pont. Plus en arrière, le dôme des chaudières, les soupapes, la cheminée, le tuyau d'échappement. Enfin, plus en arrière encore, le mât d'artimon que l'on voit en entier, ayant le pavillon américain. Entre la machine et la chaudière, le panneau qui donne accès dans la chaufferie. Le pont est terminé à l'arrière par une dunette surélevée de cinq pieds sur laquelle donnent accès deux escaliers latéraux. Au centre, porte qui s'ouvre sur le carré. Sur la passerelle, la roue du gouvernail et le timonier à la roue. La machine fonctionne pendant toute la durée du tableau avec plus ou moins de vitesse, suivant les incidents qui se produisent.

SCÈNE I

FOGG, ARCHIBALD, PASSEPARTOUT, AOUDA, NÉMÉA, MARGARET, LE CAPITAINE, LE CONTREMAÎTRE, MATELOTS, CHAUFFEURS.

(Au lever du rideau, Fogg est sur la passerelle et le contremaître près de lui.)

FOGG, *sur la passerelle, parlant à travers le porte-voix.* A hisser les huniers ! Allons, leste ! Faites monter la pression !

LE CONTREMAÎTRE. Nous avons trente tours d'hélice à la minute.

FOGG. Et nous faisons ?

LE CONTREMAÎTRE. A peu près onze nœuds à l'heure.

FOGG, *s'adressant à l'homme de la barre.* Le cap au nord-nord-est.

LE MATELOT. Oui, capitaine.

LE CAPITAINE, *à Fogg qui descend du pont.* Vous avez donc été marin, vous ?

FOGG. Quelque peu, monsieur.

(En ce moment, Archibald, qui se promène sur le pont, vient sur le devant.)

ARCHIBALD, *à Fogg qui vient de descendre de la passerelle.* Eh bien, ami Fogg, où en sommes-nous ?

FOGG. C'est un mauvais marcheur que ce bateau ! Nous devrions déjà être en vue de Liverpool.

ARCHIBALD. Et nous en sommes ?...

FOGG. A cinq ou six heures encore !

ARCHIBALD. Et c'est aujourd'hui le dernier jour !

FOGG. Le dernier jour, et il faut absolument que je sois avant quatre heures à Liverpool pour prendre l'express de Londres !...

ARCHIBALD. Mais, mille diables ! ne peut-on activer la marche de ce maudit bateau ?

Documentation Roger-Viollet

FOGG. Les fourneaux sont chargés de charbon, et nous portons toute la toile que le temps nous permet de porter. N'importe ! forcez ! forcez les feux...

LE CONTREMAÎTRE, *embarrassé.* Mais, capitaine... c'est que...

FOGG. Eh bien ! quoi ! qu'y a-t-il ?...

PASSEPARTOUT. Il y a, monsieur, ce que les matelots n'ont pas voulu vous dire. Depuis huit jours, vous payez en secret les chauffeurs pour qu'à force de combustible ils nous fassent marcher plus vite... et ce matin, à sept heures, il n'y avait plus de charbon !

FOGG. Plus de charbon !

PASSEPARTOUT. Mais, comme je vous connaissais bien, j'ai pris sur moi de faire brûler tout ce qu'on pouvait brûler ! Il y avait dans la cale quelques milliers de jambons... On ne les mangera plus ceux-là ! Ils sont trop cuits pour ça !...

FOGG. Bien, après ?

PASSEPARTOUT. Après, nous avons brûlé les tables, les meubles, les bagages, toutes les malles !...

LE CAPITAINE, *furieux.* Ma malle aussi ?

PASSEPARTOUT. Votre malle aussi, et maintenant, il n'y a plus rien !

TOUS. Rien !

FOGG, *regardant autour de lui.* Rien ! Et je n'ai plus que trois heures !

LE CAPITAINE, *ironiquement.* Eh bien ! comment allez-vous vous tirer de là ?

ARCHIBALD. Oui !... que faire ?

FOGG. Eh bien ! tout le monde sur le pont.

(Aouda, Néméa, Margaret sortent de la dunette au fond. Des matelots apparaissent hors des écoutilles. Tout le monde se groupe au pied du grand mât.)

FOGG. Mes amis, nous sommes encore à quarante milles de Liverpool, et si je n'y arrive pas avant quatre heures du soir, je suis perdu. Êtes-vous prêts à exécuter mes ordres, quels qu'ils soient ?

TOUS. Oui ! oui !

FOGG, *à Aouda et à Néméa.* Et vous, Aouda, vous Néméa, me permettez-vous de vous exposer à un danger pour tenter un dernier effort ?

AOUDA. Faites, monsieur Fogg.

NÉMÉA. Faites.

FOGG. Eh bien, mes amis, des pinces, des haches, des scies ! *(Plusieurs matelots vont chercher des haches et accourent.)*

LE CAPITAINE. Que voulez-vous donc faire ?...

ARCHIBALD. Bravo ! Je le comprends et il a raison. Qu'on démolisse les bastingages, la dunette, que l'on brise ce pont qui nous porte, que l'on arrache ces bordages jusqu'à la flottaison, s'il le faut, et de tout ce bois, que l'on charge les fourneaux jusqu'à la gueule ! Est-ce cela, capitaine ?

FOGG. Oui, c'est cela, mes amis !

ARCHIBALD. Aux outils ! aux outils !

(On commence à exécuter les ordres de Fogg. On démolit la dunette, les bastingages. On amène le mât de hune, et on attaque le grand mât par le pied. Pendant ce temps le capitaine est allé à Fogg.)

LE CAPITAINE. Brûler mon navire !

FOGG. Est-ce qu'il n'est pas à moi ?

ARCHIBALD. Il est à nous, monsieur.

LE CAPITAINE. Vous l'avez payé, et vous allez le brûler ?...

FOGG. Certainement.

LE CAPITAINE. Il commence à m'aller cet homme-là ! Cet Anglais, c'est un vrai Américain ! Il veut arriver, il faut qu'il arrive ! Au feu le navire !

(Il se mêle au groupe de matelots et manie la hache.)

ARCHIBALD, *criant aux matelots.* Tiens bon !

FOGG, *au contremaître.* Eh bien ?

LE CONTREMAÎTRE. Nous avons 35 tours à la minute, mais la vapeur s'échappe par les soupapes.

FOGG. Alors... chargez les soupapes !

LE CAPITAINE. Mais nous allons sauter !...

ARCHIBALD. Eh bien, nous sauterons.

TOUS. Aux soupapes ! aux soupapes !

(Des matelots montent sur le dôme de la chaudière et placent de lourds espars sur les soupapes. Le mouvement de la machine s'accélère, et le balancier s'élève et s'abaisse avec une effrayante vélocité. En ce moment, un immense jet de vapeur et une gerbe de feu s'élancent vers le ciel. Effroyable détonation. La chaudière éclate et les morceaux se dispersent à gauche et à droite. La cheminée vole en éclats au milieu de torrents de vapeur. La machine s'arrête. Une partie du pont a sauté. Plusieurs hommes sont renversés. — Cri général.)

Ah !

LE CONTREMAÎTRE. Nous coulons ! nous coulons !

(Fogg est resté sur la passerelle. Le capitaine l'y rejoint.)

LE CAPITAINE. Mettez le canot à la mer !

FOGG, *au capitaine.* Mais, monsieur ?

LE CAPITAINE. Le danger menace, monsieur, je reprends mon commandement !

FOGG. Eh bien, nous commanderons ensemble !

LE CAPITAINE. Ensemble, c'est dit !

(Pendant ce temps, les matelots ont fait descendre le canot sur le côté. Le bâtiment s'est enfoncé peu à peu.)

ARCHIBALD. Fogg, l'embarcation est prête !

FOGG, *criant.* Embarque.

LE CAPITAINE. Embarque. *(L'embarcation est amenée sur le côté du navire à droite.)*

FOGG. Les femmes d'abord.

ARCHIBALD, *à Fogg.* A vous, Fogg.

FOGG. Nous, les derniers !

LE CAPITAINE. Les derniers ! *(Il lui serre la main. Les deux femmes ont été embarquées dans le canot qui, par suite de l'engloutissement du navire, est à la hauteur du pont que la mer couvre déjà.)*

FOGG, *à Archibald.* Je vous les confie, Archibald !

ARCHIBALD. Comptez sur moi !

(En ce moment, la passerelle est atteinte par la mer et le bâtiment s'engloutit lentement sous les flots. — Cri général. Un brouillard monte. — Changement à vue.)

TREIZIÈME TABLEAU

Une épave en mer.

Le brouillard se dissipe peu à peu et la scène représente la pleine mer. — Le brouillard reste encore suspendu vers le fond de la scène. — Demi-nuit.

SCÈNE I

FIX, PUIS FOGG, PASSEPARTOUT.

(Au milieu de la scène, une hune qui surnage, Fogg est debout sur la hune.)

FOGG. Par ici, monsieur. *(Il lui tend la main.)*

FIX. Monsieur, je vous remercie mille fois ! Ah ! monsieur Philéas Fogg ! bien obligé... Où sommes-nous donc ?

FOGG. A deux milles au plus de la côte.

FIX. Dans les eaux anglaises ?...

FOGG. Oui !

FIX. Alors, monsieur, j'accomplis mon mandat ! Vous êtes mon prisonnier.

FOGG. Hein ? que dites-vous ? Vous êtes fou !

FIX. Monsieur Philéas Fogg, au nom de la reine, je vous arrête ! *(En ce moment, Passepartout se hisse lestement sur la hune et se jetant sur Fix.)*

PASSEPARTOUT. Et moi, au nom du roi ! V'lan. Je t'enfonce ! *(Il le précipite à la mer, mais Fix, qui l'a saisi, l'entraîne avec lui.)*

FOGG, *appelant.* Passepartout ! qu'est-il devenu... Passepartout ?...

PASSEPARTOUT, *reparaissant.* Monsieur m'a sonné ? *(Fogg aide Passepartout à remonter sur la hune. Le brouillard se dissipe, et on voit à l'horizon apparaître l'entrée de la rivière de Liverpool avec maisons éclairées et le phare qui brille d'un vif éclat.)*

ACTE CINQUIÈME

QUATORZIÈME TABLEAU

Un salon d'hôtel à Liverpool.

Un salon de l'hôtel Adelphi à Liverpool. Fenêtres à droite, portes à gauche et au fond. Tables, fauteuils.

SCÈNE I

FOGG, PASSEPARTOUT.

(Fogg est occupé à écrire.)

PASSEPARTOUT. L'explosion de ce maudit bateau a tout perdu ! A peine débarqués du canot qui nous avait recueillis, nous nous sommes précipités vers la gare ! Plus de train ! et quand même nous aurions pris un train spécial, impossible d'arriver à temps ! Nous n'avions plus que trois heures devant nous, et même à toute vitesse il en faut cinq pour arriver à Londres ! *(Il s'assoit.)* Mon pauvre maître !

FOGG. Passepartout ?

PASSEPARTOUT. Monsieur.

FOGG. Comment nos deux compagnes ont-elles passé la nuit ?

PASSEPARTOUT. Mal, monsieur ! Elles sont dans la plus profonde désolation.

FOGG. Pauvres femmes ! A quel danger je les ai exposées en voulant forcer la vitesse de ce bâtiment !

PASSEPARTOUT, *à part.* Il ne songe même pas à lui !

FOGG. Passepartout.

PASSEPARTOUT. Monsieur.

FOGG. Ce fou, car il était fou, ce malheureux qui a voulu m'arrêter en mer, je pense bien qu'il a pu être sauvé ?

PASSEPARTOUT. Ah ! par exemple ! voilà un imbécile dont je me fiche extraordinairement ! Mais tranquillisez-vous ! on l'a sauvé, en même temps que ce brave capitaine !

FOGG. C'est hier, dimanche, à neuf heures du soir, qu'a expiré le délai fatal !

PASSEPARTOUT. Faute de deux heures, sur quatre-vingts jours, perdre à la fois sa fortune et...

FOGG. Mais non son honneur ! J'ai perdu honorablement et je payerai. Connaissez-vous Liverpool, Passepartout ?

PASSEPARTOUT. Non, monsieur, et je ne tiens guère à le connaître !

FOGG. Vous saurez bien où trouver la poste !

PASSEPARTOUT. S'il le faut !

FOGG. Voici une lettre contenant un chèque sur Baring frères, et qui permettra à mes collègues du Club de toucher le montant du pari !

PASSEPARTOUT. Ah ! malheur et misère !

FOGG. *tendant la lettre.* Allez sans retard à la poste et faites charger cette lettre. Je veux qu'elle arrive aujourd'hui lundi avant neuf heures du soir ! *(Souriant.)* J'aurai, selon l'usage, payé dans les vingt-quatre heures !

PASSEPARTOUT. Ah ! monsieur !

FOGG. Allez, mon ami... *(Le retenant.)* Ah ! je tiens à vous dire, Passepartout, que j'ai été très satisfait de vos services... Vous êtes un garçon honnête et dévoué... je ne l'oublierai pas... Allez, Passepartout, allez.

PASSEPARTOUT. Mais vous me dites ça, monsieur, comme si nous devions nous quitter !

FOGG. Je suis ruiné... et j'ai, en effet, l'intention...

PASSEPARTOUT. Eh bien, moi, monsieur, je vous avertis que j'ai l'intention de rester avec vous et que je n'en démordrai pas ! Voilà !... *(Il sort.)*

SCÈNE II

FOGG, *seul. Réfléchissant.* Oui ! mon parti est bien pris. Ma ruine, heureusement, n'entraînera pas d'autre ruine. Et puis... je suis seul au monde, et ma mort ne sera une cause de douleur pour personne... Aouda ! quelques regrets... quelques larmes peut-être... et puis, après, l'oubli ! Ah ! cœur égoïste, qui s'afflige de ne laisser après lui ni souffrance, ni désespoir !

SCÈNE III

FOGG, AOUDA.

AOUDA, *venant près de Fogg.* Monsieur Fogg !

FOGG, *se levant.* Aouda ! ah ! j'aurais mieux aimé ne pas vous revoir !

AOUDA, *à part.* Je ne m'étais pas trompée ! *(Haut.)* Ne pas me revoir ? Que comptez-vous donc faire ?

FOGG. Partir… me remettre en voyage…

AOUDA, *d'un air incrédule.* Ah !

FOGG. Je suis ruiné, Aouda. Tout à l'heure il me restait un million, mais c'est l'enjeu du pari que j'ai perdu, et je viens de l'envoyer à mes collègues.

AOUDA. En sorte que vous ne possédez plus ?…

FOGG. Que cinquante mille francs que je vous prie d'accepter. *(Il lui présente un paquet cacheté.)*

AOUDA. Moi, vous voulez ?…

FOGG. Ce sera votre dot… une bien pauvre dot, Aouda ! Je voulais vous en offrir une vingt fois plus belle !… Ma folie l'a perdue, il n'y faut plus songer !… Mais, si faible qu'elle soit, cependant, cette dot peut servir de base à la fortune d'un honnête homme… qui puisera dans votre amour la force et le courage !… *(Lui prenant la main.)* Il vous enrichira, mon enfant, s'il vous aime… comme vous méritez d'être aimée !…

AOUDA. Mais… si vous me donnez… ce peu qui vous reste… que deviendrez-vous ensuite ?

FOGG. Oh ! moi… je… je vais me réfugier dans le sein d'une grande famille… où je ne manquerai de rien !

AOUDA, *retenant son émotion.* Ah !… bien… bien !… je comprends !

FOGG. Vous acceptez, n'est-ce pas ?

AOUDA. J'accepte… si vous me promettez… si vous me jurez de faire ce qu'à mon tour je vais vous demander.

FOGG, *défiant.* Ce que vous me demanderez… mais…

AOUDA, *vivement.* Oh ! ne craignez rien !… je n'userai pas de votre promesse pour vous détourner de ce… lointain voyage !… Seulement, moi que vous avez deux fois sauvée, moi qui n'ai plus de famille, que rien n'attache à ce pays, qui n'ai pas ma patrie… où vous irez… j'irai !

FOGG, *vivement.* Aouda !…

AOUDA. J'irai.

FOGG. Eh bien, cette parole que vous me demandez… je vous la donne !

AOUDA. Bien !… Vous êtes ruiné, monsieur Fogg… et si pauvre que soit la dot que je possède… elle peut, avez-vous dit, servir de base à la fortune de l'homme que j'aimerai !… Vous serez cet homme-là, monsieur Fogg… Je vous aime !…

FOGG, *la prenant dans ses bras.* Aouda ! chère Aouda !…

(En ce moment, un tumulte se produit à l'extérieur, et la porte du fond s'ouvre avec violence.)

SCÈNE IV

LES MÊMES, PASSEPARTOUT, ARCHIBALD, NÉMÉA, MARGARET.

(Passepartout est sans chapeau. Archibald, les cheveux hérissés, ne peut prononcer une parole.)

PASSEPARTOUT. Ah ! monsieur... ah ! mon maître... je... je...

ARCHIBALD. Ah ! mon ami !... ah ! mon cher Fogg... nous... nous...

FOGG et AOUDA. Qu'y a-t-il ?

NÉMÉA. Il y a... il y a... que... que... Ah ! je ne peux pas parler... j'étouffe... C'est aujourd'hui dimanche ! monsieur, c'est...

ARCHIBALD, PASSEPARTOUT, NÉMÉA, *criant.* C'est dimanche ! c'est dimanche !!

FOGG. Comment !...

AOUDA. Que signifie ?...

ARCHIBALD. Cela signifie, mon ami, que nous nous sommes trompés d'un jour !

FOGG. Trompés !... Mais c'est impossible !

ARCHIBALD. Oui, mon ami, oui ! c'est impossible, mais cela est !...

PASSEPARTOUT. Et la preuve que c'est aujourd'hui dimanche, monsieur, c'est que la poste est fermée !

ARCHIBALD. C'est que tous les magasins sont fermés !... *(L'entraînant vers la fenêtre.)* Tenez, tenez, regardez vous-même !

AOUDA et NÉMÉA. Oui, oui, fermés !

FOGG. C'est vrai !... c'est bien vrai !

PASSEPARTOUT. Quand je suis arrivé au bureau... « C'est fermé, m'a-t-on dit, puisque c'est dimanche !... » Je croyais que je rêvais... et j'ai interrogé un passant, deux passants, dix passants !... Et chacun me répondait : Eh ! parbleu ! c'est dimanche ! c'est dimanche ! c'est dimanche ! Enfin, monsieur, c'est dimanche !!!

FOGG. Mais comment cela se fait-il, puisque j'écrivais chacun des jours écoulés ?...

ARCHIBALD. Vous vous serez trompé, mon ami.

FOGG. Ah ! j'y suis !... Je comprends ! J'avais oublié !... Oui, en faisant le tour du monde, et en marchant vers l'est, l'heure se modifiait avec chacun des degrés parcourus... et nous avons ainsi gagné tout un jour...

ARCHIBALD. C'est cela !...

PASSEPARTOUT. C'est bien cela ! Je ne comprends pas, mais c'est bien ça !

FOGG. Et pendant que midi a sonné quatre-vingts fois pour nous, il n'avait encore sonné que soixante-dix-neuf fois pour mes collègues !

MARGARET. Eh bien, voilà !

PASSEPARTOUT. Ah ! t'as compris, toi ?

MARGARET. Pas du tout.

FOGG. Et ce jour inconsciemment gagné...

ARCHIBALD. Vous en avez perdu la plus grande partie... ici... à Liverpool... au lieu de filer immédiatement...

AOUDA. Mon cher Fogg !

ARCHIBALD. Mais un cab est en bas... Vous avez le temps de prendre l'express de Londres, où vous serez avant neuf heures du soir...

AOUDA. Partez... partez !...

TOUS. Partez...

PASSEPARTOUT. Partons...

(Au moment où Foggg va partir, la porte s'ouvre du fond.)

SCÈNE V

LES MÊMES, FIX, POLICEMEN.

(Fix est habillé en agent.)

FIX. Arrêtez !

PASSEPARTOUT, *bondissant.* Encore lui !

FIX, *montrant Fogg.* Saisissez cet homme !

FOGG. Moi !

FIX, *montrant Passepartout.* Et celui-ci, comme complice...

PASSEPARTOUT. Complice.

FOGG. De quoi suis-je accusé ?

FIX. Oh ! vous le savez bien, d'un vol de deux millions à la Banque d'Angleterre !

TOUS. D'un vol !

ARCHIBALD. Et c'est lui que vous soupçonnez ?

FOGG. C'est une erreur, monsieur, et, en m'arrêtant, vous me causez un préjudice énorme ! Si je manque l'express, je suis perdu !

FIX. A d'autres ! J'ai ordre de vous arrêter et je vous arrête ! *(Les policemen s'avancent vers Fogg.)*

ARCHIBALD, *avec force.* Allons donc, vous êtes fou ! Je vous dis que vous perdez la raison... entendez-vous ?

FIX. Qu'on obéisse !

FOGG. Du moins, monsieur... emmenez-moi, emmenez-moi à l'instant ! Partons pour Londres, et une fois là...

FIX. Impossible ! J'ai télégraphié que je vous tenais, et j'attends une réponse qui me dira ce que je dois faire de vous.

PASSEPARTOUT. Ah ! mille tonnerres !... Et je n'ai pas noyé ce gredin-là !

FIX. Jusque-là, monsieur, vous serez écroué à la prison de Liverpool... *(Il veut l'emmener.)*

ARCHIBALD, *hors de lui.* Allons, puisqu'il le faut... Arrêtez... arrêtez... Je vous dis, encore une fois, que Philéas Fogg n'est pas un voleur... sur ma vie, sur mon âme, je vous jure, monsieur, que ce n'est pas Philéas Fogg qui a volé deux millions à la Banque !

FIX, *avec force.* Et la preuve, monsieur ?

ARCHIBALD. La preuve... Eh bien, la preuve... c'est que c'est moi !...

TOUS. Vous !... Lui !

ARCHIBALD. Oui ! puisque la vérité s'est échappée de mes lèvres. C'est moi, moi qui, après le vol, me suis enfui en Égypte, où vous m'avez rencontré, monsieur ! moi qui espérais en revenant à la suite de M. Fogg, en faisant partie de l'Excentric-Club, donner le change à la police, et vivre tranquillement à Londres !...

FIX. Attendez donc !... Je me souviens... Vous disiez, en effet, à Suez que le jour même du vol vous vous trouviez à la Banque d'Angleterre...

ARCHIBALD. C'est vrai.

FIX. Et que vous et le voleur étiez sortis en même temps de la Banque où vous aviez touché une très forte somme !

ARCHIBALD, *jetant sa sacoche.* La voilà !... M. Fogg a tenu trois fois ma vie dans ses mains, et trois fois il m'a épargné ! J'aime mieux perdre cette fortune et ma liberté que de le laisser arrêter à ma place !

FIX, *prenant la sacoche et l'ouvrant.* Oui ! oui ! mes bank-notes ! Et celui-là n'a pas dépensé un million en route !

FOGG. Lui ! c'était... *(A Fix.)* Mais alors... je puis partir ?

FIX. Vous êtes libre !

AOUDA. Ne perdez pas un instant !...

FOGG. Au revoir donc, Aouda ! *(A Néméa.)* Au revoir. *(Se trouvant en face de Corsican.)* Quelque coupable que vous soyez, monsieur, vous me sauvez en vous livrant... Je ne dois pas l'oublier ! Au revoir ! au revoir tous !

SCÈNE VI

LES MÊMES, MOINS FOGG, PUIS UN AGENT.

PASSEPARTOUT, *à part.* M. Archibald un voleur ! Qui aurait jamais cru cela ?

AOUDA, *à Néméa qui n'a pas quitté Archibald des yeux.* Ma pauvre Néméa !

NÉMÉA, *haut.* Pourquoi donc me plains-tu ?

AOUDA. Mais je pensais... j'avais cru m'apercevoir...

NÉMÉA, *avec dignité.* Rassure-toi, ma sœur ! Le cœur de Néméa ne peut aimer qu'un homme digne de son estime !

FIX, *présentant les menottes à Archibald.* Vous permettez ?...

ARCHIBALD. Un instant, monsieur, je vous prie. *(Allant auprès de Néméa.)* Me pardonnez-vous, mademoiselle, d'avoir osé élever mes regards jusqu'à vous ?

(Néméa, sans répondre, tombe assise près de la table, regarde autour d'elle, saisit une plume et se met à écrire.)

ARCHIBALD. Pas même une parole !... Allons ! c'est justice ! c'est justice ! *(Néméa lui présente la lettre qu'il va lire.)*

NÉMÉA, *l'arrêtant.* Nons ! pas maintenant... Vous lirez cela, monsieur, quand vous serez loin de moi !...

ARCHIBALD, *mettant la lettre sur sa poitrine.* Soit !... Vous serez obéie, *(Relevant la tête et présentant ses mains à Fix.)* Je suis prêt, monsieur.

FIX. Allons... *(Il va lui attacher les menottes... Entre un agent porteur d'une dépêche qu'il remet à Fix.)*

L'AGENT. Une dépêche pour M. Fix.

FIX. Une dépêche... Ah !... *(A Archibald.)* Les instructions que j'attendais de Londres à votre sujet. *(Lisant.)* « Cessez à l'instant toute poursuite... » Qu'est-ce que cela veut dire ?

AOUDA et PASSEPARTOUT. Bon !

FIX, *lisant.* « Le voleur, qui n'avait jamais quitté Londres, est arrêté depuis huit jours. »

AOUDA et PASSEPARTOUT. Arrêté !

FIX. Arrêté !

(Archibald secoue la tête en souriant.)

AOUDA, *à Fix.* Mais achevez donc, monsieur !

PASSEPARTOUT. Achevez donc !

FIX, *abasourdi, lisant.* « Le voleur est arrêté depuis huit jours, et l'argent restitué à la Banque. »

ARCHIBALD, *à Fix.* Auriez-vous la bonté de me rendre le mien ?

FIX, *lui rendant sa sacoche.* Ah ! mes chères bank-notes !

PASSEPARTOUT. Mais alors, monsieur ?

FIX, *à Corsican.* Maix pourquoi donc avez-vous dit que vous étiez le voleur ?

ARCHIBALD. Pourquoi ? Il fallait bien vous faire relâcher mon ami !

FIX. Je suis ruiné ! Je n'ai plus qu'à donner ma démission ! *(Il sort.)*

ARCHIBALD, *allant à Néméa.* Et vous, Néméa, n'avez-vous rien à me dire ?

NÉMÉA. Moi !

ARCHIBALD. Après ce que vous venez d'apprendre ?

NÉMÉA. Mais... Je n'ai rien appris !

ARCHIBALD. Comment ?

NÉMÉA. Je n'ai rien à ajouter, du moins, à ce que je vous ai écrit.

ARCHIBALD, *étonné.* Ce que vous... *(Il ouvre le papier.)*

NÉMÉA. Lisez, monsieur... lisez.

ARCHIBALD, *lisant.* « Vous avez un noble cœur, et le mien a compris votre généreux mensonge !... »

AOUDA, *à Néméa.* Mais comment as-tu reconnu qu'il s'accusait faussement ?

NÉMÉA, *simplement.* Je l'aimais toujours !

MARGARET. Ah ! c'est gentil, ça !

PASSEPARTOUT. Et mon maître ! Quelle joie ce sera pour lui d'apprendre !...

AOUDA. Que ne pouvons-nous le rejoindre assez vite pour être témoins de son triomphe !

ARCHIBALD. Nous le pouvons !

TOUS. Comment ?

ARCHIBALD. Il a pris la ligne du Sud !... Nous prendrons celle du Nord.

PASSEPARTOUT. Mais l'heure du train est passée !...

ARCHIBALD. Eh bien ! nous en ferons chauffer un pour nous ! Je veux agir une fois à la Philéas Fogg ! *(Tous sortent. — Changement à vue.)*

QUINZIÈME TABLEAU

Une fête au Club des Excentriques.

Dans le nouveau palais du Club des Excentriques, à Londres. Mélange d'architecture bizarre et de végétation exotique. Eclairage splendide. — Au-dessus de la porte du fond, une horloge marquant huit heures et demie au lever du rideau, et dont l'aiguille marche vers neuf heures.

SCÈNE I

FLANAGAN, STUART, RALPH, SULLIVAN, MEMBRES DU CLUB.

(Au lever du rideau, la fête est dans toute son animation.)

FLANAGAN. La fête est charmante !

STUART. Elle nous coûtera le million que nous aurons gagné dans une demi-heure, et nous ne le regretterons pas !

RALPH. Vraiment, on ne se croirait pas à Londres ici, mais dans le plus beau pays du monde !... Qui dirait qu'à deux pas est le palais de Westminster, et que la Tamise coule de ce côté au milieu de ses éternels brouillards !

STUART, *montrant l'horloge qui marque neuf heures moins vingt.* Messieurs, dans vingt minutes le délai convenu entre Philéas Fogg et nous sera expiré. Quand le dernier coup de neuf heures aura sonné, le million nous sera acquis.

SULLIVAN. A quelle heure est arrivé le dernier train de Liverpool ?

STUART. A 7 heures 23, et le train suivant n'arrive qu'à minuit 10. Donc, si Philéas Fogg avait pris le train qui arrive à 7 heures 23, il serait déjà ici !

RALPH. C'est évident.

SULLIVAN. Vous remarquerez, d'ailleurs, que nous n'avons reçu aucune nouvelle de notre collègue depuis qu'il a quitté Londres, c'est-à-dire depuis les quatre-vingts jours qui vont expirer dans douze minutes, et cependant les fils télégraphiques ne manquaient pas sur son itinéraire !

STUART. Eh ! il a perdu, messieurs ! Il a cent fois perdu ! Vous savez d'ailleurs que le *China,* le seul paquebot de New York qu'il pût prendre en temps utile, est arrivé hier ! Or, voici la liste des passagers publiée par la *Shipping Gazette,* et le nom de Philéas Fogg n'y figure pas !

RALPH. En admettant les chances les plus favorables, c'est à peine si notre collègue est en Amérique à ce moment, et j'estime à vingt jours au moins le retard qu'il éprouvera sur la date convenue !

(Les toasts, les danses continuent ; les membres du club vont et viennent. L'aiguille de l'horloge s'avance peu à peu sur le cadran.)

UN DOMESTIQUE. Il y a là des gens qui demandent à parler à M. Philéas Fogg.

TOUS. A Philéas Fogg !

FLANAGAN. Qu'est-ce que cela veut dire ?

RALPH. Mais ils supposent donc que Fogg...

STUART. Amenez-les, nous saurons bientôt !...

(Sur un signe du domestique, entrent Archibald et Passepartout, puis Aouda, Néméa et Margaret, qui se tiennent à l'écart.)

SCÈNE II

LES MÊMES, ARCHIBALD, PASSEPARTOUT, AOUDA, NÉMÉA, MARGARET.

PASSEPARTOUT, *vivement.* Philéas Fogg, où est-il ? Où est-il ?

STUART. C'est bien Philéas Fogg que vous demandez ?

ARCHIBALD. Certainement.

FLANAGAN. Il est donc à Londres ?

ARCHIBALD. Oui !... il devrait être ici !

FLANAGAN. Il n'a pas paru !

TOUS. Comment !

ARCHIBALD. Mais il est donc arrivé un accident au train qu'il a pris ?

PASSEPARTOUT. Il est perdu !

STUART. Neuf heures !... *(Neuf heures commencent à sonner.)*

ARCHIBALD. Ah ! le malheureux ! S'il nous avait attendus ! Notre train est arrivé avant le sien !...

AOUDA. Il est perdu ! *(Appelant.)* Monsieur Fogg ! monsieur Fogg !...

(Au septième coup de l'horloge, les groupes du fond s'entrouvrent et s'écartent. Au huitième, Fogg apparaît, vêtu en parfait gentleman et achevant de mettre son gant.)

SCÈNE III

LES MÊMES, FOGG.

AOUDA, *poussant un cri.* Lui !

TOUS. Lui.

FOGG, *tranquillement.* Me voilà, messieurs !

NÉMÉA. Mais d'où vient ce nouveau retard ?...

FOGG. J'étais en redingote et je n'avais pas de gants !

TOUS. Hurrah ! hurrah ! hurrah ! pour Philéas Fogg !

STUART. Vous avez gagné, mon cher collègue !

TOUS. Et bien gagné !

ARCHIBALD. Oui, bien gagné ! L'honneur, l'argent et...

FOGG, *tendant la main à Aouda.* Et le bonheur !

PASSEPARTOUT. Ah !

FOGG, *apercevant Archibald.* Mais au fait... Mais comment se fait-il ?...

ARCHIBALD. Pas plus voleur que vous, mon cher Philéas... Et la preuve... c'est que... voici ma femme ! *(Il tend la main à Néméa.)*

PASSEPARTOUT, *prenant la main de Margaret.* Et voici la mienne !

MARGARET. Une femme qui sera douce et fidèle !...

PASSEPARTOUT. Et fidèle ! Allons ! me voilà aussi du Club des Excentriques.

FIN DU TOUR DU MONDE.

AGENCE BERNARD

TABLE

DANS LA MÊME COLLECTION

Les Intégrales Jules Verne :

VINGT MILLE LIEUES SOUS LES MERS
LE TOUR DU MONDE EN 80 JOURS
suivi de : LE RAYON-VERT
VOYAGE AU CENTRE DE LA TERRE
suivi de : LES INDES NOIRES
LES ENFANTS DU CAPITAINE GRANT
L'ÎLE MYSTÉRIEUSE
LA JANGADA
DEUX ANS DE VACANCES
CINQ SEMAINES EN BALLON
suivi de : UNE VILLE FLOTTANTE
LE CHÂTEAU DES CARPATHES
suivi de :
LE SECRET DE WILHELM STORITZ
NORD CONTRE SUD
KÉRABAN-LE-TÊTU
MICHEL STROGOFF
LE PHARE DU BOUT DU MONDE
suivi de : LE CHANCELLOR
VOYAGES ET AVENTURES
DU CAPITAINE HATTERAS
DE LA TERRE À LA LUNE
suivi de : AUTOUR DE LA LUNE
HECTOR SERVADAC
UN CAPITAINE DE QUINZE ANS
ROBUR-LE-CONQUÉRANT
suivi de : MAÎTRE DU MONDE
LA MAISON À VAPEUR
MATHIAS SANDORF
LES NAUFRAGÉS DU JONATHAN
LES TRIBULATIONS
D'UN CHINOIS EN CHINE
suivi de : FAMILLE-SANS-NOM
LE PAYS DES FOURRURES
LE TESTAMENT D'UN EXCENTRIQUE
L'ÉTOILE DU SUD
suivi de : L'ARCHIPEL EN FEU
MISTRESS BRANICAN
suivi de : CLOVIS DARDENTOR
LE VOLCAN D'OR
L'ÎLE À HÉLICE
LE SPHINX DES GLACES
LES CINQ CENTS MILLIONS
DE LA BÉGUM
suivi de : L'ÉCOLE DES ROBINSONS
AVENTURES DE TROIS RUSSES
ET TROIS ANGLAIS
suivi de : LES HISTOIRES
DE JEAN-MARIE CABIDOULIN
L'AGENCE THOMPSON AND C°

Honoré de Balzac

EUGÉNIE GRANDET
suivi de : URSULE MIROUËT
HISTOIRE DES TREIZE
Ferragus – La duchesse de Langeais
La Fille aux yeux d'or
LE PÈRE GORIOT
suivi de : LA PEAU DE CHAGRIN
LE LYS DANS LA VALLÉE
suivi de : LA FEMME DE TRENTE ANS

Harriet Beecher-Stowe

LA CASE DE L'ONCLE TOM

Cervantes

L'INGÉNIEUX HIDALGO DON QUICHOTTE DE LA MANCHE
(2 volumes)

Carlo Collodi

PINOCCHIO

Fenimore Cooper

LE DERNIER DES MOHICANS

Alphonse Daudet

LETTRES DE MON MOULIN
suivi de : LE PETIT CHOSE

Daniel de Foë

ROBINSON CRUSOÉ
(2 volumes)

Alexandre Dumas

LE COMTE DE MONTE-CRISTO
(3 volumes)

Erckmann-Chatrian

HISTOIRE D'UN CONSCRIT DE 1813
suivi de : WATERLOO
L'AMI FRITZ, suivi de :
MAÎTRE DANIEL ROCK et de :
CONFIDENCES D'UN JOUEUR DE CLARINETTE
MADAME THÉRÈSE
suivi de : HISTOIRE D'UN HOMME DU PEUPLE

Théophile Gautier

LE CAPITAINE FRACASSE

Victor Hugo

LES MISÉRABLES
(3 volumes)
QUATREVINGT-TREIZE
suivi de : BUG-JARGAL
LES TRAVAILLEURS DE LA MER
suivi de : L'ARCHIPEL DE LA MANCHE
NOTRE-DAME DE PARIS

Jean de La Fontaine

FABLES

Hector Malot

SANS FAMILLE

Charles Perrault

CONTES

Edgar Poe

HISTOIRES EXTRAORDINAIRES

George Sand

LA MARE AU DIABLE
suivi de : MAUPRAT

LA PETITE FADETTE
suivi de : FRANÇOIS LE CHAMPI

Walter Scott

IVANHOE

Comtesse de Ségur

LES MALHEURS DE SOPHIE
suivi de : QUEL AMOUR D'ENFANT !

LES PETITES FILLES MODÈLES
suivi de : LES VACANCES

MÉMOIRES D'UN ÂNE
suivi de : UN BON PETIT DIABLE

William Shakespeare

THÉATRE - TRAGÉDIES I
Roméo et Juliette
Hamlet
Othello
Jules César

Stendhal

LE ROUGE ET LE NOIR
LA CHARTREUSE DE PARME

Stevenson

L'ÎLE AU TRÉSOR
suivi de : LES AVENTURES DE DAVID BALFOUR

Eugène Sue

LE JUIF ERRANT
(3 volumes)

Jonathan Swift

VOYAGES DE GULLIVER

J. R. R. Tolkien

BILBO LE HOBBIT

Émile Zola

GERMINAL
L'ASSOMMOIR
LA FORTUNE DES ROUGON
LA BÊTE HUMAINE
AU BONHEUR DES DAMES

Imprimé en France
par BRODARD GRAPHIQUE
Coulommiers-Paris
N° d'imprimeur : HG/4952/2
Dépôt légal n° 5965 – DÉCEMBRE 1982
95.00.9098.03
I.S.B.N. 2.01.009040.3

95.9098.5
82.12